D1722218

MEETING
for **SUCCESS**

MEETING for SUCCESS

Sitzungs-Coaching:
**Wie Führungskräfte sich selber, anderen
und der ganzen Organisation zu
effizienter Sitzungsführung verhelfen.**

Eugen W. Schmid und Stefan Fritz
Verlag executive-coach.ch

INHALT

Vorwort
Warum lieben die meisten Führungskräfte Sitzungen?

Sie denken beim Lesen wohl: Was soll das? Das Gegenteil trifft doch zu! ... Ja, leider oft. Die meisten Führungskräfte machen vielmehr immer wieder die Erfahrung, dass viele Sitzungen an denen sie teilnehmen schlecht geführt, ineffizient und deshalb oft reine Zeitverschwendung sind. Ganz selten erleben sie Sitzungsleiter, die Sitzungen gut und flüssig leiten, dabei rasch zum Ziel kommen und die Teilnehmenden mit einem guten Gefühl wieder verabschieden.

Woran liegt das? Das Phänomen ist umso erstaunlicher, als an allen Ecken und Enden der Welt und in den meisten Unternehmungen Effizienzsteigerung immer ein Thema ist und die Suche nach Kosten- und Zeitersparnis nie aufhört. Grosskonzerne mit länderübergreifenden Matrixorganisationen haben genauso wie kleine und mittlere Unternehmungen, Universitäten, öffentliche Schulen oder die Verwaltung einen enormen Abstimmungsbedarf. Aus rein ökonomischer Sicht führt eine schlecht geführte Sitzung zu einer simultanen Verschwendung der Zeit aller Teilnehmenden.

Effizienzsteigerung ist immer ein Thema

Wie kommt es, dass weltweit so viele Leute diese Verschwendung selber verursachen und ausserdem die Verschwendung ihrer eigenen Zeit ohne Widerspruch hinnehmen?
Dafür gibt es sehr viele und unterschiedliche Gründe. Sicher gilt hier auch das «Gesetz des männlichen Automobilfahrers»:

Sitzungsführung ist wie Auto fahren: Jeder ist überzeugt, dass er es besser kann als alle anderen!

Erstens sind viele Chefs in allen Organisationen und allen Stufen überzeugt, dass sie selber gute Sitzungen leiten, die anderen aber das Problem verursachen.

Zweitens ist eine Sitzung – wenn man dies näher analysiert – ein hochkomplexer Prozess mit mehreren Akteuren und unzähligen Einflussfaktoren. Dieser Prozess ist auch für Könner keine einfache Sache. Diese Tatsache wird oft und gerne verdrängt. Sitzungen bestehen ja hauptsächlich aus Kommunikation oder Reden mit anderen Menschen. Reden tun die meisten gerne und können dies von Kindesbeinen an. Zudem wird nirgends erwartet, dass Vorgesetzte eine Ausbildung in Sitzungsführung absolviert haben.

Das Reden tut dem Menschen gut; wenn man es nämlich selber tut …
Wilhelm Busch

Schon zu Hause oder in der Schule war ja Kommunikation möglich aber auch nie perfekt. So arrangiert man sich auch mit der Sitzungsqualität in Organisationen.

Drittens wurde die Arbeits- und Kommunikationsform «Sitzung» wissenschaftlich wenig oder nur teilweise analysiert. Für Professoren ist das Thema nicht «sexy» genug, wissenschaftlicher Ruhm oder Lorbeeren sind kaum zu gewinnen. Sitzungen sind als Thema schlicht und einfach zu profan. Mit der verhängnisvollen Konsequenz dass – wegen des Fehlens eines erprobten theoretischen Fundaments – in der Ausbildung oder in Management-Trainings wenig bis gar nicht auf Sitzungsführung eingegangen wird. Zusätzlich erschwerend wirkt natürlich der Umstand, dass methodisch-didaktisch die Konzeption einer guten Ausbildung auf diesem Themenbereich nicht einfach ist.

Das wollen wir mit diesem Buch ändern. Es darf doch nicht sein, dass wir zwar auf den Mond fliegen können, dass aber viele Sitzungsleiter bezüglich Sitzungsführung noch hinter dem Mond leben! Sitzungen sind wegen ihrer Häufigkeit und Wirkung viel zu wichtig, als dass wir sie einfach links liegen lassen können.

Sitzungen prägen die Führungskultur Ein wichtiger Aspekt des Themas wird viel zu wenig beachtet: Sitzungen sind gelebte Führung. Sie prägen eine Unternehmenskultur nachhaltig und geben direkt Auskunft über die Führungskompetenz der leitenden Person. Im Gegensatz zur Arbeit auf einer Baustelle, wo Führungskräfte pro Tag mehrmals einen direkten und persönlichen Einfluss auf ihre Mitarbeiter ausüben, erleben wir heute im wirtschaftlichen Normalalltag wenig direkte Einflussnahme von Chefs. Während früher bei einem tieferen Automatisierungsgrad in der Wirtschaft pro Zeiteinheit mehr Einflussnahme der Chefs nötig war, so sind diese Möglichkeiten heute sehr verdünnt. Fallweise Einzelbesprechungen, telefonische Anweisungen oder eine E-Mail sind keine Führungsarbeit, welche die Führungsfähigkeiten eines Vorgesetzten so schonungslos aufzeigen wie die Leitung einer Sitzung. Wir leben heute vermehrt im «remote control»-Modus: Führung durch Ziele, Führung durch

Systeme, Controlling, breite Führungsspannen, virtuelle Teams über die Welt verstreut – das alles führt zu wenig persönlichem Kontakt und wenig direkter Einflussnahme. Umso mehr kann heute mit der Führung von Sitzungen Wirkung erzielt werden – im Positiven wie im Negativen. Sitzungen sind heute eine der wenigen Gelegenheiten, bei der Chefs sicht- und hörbar ein Kollektiv führen. Sitzungen erhalten durch diese neuen Rahmenbedingungen vermehrt die Wirkung von symbolischen oder kulturprägenden Handlungen. Deshalb liegt uns die Verbesserung der Sitzungsführungskompetenzen auf allen Stufen so am Herzen. Also packen wir es an!

■ **1. An Führungskräfte und Meinungsführer in Wirtschaft, öffentlichem Dienst, Politik und Non-Profitorganisationen.**

An wen richtet sich dieses Buch?

Sie sind erfahren, haben eine verantwortungsvolle Position inne und leiten viele Sitzungen mit Erfolg. Dieses Buch hilft Ihnen, Ihr eigenes Wissen und Ihre Erfahrung weiterzugeben, in der Organisation zu multiplizieren. Sie können damit die Führungs- und Sitzungskultur nachhaltig beeinflussen und weiterentwickeln. Sie finden in diesem Buch Vorschläge, wie die Ausbildung für jüngere Chefs mit wenig Aufwand und grosser Wirkung gestaltet werden kann. Vorgehensschritte sowie Hilfsmittel für die Begleitung jüngerer Kollegen an Sitzungen sind im dritten Teil des Buches beschrieben. Sicherlich finden Sie in diesem Buch sehr viel davon bestätigt, was Sie selber tun. Sie können aber auch im stillen Kämmerlein Ihre eigene Sitzungsführung reflektieren und finden sicher auch einige Anregungen zur Verbesserung. Jedes Kapitel kann je nach Interessenlage einzeln gelesen werden.

■ **2. An junge und aufstrebende Führungskräfte**

Sie sind eine junge, aufstrebende Führungskraft oder kurz vor diesem Schritt in Ihrer Karriere. Sie möchten selber gute Sitzungen leiten und suchen die Anleitungen dazu. In diesem Buch finden Sie grundlegende theoretische Ueberlegungen sowie für jede Phase einer Sitzung (Vorbereitung/Durchführung/Abschluss/Nachbearbeitung) Schritt für Schritt die notwendige Theorie und Anweisungen angereichert mit erprobten Praxis-Tips. Sie finden auch vorbereitete Muster für Traktandenlisten oder Pendenzenlisten, welche Sie Ihren Bedürfnissen anpassen können. Feedbackformulare, die Sie bei der Unterstützung von Kollegen oder bei Ihren Mitarbeitern zum Einsatz bringen können, stehen Ihnen im dritten Teil zur Verfügung.

■ **3. An Verantwortungsträger in Aus- und Weiterbildungsorganisationen**

Sie sind für die Aus- und Weiterbildung in Führungsbelangen verantwortlich oder unterrichten selber Personen mit Führungsfunktionen oder in Vorbereitung auf solche Funktionen in Wirtschaft, öffentlichem Dienst, Universitäten, Hochschulen oder Schulen. Mit diesem Buch erhalten Sie ein umfassendes Lehrmittel (das erste

Grundlehrmittel im deutschsprachigen Raum), eine theoretische und praxiserprobte Grundlage für Ausbildungsveranstaltungen in Sachen Sitzungsführung. Sie finden zusätzlich im dritten Teil des Buches einen Konzeptvorschlag zur Gestaltung einer Ausbildungseinheit sowie zahlreiche vorbereitete Formulare, Beobachtungsbögen und Handlungsanweisungen zur Begleitung von Führungskräften an realen Sitzungen.

■ **4. An Unternehmensberater und externe oder interne Coaches**
Sie begleiten beruflich Entscheidungsträger in Organisationen. Mit diesem Buch erhalten Sie erstens ein umfassendes Lehrmittel in Sachen Sitzungsführung und zweitens einen professionell gestalteten Leitfaden für alle Phasen eines Sitzungs-Coachings oder einer Beratung in Sitzungsfragen. Contracting, Vorbereitung, Beobachtung, Reflexion, Auswertung und Feedback sind detailliert beschrieben. Zu allen wichtigen Phasen enthält das Buch die nötigen Unterlagen in Form von Beobachtungs- und Bewertungsbogen.

Wie soll das Buch gelesen werden? Lesen Sie das Buch nach Ihren Bedürfnissen. Sie können einen ganzen Teil lesen, Sie können jedes einzelne Kapitel für sich lesen, Sie können im dritten Teil oder irgendwo im Buch einsteigen – dort, wo Sie es am meisten interessiert. Wichtige Aspekte sind in den entsprechenden Kapiteln immer erläutert, auch wenn Sie schon in einem anderen Teil des Buches vielleicht ausführlicher behandelt wurden.

Bemerkungen zum Schluss 1. In unserem Buch haben wir aus Gründen der Lesefreundlichkeit die männliche Form verwendet, die weibliche Form ist hier selbstverständlich immer eingeschlossen und mitgemeint.

2. In unserem Buch verwenden wir einige Schweizer Begriffe, die Lesern aus Deutschland und Österreich vielleicht nicht klar sind.

Traktandenliste = Tagesordnung
Traktandum = Tagesordnungspunkt
Verwaltungsrat = Aufsichtsrat

Viel Spass beim Lesen!

TEIL EINS

Heitere Theorie

Denn sie wissen nicht, was sie tun ...
Was ist eigentlich eine Sitzung?

Bevor wir uns dem Phänomen Sitzung aus verschiedenen Richtungen
nähern, ist es doch angebracht und wahrscheinlich auch sinnvoll,
den Begriff zu definieren. So wissen wir etwas genauer, worüber wir
nachdenken und sprechen. Einerseits ist dies einfach (weil nicht viel
darüber zu finden ist) und andererseits schwierig, weil die Grenzen
zu anderen Formen der Zusammenkunft oder Zusammenarbeit nicht
immer trennscharf sind. Versuchen wir es dennoch, wir gewinnen
dabei erstaunliche Einsichten!

Schauen wir uns in gängigen Nachschlagewerken oder Medien um, dann treffen
wir auf viele Definitionen oder Beschreibungen. Wir möchten Ihnen auch die eher
humoristisch gemeinten oder im heutigen Sprachgebrauch etwas komisch anmu-
tenden Definitionen nicht vorenthalten.

- «Eine Sitzung ist eine Veranstaltung bei der viele hineingehen und nichts
  dabei herauskommt!»
- Im Obdachlosen-Jargon das Betteln an einem öffentlichen Platz
  (aus Wikipedia, der freien Enzyklopädie).
- Scherzhaft für Stuhlgang (aus Wikipedia, der freien Enzyklopädie).

Humoristisch

- Die mündliche Verhandlung eines Gerichts (aus Wikipedia, der freien
  Enzyklopädie), 2007.
- V.a. in der Schweiz eine beratende Zusammenkunft (aus Wikipedia,
  der freien Enzyklopädie), 2007.
- Einen Aufenthalt, um eine Dienstleistung in Anspruch zu nehmen.
- Die stehende Verbindung eines Clients mit einem Server (aus Wikipedia,
  der freien Enzyklopädie), 2007.

Seriös

- Versammlung zur Beratung (Wahrig, Deutsch Wörterbuch, Mosaik-Verlag, 1980/ 85, S. 3438).
- Zusammenkunft mit einem Maler oder Bildhauer zum Porträtieren (Wahrig, Deutsch Wörterbuch, Mosaik-Verlag, 1980/ 85,S. 3438).

Definitions-elemente Die gängigen Definitionen sind (leider) insofern von geringem Nutzen, als sie über die (verborgenen) Problemfelder wenig bis nichts aussagen. Welches sind nun die eigentlichen Bausteine einer Sitzung? Wenn wir darüber nachdenken oder auch unsere eigene Erfahrung betrachten, dann lassen sich die eigentlichen «Eckpfeiler» oder Kernelemente einer «Sitzung» herausschälen.

Kernelemente einer Sitzung
- Anzahl Teilnehmer
- Art und Anzahl der Themen, die behandelt werden
- Art der Handlung/ Arbeitsschritte (Informationen austauschen/ Entscheiden/ Aufträge erteilen)
- Dauer
- Rollen der Teilnehmer (Leitung, Protokollführer etc.)
- Raum

Anzahl Teilnehmer Mit der Anzahl Teilnehmer kann die Sitzung gegen unten klar abgegrenzt werden, es müssen mindestens zwei Personen sein. Im allgemeinen Sprachgebrauch ist das zwar eher eine Einzelbesprechung oder eine «Bilat» (abgeleitet vom Französischen «bilateral»). In der Praxis wird eher ab 3 Personen von einer Sitzung oder Neudeutsch einem «Meeting» gesprochen.

Die obere Grenze ist nirgends festgelegt. Wenn der Begriff «Sitzung» beinhaltet, dass die Teilnehmer sitzen können, dann wäre eine Sitzung in einem Theatersaal theoretisch möglich (wobei das Bild des «Theaters» vielleicht nicht so weit weg ist!). Wahrscheinlich ist aber ein weiterer Umstand, der in keiner Definition erwähnt wird, wegweisend: Im Begriff Sitzung wird in der Regel impliziert, dass die Teilnehmenden «an einem Tisch» gemeinsam Platz nehmen. Nun können Tische – wie auch Festsäle in alten Schlössern zeigen – sehr gross oder sehr lang sein und mit den heutigen Materialien ist jede Bauart möglich. Bei einem Bankett wird aber kaum von einer Sitzung gesprochen. Es muss also noch ein weiteres Element dazukommen: Die Teilnehmer sollten jede teilnehmende Person wenn sie spricht gut hören und wenn möglich auch gut sehen können. Nur dies ermöglicht einen intensiven Austausch, eine Kommunikation. Somit ist wahrscheinlich primär das Hören aller Teilnehmenden in normaler Lautstärke einer der determinierenden Faktoren für die Anzahl Teilnehmenden an einer Sitzung.

- Alle Teilnehmer können an einem Tisch sitzen.
- Alle Teilnehmer können einander bei normaler Lautstärke verstehen.
- Alle Teilnehmer können einander sehen.

Damit liegt die Obergrenze einer Sitzung je nach Sitzungsraum bei ca. 10 bis 20, eher unter 15 Personen.

Natürlich lässt sich bei optimaler Möbel- und Raumgestaltung diese Obergrenze noch ein wenig gegen oben ausdehnen (z.B. grosser, ovaler Tisch), aber die Hörgrenze bleibt ohne Mikrophon und Lautsprecher an Distanz gebunden.

Könnte man eine Sitzung stehend durchführen? Vom Begriff her wäre es eigentlich ein Widerspruch, es wäre dann eine «Stehung». Vom Ziel oder Zweck einer Sitzung wäre es eine unter Umständen sehr sinnvolle Variante der Durchführung. Wir kommen später darauf zurück.

Wenn wir also von der Anzahl Teilnehmer ausgehen, dann sind Arbeitszu- sammenkünfte mit mehr als 15 Personen:

- Rapporte
- Workshops
- Informationsveranstaltungen
- Seminare
- Konferenzen
- Trainings
- Open-Space Veranstaltungen

Auffallend ist, dass wir mit allen Veranstaltungsformen meistens bestimmte Themen oder Inhalte assoziieren. Bei Sitzungen ist dies anders.

An Sitzungen können und werden wie bereits erwähnt verschiedene Themen in irgendeiner Form behandelt und somit auch verschiedene Arbeitsformen eingesetzt (Infoaustausch, Ideen sammeln, Lernen etc.). Und trotzdem können wir auch bei Sitzungen die Abläufe relativ eindeutig definieren. Drei Arten von Handlungen, Bearbeitungs- oder Arbeitsschritte sind für Sitzungen absolut typisch. An Sitzungen werden praktisch immer

- Informationen ausgetauscht und/ oder bearbeitet
- Beschlüsse gefasst und
- Aufträge erteilt

Diese Arbeitsformen werden an Sitzungen entweder einzeln oder miteinander verknüpft angewendet. Die Zielsetzungen können variieren, die Durchführungsformen oder Dauer verschieden sein, aber es sind Kernelemente jeder Sitzung. Natürlich sind diese allgemein gehaltenen Formulierungen «Trojanische Pferde». Wenn wir vor unserem geistigen Auge nur schon «Informationen austauschen» vorbeiziehen lassen, dann ist dies aus unserer eigenen Erfahrung eine Fundgrube für unzählige Formen, Inhalte, Leerläufe oder Fallgruben. Doch davon später mehr, wenn wir uns inhaltlich damit auseinandersetzen.

Art der Themen   Wenn wir versuchen, eine Sitzung anhand der Themen, die behandelt werden zu definieren, so laufen wir ins Leere. An einer Sitzung kann grundsätzlich alles besprochen oder gemacht werden, was mündlichen Austausch erfordert. Es ist dann vielleicht nicht immer eine «artreine» Sitzung. Werden also Sitzungen doch durch Themen definiert? Auch hier, wie bei der Grösse, sind Grenzen fliessend. Wenn an einer Sitzung in irgendeiner Form neues Wissen vermittelt wird, dann finden sich hier Elemente eines Seminars. Wenn in einer Sitzung zu einem Besprechungspunkt eine Kartenabfrage auf Pinwand gemacht wird, dann gelangen wir ins Gebiet des moderierten Workshops, wenn in Einweg-Kommunikation Informationen abgegeben werden, dann sind wir beim Rapport. Wie unterscheiden wir dies?

Bei normalen Sitzungen ist auffällig, dass sehr oft eine Vielzahl von Themen mit begrenzter Zeit pro Thema behandelt werden. Während bei einem Training, einem Seminar oder einem Workshop in der Regel ein Thema über längere Zeitdauer in einer bestimmten Aufbereitung (Didaktik, Moderation) behandelt wird, werden an Sitzungen in der Regel mehrere Themen in kürzeren Zeitabschnitten bearbeitet oder abgehandelt. Natürlich gibt es auch Sitzungen zu einem einzigen Thema.

An Sitzungen werden in der Regel ein oder mehrere Themen in kürzeren Zeitabständen bearbeitet.

Diese Bearbeitung einzelner Themen ist meistens zeitlich begrenzt. Dauert eine Sitzung nur zu einem Thema sehr lange, dann ist unter Umständen bereits ein klassischer Fehler begangen worden: Es wurde die falsche Form gewählt, ein (moderierter, gut vorbereiteter) Workshop wäre angebracht (und wahrscheinlich viel effizienter) gewesen.

Dauer   Wenn wir die Sitzung am Kriterium der Dauer eingrenzen wollen, dann stellen wir wiederum fest, dass keine fixe Limite zu finden ist. Am ehesten ist eine Sitzung durch die Dauer eines Arbeitstages nach oben begrenzt.

Sitzungen dauern maximal einen Tag. Bei mehr als einem Tag sprechen wir meistens von Konferenzen, Tagungen oder anderen Bearbeitungsformen. Die Dauer ist eher von den zu bearbeitenden Themen abhängig. Sitzungen können somit von wenigen Minuten bis zu einem Tag dauern, die Zeit für die Bearbeitung einzelner Themen erstreckt sich von ein paar Minuten bis zu einigen Stunden. Bei mehr als einem Tag haben wir es mit etwas anderem als mit einer Sitzung zu tun, bei mehr als zwei Stunden Bearbeitungszeit pro Thema sollte – wenn dies innerhalb einer Sitzung stattfindet – eine spezielle Bearbeitungsmethode gewählt werden. Ein guter Freund sagte uns einmal scherzhaft: «Sitzungen sollten maximal so lange dauern, wie man bequem sitzen kann!»

«Sitzungen sollten maximal so lange dauern, wie man bequem sitzen kann!»

Die Leitung einer Sitzung unterscheidet sich klar von den meisten anderen Formen der Arbeitszusammenkünfte. Bei Sitzungen nimmt die leitende Person meistens eine Doppelrolle ein. Sie ist Leiter und Teilnehmer zugleich. Dies ist wahrscheinlich eine der Hauptursachen, die das Leiten von Sitzungen so schwierig macht.

Leitung

Die leitende Person sollte im wahrsten Sinne des Wortes «Multitasking» beherrschen. Als Leiter muss sie die Sitzung als Prozess im Griff haben (Prozessebene), sie steuert den Sitzungsverlauf. Begrüssung, thematische Einleitungen, Worterteilungen, Einbeziehen stiller Teilnehmer, Zusammenfassungen etc. – das alles obliegt meistens dem Leiter.

Als teilnehmende Person ist sie fachlich und inhaltlich dynamisch involviert, sie arbeitet auf der Sachebene mit. Auch der Leiter bringt Ideen oder Vorschläge ein, greift ein, wenn ihm etwas nicht in den Kram passt, stellt Fragen oder wird selber mit seiner Ansicht in Frage gestellt.
Wenn die Diskussion noch mit «Herzblut» und kontrovers geführt wird, dann nennen wir das «engagiert». Hier sind meistens auch Emotionen im Spiel (emotionale Ebene oder Beziehungsebene).

Der Leiter von Sitzungen steht vor dem erheblichen Problem, die Sitzung als Prozess (Prozessebene) zu steuern, die inhaltlichen Beiträge anderer zu verstehen, zu erfassen oder zu würdigen und eigene Beiträge zu leisten (Sachebene) und gleichzeitig die emotionalen Befindlichkeiten der Teilnehmenden und seine eigenen wahrzunehmen und zielfördernd aufzufangen (emotionale Ebene). Das unterscheidet die Sitzung von praktisch allen anderen Formen von Arbeitszusammenkünften klar. In allen anderen Formen finden wir oft entweder professionelle Leiter (Workshops, Seminare, Open Space) oder gründlich vorbereitete, detaillierte und/oder ritualisierte Abläufe oder Inszenierungen (z.B. VR-Sitzungen). Diese erlauben es dem Leiter, viel leichter die Kontrolle über das Geschehen zu behalten.

Bei Sitzungen ist der Leiter auch Teilnehmer

Bei Sitzungen kommt noch ein wesentliches Element erschwerend dazu: Meistens steht der Sitzungsleiter in der Organisationshierarchie über den anderen Teilnehmenden, er ist ihr Chef oder Projektleiter.

Wieso soll das erschwerend sein? Da kann man doch sagen wo es lang geht und die Teilnehmer spuren!

Ja, natürlich mit allen Vor- und Nachteilen. Die Chancen einer vom Chef geführten Sitzung sind gross. Hier Beispiele einiger positiver Aspekte:

- Vorgelebte «live» Führungskultur des Chefs, Vorbildfunktion, Verbindlichkeit, Offenheit.
- Enge, konstruktive, kreative oder konzeptionelle Zusammenarbeit im Team.
- Etc.

Der «down-side» ist natürlich genau so beträchtlich ...

- Erleben des schlechten Führungsstiles.
- Sitzung still und ohne Widerspruch erdulden, dem Chef die Bühne überlassen.
- Zurückgehaltene Leistungsbereitschaft oder Kreativität.
- Etc.

Viele Vorgesetzte sind sich viel zu wenig bewusst, dass ihre Arbeit als Sitzungsleiter die sichtbare Form ihres Führungskönnens und Führungsstils ist. Nach einer Sitzung weiss jeder Teilnehmer sehr viel über den Leiter – vielleicht mehr, als ihm lieb ist.

Wie steht es um die «Sitzungen auf Distanz», wie zum Beispiel Telefonkonferenzen oder insbesondere Videokonferenzen? Sitzen da nicht auch zwei Teams zusammen und kommunizieren über Bild und Ton miteinander?

Wie die Bezeichnungen Telefonkonferenz und Videokonferenz schon sagen, sind es keine Sitzungen im engeren Sinne. Bei Telefonkonferenzen ist das offensichtlich: Die Teilnehmer sind weder im gleichen Raum noch sehen sie sich. Bei Videokonferenzen ist dies etwas anders: Da können Teams durchaus an einem Tisch sitzen, doch es handelt sich immer entweder um Individuen an verschiedenen Orten oder um Teams an verschiedenen Orten. Es sind wiederum keine Sitzungen im eigentlichen Sinne wie wir sie in unserer Definition herausgearbeitet haben. Wichtig ist dabei aber etwas anderes: Die Arbeitsweise, die Themen oder die Führung solcher Konferenzen können identisch mit denjenigen einer normalen Sitzung sein. Wir werden daher bei der Bearbeitung einzelner Themen rund um die Sitzung diese zwei Formen stets miteinbeziehen.

Eine Sitzung ist eine arbeitsbezogene Zusammenkunft

- geleitet von einem (meist hierarchisch höhergestellten) Teilnehmer.
- von einigen Minuten bis max. einem Tag Dauer.
- an der zwei bis max. 20 Personen teilnehmen
    - die am gleichen Tisch sitzen
    - die sich von Angesicht zu Angesicht sehen und ohne technische Hilfsmittel hören
- an welcher Informationen ausgetauscht oder bearbeitet, Beschlüsse gefasst und Aufträge erteilt werden.

Wie organisiert man eine gute Party?

Eine gute Party ist doch etwas alltägliches – oder nicht? Sie sind selber sicher schon an unzähligen Festen, Partys, Apéros als Gast gewesen und Sie haben sicher auch schon solche Anlässe organisiert. Erstaunlicherweise waren aber nicht alle gleich gut oder unterhaltsam. Haben Sie sich schon gefragt, was denn die Hauptingredienzen für eine «gute» Party sind?

Es gibt Anlässe, die durch Luxus, ausgefallenes Ambiente, vorzügliche Speisen oder durch andere Exklusivitäten hervorstechen. Es gibt ganz einfache Wurst-und-Bier-Veranstaltungen. Die nobelsten zeichnen sich dadurch aus, dass stets etwas Neues, noch Ausgefalleneres geboten wird (werden muss). Der Reiz besteht darin, die Gäste zu überraschen oder andere Veranstalter kreativ oder luxusmässig zu übertrumpfen. Je «exklusiver» die Gäste, umso höher ist deren Anspruchshaltung. Die Gäste sind in hoheitsvollem «Konsumentenmodus», sie beurteilen und vergleichen. Sprüche wie «bei Meiers waren die Häppchen besser», «bei Müllers war die Musik zu laut», «bei Webers war das Dessertbuffet super» sind allgegenwärtig. Solche Feste sind vergleichbar mit grossen Konferenzen, es wird alles getan, um die Eingeladenen «bei Laune» zu halten. Die Gastgeber sind die «Performance-Stars», sie wollen imponieren und nicht «durchfallen». Viele vergessen darüber den eigentlichen Zweck des Zusammenkommens – einfach geniessen!

Einfachere Feste sind meistens gemütlicher, spontaner und unkomplizierter, der Aufwand ist kleiner und die Teilnehmer sehr oft zufriedener.

Warum diese Beispiele? Ein Fest hat doch nichts mit einer Sitzung gemeinsam – oder doch?

Viele Veranstalter von Festen oder Partys richten ihr Augenmerk oft zu sehr auf Nebensächlichkeiten. Feste oder Partys sind im Kern Formen des Zusammenkommens und der Kommunikation. Wir Menschen haben ein enormes Kommunikationsbedürfnis: Selber sprechen, erzählen, zuhören, austauschen sind grundsätzliche menschliche Bedürfnisse. Jedes Fest wird erfolgreich sein, das diesen Bedürfnissen bestmöglich entgegenkommt. Wollen Sie wissen, was ein gelungenes Fest ausmacht?

1. Die richtigen Leute Das leuchtet wohl jedermann ein. Wenn Sie eine Ansammlung von Egomanen oder Selbstdarstellern einladen wird aus Ihrem Fest kaum ein gelungener Abend werden. Rücksichtslose Menschen ohne Manieren sind für niemanden eine Freude. Verschiedene Leute mit verschiedenem Background sind aber noch keine Garantie für eine gute Party, ein strukturelles Element ist hier entscheidend.

2. Nähe Nicht alle Menschen sind geborene «Contacter» die mit allen sofort in Kontakt treten können oder diesen suchen. Kommunikationsintensität hängt sehr oft direkt von der räumlichen Distanz ab. Prägen Sie sich dieses Bild ein:

Nähe schafft Austausch! Festbänke und lange, schmale Tische sind die beste Voraussetzung für eine intensive Kommunikation. Warum? Beiderseits sitzt ein Nachbar (oft auf «Tuchfühlung») nahe und die Personen gegenüber sitzen nur knapp 1–1,5 Meter von Ihnen entfernt. Sie können problemlos mit mindestens 5 Personen sehr gut kommunizieren, Sie sehen alle und hören alle. Bei so einer Sitzordnung können sich die meisten Menschen dem Austausch kaum entziehen – Kommunikation entsteht von selbst. Nähe schafft Austausch!

3. Walmöglichkeiten und Bewegung Wenn Sie an einem Bankett an runden 8er oder 10er Tischen gesetzt und bedient werden, sind Sie «blockiert». Die Gesprächspartner rechts und links können Sie erreichen, das Gegenüber ist oft zu weit entfernt oder beim vorherrschenden Lärmpegel nicht ansprechbar und Sie «sitzen fest». Haben Sie einen Langweiler als Nachbar, dann ist das Fest für Sie schon zu Beginn gelaufen, Ihre «Wahlmöglichkeit» reduziert sich auf 2 Gesprächspartner. Ihren Frust können Sie später an der Bar kompensieren.

Wählen Sie das Setting »Festbänke« mit einem Buffet, dann ergeben sich viel mehr Kontakt- und Kommunikationsmöglichkeiten. Sie können beim Gang zum Buffet oder beim Warten mit anderen Leuten sprechen, Sie können zwischen zwei Gängen den Sitzplatz formlos wechseln. Kommunikation findet so automatisch statt.

Gemütlich zusammen etwas Gutes essen und trinken fördert die Kommunikation, es ergeben sich gute Gespräche und dazu die geistige Nahrung. Warum beschreiben wir dies? Menschen sind grundsätzlich gesellige Säugetiere. Sie fühlen sich in der Umgebung von Gleichgesinnten meistens wohl, individuelle Hemmungen werden im «Rudel» leichter überwunden.

4. Nahrung: flüssig, fest und/ oder geistig

Wenn wir diese Erkenntnisse in die Geschäftswelt übertragen, dann fällt uns sofort auf, dass Geschäftsessen oft der Ort oder die Ambiance sind, wo die wichtigen Geschäfte «getätigt» werden. Kontakte werden leichter in kleinerem Rahmen hergestellt und ein vertieftes Vertrauen entsteht, der Austausch auf mehreren Ebenen findet statt.

Gute Organisatoren von Workshops oder grossen Open-Space Veranstaltungen haben diese Elemente schon lange berücksichtigt: Kleine Arbeitsgruppen, wechselnde Zusammensetzungen der Gruppen, Selbstbedienung bei Getränken oder Zwischenverpflegungen sind dort meistens ein Standard.

Und bei Sitzungen? Grosse, breite und lange Tische, viel Distanz zwischen den Teilnehmenden, gleich bleibender Sitz, lange Monologe der «Leittiere» – sind das die Voraussetzung für Austausch, für intensive Kommunikation?

Selbstverständlich sind Sitzungen kein Gelage, Verpflegung und Gemütlichkeit stehen nicht im Zentrum. Wenn aber die räumlichen Gegebenheiten die Kommunikation erschweren statt zu erleichtern und wenn die «geistige Nahrung» infolge schlechter Vorbereitung auch noch fehlt, dann sollte sich niemand wundern, wenn wenig dabei herauskommt, die Teilnehmenden wenig Freude zeigen und kaum vor Enthusiasmus sprühen!

Räumliche Gegebenheiten sollen die Kommunikation erleichtern

Für eine gute Kommunikation sind die Möglichkeit von gutem Augenkontakt und die Distanz untereinander wichtig. Als Faustregel gilt: Möglichst nahe (unterschiedlich je nach Vertrautheit unter den Anwesenden) aber mindestens eine Armlänge. Um dies gut zu ermöglichen sollten Tischkombinationen modular zusammengestellt und so der Anzahl Teilnehmer angepasst werden können (z.B. quadratisch oder in eine oval-ähnliche Form).

ESSENZ

Natürlich sind auch die Auswahl der Teilnehmenden, der materielle Inhalt und eine gute Vorbereitung für einen wertvollen Austausch wichtig.

Warum können wir im Kino nicht denken?

Es gibt immer wieder Erkenntnisse, die zwar verfügbar sind, aber trotzdem im Alltag ignoriert werden. Haben Sie einmal versucht, im Kino an etwas anderes als an den Film zu denken? Wir meinen damit nicht «kurze Gedankensplitter», sondern Umfangreiches, wie z.B. ein Problem durchdenken. Es wird – ohne dass Sie sich einen Akt des konzentrierten Zwanges antun – nicht funktionieren.

Um diese Frage zu beantworten müssen wir einen Blick zurück in die Entwicklungs- *Warum ist* geschichte der Menschheit werfen. Als wir Menschen uns noch mit Säbelzahntigern *das so?* oder ähnlichen Bestien herumschlagen mussten, standen wir im Vergleich zu heute ziemlich nackt in einer lebensfeindlichen Landschaft. Eine Höhle, ein Fell um den Körper und vielleicht eine Keule in der Hand – das musste fürs Überleben genügen. Gefahren lauerten überall und Überleben war eine tagesfüllende Aktivität. Unsere Evolution hatte uns damals noch nicht mit einem GPS ausgerüstet, dafür aber mit einem biologischen «Stand-by»-Radarsystem. Unser optisches Wahrnehmungs- system ist so strukturiert, dass wir zwar in eine Richtung blicken können, aber die kleinsten Bewegungen am Rande unseres Gesichtsfeldes sofort wahrnehmen werden, auch wenn unsere Aufmerksamkeit etwas anderem gilt (peripheres Sehen). Wozu dient das? Natürlich dem Überleben! Wenn sich irgendetwas bewegt, ist das potenziell eine Gefahr, ein Säbelzahntiger oder sonst was ähnliches. Wichtig ist, dass wir es schnell erkennen. Sobald sich etwas regt, schaltet unser «Radar» von «Stand-by» auf «Potential danger» und bleibt «mit einem Auge» immer dran, bis die Situation als ungefährlich identifiziert werden kann. Der Arbeitsfluss unseres Gehirns wird zuerst kurzzeitig unterbrochen bis die Lage geklärt ist oder sich nichts mehr bewegt. Wie eine Gazelle in der Steppe können wir dann unsere Augen wieder senken und weitergrasen. Bleibt aber etwas in Bewegung, dann bleibt unser *«ready for* Radar dran und unser Hauptrechner im Gehirn ist auf «ready for emergency» *emergency»* geschaltet – «es» denkt nicht mehr! Diese Fähigkeit des Menschen aus der prähistorischen Zeit lässt uns auch heute noch hochkomplexe Dinge tun, wie z.B. Auto fahren. Natürlich lernt unser Wahrnehmungssystem auch dazu, es kann auch bei vielen bewegten Dingen mit der Zeit und Erfahrung zwischen Relevantem und Unrelevantem unterscheiden. Wir nehmen sehr viele Dinge wahr, ohne sie «eigentlich zu registrieren». Deshalb ist ein unerfahrener Automobilist von allen Eindrücken noch stark gefordert, während ein routinierter Automobilist sich entspannt fortbewegen kann.

Unser Gehör arbeitet ähnlich, aber es beansprucht nicht ganz soviel «Rechenkapazität» des Gehirns. Unbekannte Geräusche werden sofort registriert, während bekannte einfach «ausgeblendet» werden können. Viele Leute können sehr wohl trotz Nebengeräuschen konzentriert einer Aktivität nachgehen.

Die beschriebene visuelle Dominanz auf unser Gehirn von Dingen in Bewegung führt auch zum bekannten «Nanny-Effekt» des Fernsehers:

Setzen Sie kleine Kinder vor den Flimmerkasten und Sie haben Ihre Ruhe, die Kleinen bleiben mit offenen Augen dort!

Was hat dies nun mit Sitzungen zu tun? In vielen Unternehmungen sehr viel! Können Sie sich jetzt vorstellen, was in Sitzungszimmern passiert, die in Grossraumbüros stehen und als transparenter Glaskasten («Vivarien» oder «Aquarien») funktionieren, aus welchen jede Bewegung im Korridor oder um das Sitzungszimmer herum gesehen werden kann? Natürlich werden Sie jetzt einwenden, dass der Gewöhnungs-

Ablenkungen effekt eintritt und schliesslich auch trotz allfälligen Bewegungen keine Gefahr droht. *bedeuten Unter-* Das stimmt sicher auch (wie im Falle des routinierten Automobilisten), aber unser *bruch oder* Steinzeitcomputer wird trotz allem so funktionieren: Unterbruch oder Reduktion *Reduktion der* der Konzentration. Unser Stressmechanismus funktioniert ja genau so: Ein stres- *Konzentration* sauslösender Impuls führt zur sofortigen Bereitschaft zum Kampf, zum Erstarren oder zur Flucht mit allen physiologischen Abläufe im Körper.

Zurück zu unserem Sitzungszimmer: Sicht auf Korridor oder auf einen Raum, wo viele Leute sich bewegen ist störend. Architektonische Glanzleistungen mit viel Glas sind leistungsmindernd. Da es aber praktisch sein kann von aussen zu sehen, ob das Sitzungszimmer besetzt oder frei ist, haben kreative Unternehmungen auch schon schmale Streifen von Einweggläsern eingesetzt: Die Sitzungsteilnehmer werden nicht von Bewegungen im Korridor gestört, von aussen kann man ins Zimmer sehen.

Fenster gegen aussen sind grundsätzlich aus mehreren Gründen gut: Licht, frische Luft, Raumgefühl. Doch auch hier gilt: viele sichtbare Bewegungen wirken störend.

Jüngere Leser werden nun vielleicht denken, dass die Buchautoren als «Gruftis» oder ü30-er ins Prae-Handy-Net-Zeitalter geboren wurden und darum noch so denken und mit der Steinzeit argumentieren. Die heutige Generation beherrscht doch Multivisionstasking. Zweifellos gewöhnt sich der Mensch an Video und Sound. «Survival of the fittest» heisst Überleben des «Bestangepassten» oder des «Anpassungsfähigsten». Die Zunahme von ADS, Burnout, psychosomatischen Beschwerden aller Art oder «Sudden-Death» vor allem in wirtschaftlich hoch *Sudden-Death* entwickelten Industrienationen legt aber die beunruhigende Vermutung nahe, dass wir unser im prähistorischen Zeitalter programmiertes System eher überfordern.

Für die Wahl des Sitzungsortes oder Sitzungszimmers heisst dies: potentielle visuelle Störungen möglichst eliminieren. Das sollte nicht nur für Klausuren gelten *Störungen* (Workshops an einem ruhigen Ort, der Begriff kommt ja aus dem Klosterleben). *eliminieren* Interessant ist ja auch, dass viele Führungskräfte sich zur Besinnung auch in Klöster zurückziehen.

Weitere Spekulationen oder Gedanken sind ja auch erlaubt: Wäre es allenfalls möglich, dass bei PowerPoint-Präsentationen mit übervollen Bildern und rascher Bildfolge oder beweglichen Effekten der menschliche «Bordcomputer» auf «hold» schaltet? Er verfolgt die Bilder in Bewegung (Säbelzahntiger am Waldrand!) während das Denken stark reduziert ist?

Um ursprünglich in der Wildnis überleben zu können, wurde unser Hirn so programmiert, dass wir jedes Geräusch und jede Bewegung in der Umgebung sofort wahrnehmen und beachten. Deshalb braucht es ruhige Räume, die auch vor optischen Reizen abschirmen (also keine Glaswände).

ESSENZ

Warum entspricht telefonieren einer Flasche Wein?

Seriöse Untersuchungen haben belegt, dass Automobilisten beim Telefonieren Aufmerksamkeit und Reaktionswerte aufweisen wie ein Fahrer, der 0.8 Promille Alkohol im Blut hat. Das ist einigermassen seltsam, denn der Fahrer spricht eigentlich mit nur einer Person übers Telefon. Wenn Sie ein Auto fahren und mit der Person neben Ihnen sprechen (sofern Sie nicht lauthals oder handfest streiten), tritt dieser Effekt höchst selten ein. Woran liegt das?

Als unbestrittener Richtwert gilt: 75 % der Kommunikation geht über den Körper und nicht primär über das gesprochene Wort, über Inhalte. Wenn nun jemand am Telefonieren ist, dann empfängt er nur sehr wenig Informationen über die andere Person. Er muss sehr genau hinhören, wenn er alles verstehen oder auch die kleinen informativen Nuancen in der Stimmlage des Gesprächspartners aufnehmen will. Am Telefon muss unser Gehirn stark auditiv fokussiert arbeiten – eine Erschwernis für Lebewesen, die es gewohnt sind, vieles mit dem ganzen Körper und mit den Augen zu erfassen (wie z.B. eine Spannung in einem Raum, den man betritt). Im Auto kommt noch erschwerend dazu, dass das Verstehen durch Lärmemmissionen erschwert wird, dass wir keine Notizen vor uns haben oder machen können (mit Ausnahme vielleicht der berühmten Fernfahrer, die in ihrem Laster auf der Autobahn sogar mit offenem Laptop auf dem Steuerrad herumfahren ....). Last but not least sind wir neben dem Telefonieren noch visuell und motorisch mit dem Autofahren beschäftigt! Wir sind so Fahrer und Telefonierer mit beschränkter Aufmerksamkeit (oder Zurechnungsfähigkeit)!

75% der Kommunikation geht über den Körper

Wenn wir nun statt zu telefonieren mit unserem Beifahrer sprechen, ist dies eine völlig andere Situation.

Menschen kommunizieren nicht nur mit Worten, der ganze Körper kommuniziert mit. Gefühle, Stimme, Spannungen, unvollständige Sätze – all dies wird von Fahrer oder Beifahrer ebenfalls im Austausch empfangen und registriert. Dabei wird die andere Person meistens nicht angesehen, der Austausch ist trotzdem meist «vollständig». Kommt noch dazu, dass der Beifahrer die gleiche Situation aufnimmt wie der Fahrer. Wird die Verkehrssituation kritisch, dann registriert er dies ebenfalls – er ist Teil der Gesamtsituation. Er wird sein Kommunikationsverhalten entsprechend anpassen und abwägen, ob es nötig wird, den Fahrer mit seinen Wahrnehmungen zu unterstützen.

«non-verbalen» Signale Was bedeutet dies nun für Sitzungen? Einiges. Erstens werden Teilnehmer, die im gleichen Raum relativ nahe beieinander sitzen, sehr viele Informationen über den Körper aufnehmen, ohne sich dessen bewusst zu sein. Individuelle Stimmungen und Gefühle oder kollektive Empfindungen der Sitzungsteilnehmer (z.B. Freude, Frust, Unsicherheit, Langeweile etc.) werden unausgesprochen laufend registriert (natürlich nicht von allen gleich gut). Ist der Sitzungsleiter (Chef) ärgerlich, dann werden bestimmte Fragen nicht gestellt, schweigt ein Teilnehmer, so wird das von anderen interpretiert. Die berühmten «non-verbalen» Signale bestimmen sehr viel in einer Sitzung und tragen zur Verständigung (oder zu deren Erschwernis) einiges bei.

Ganz anders präsentiert sich die Situation bei «telefonischen Sitzungen» – den Telefonkonferenzen.

Ob wir es wollen oder nicht – telefonieren ersetzt qualitativ den Austausch mit dem ganzen Körper im gleichen Raum niemals. Telefonkonferenzen führen uns dies anschaulich vor Augen. Dort besteht zwar keine Risikosituation wie beim Autofahren, doch ist der Austausch von Menschen in völlig verschiedenen Settings (einer vor dem PC, der andere in einem Grossraumbüro etc.) viel schwieriger und verlangt *Geringere Distanzen fördern einen intensiveren Austausch* eine enorme Konzentration und Disziplin. Missverständnisse können in solchen Situationen sehr leicht entstehen. Sind die Körper und «Geiste» im gleichen Raum und sind die Distanzen zwischen den Körpern relativ klein, dann entsteht ein viel intensiverer Austausch und eine qualitativ hochwertige mehrschichtigere Kommunikation. Wir begegnen wieder den wichtigen Kommunikationselementen Raum und Distanz (vgl. Kapitel «Wie organisiert man eine gute Party?»).

Ein interessantes Erlebnis in diesem Zusammenhang ist Kommunikation in absoluter Dunkelheit. In einigen Städten in der Schweiz gibt es Restaurants, in welchen völlige Dunkelheit herrscht (Restaurant «Blinde Kuh» in Zürich). Dort ist es so dunkel wie im sprichwörtlichen Inneren einer Kuh. Sie können Ihre eigene Hand vor Ihren Augen nicht sehen. Es entsteht unter diesen Umständen eine sehr intensive und konzentrierte Kommunikation auf reiner Hörbasis, die sich allerdings auf maximal einen 4er Tisch konzentriert. Sie sind im gleichen Raum, die Distanzen sind kurz, sie hören und riechen – aber sehen nichts (es ist auch keine Ablenkung möglich).

Wir kommunizieren zu 75 % mit der Körpersprache. Fehlt die physische Präsenz, dann ist die Kommunikation unvollständig und erschwert. So verlangen z.B. Telefonkonferenzen eine hohe Konzentration und Disziplin. Die Gefahr von Missverständnissen in solchen indirekten Gesprächen ist sehr gross.

Bei der Kommunikation nur über technische Hilfsmittel haben wir keine Einsicht und keinen Einfluss auf die Umweltbedingungen und Stimmungen unserer Gesprächspartner.

ESSENZ

Wie weiss die Weihnachtsgans, dass es Zeit ist?

Über Kommunikation wird viel gesagt und geschrieben. Jedem von uns ist aber bekannt und bewusst, dass wir manchmal etwas «wissen», ohne zu wissen warum. Wir spüren zum Beispiel die «dicke Luft» in einem Raum mit anderen Menschen, obschon niemand etwas sagt. Wir nehmen Dinge oft unbewusst wahr. Das Ohr ist nicht unser einziger Informationsempfänger.

Der berühmte Kommunikationsforscher Paul Watzlawick brachte das Phänomen mit dem berühmten Satz auf den Punkt: «Man kann nicht nicht kommunizieren» – die Aussage ist wörtlich zu nehmen. Voraussetzung: Sie sind mit anderen Personen im gleichen Raum. Ob Sie etwas sagen oder nicht, Ihr Körper kommuniziert immer, *Ihr Körper* Ihr Körper drückt aus, was Sie empfinden oder denken. Menschliche Kontakte *kommuniziert* finden mindestens zu 75 % über den Körper statt, die Sprache, das gesprochene *immer* Wort trägt hier lediglich 25 % dazu bei. Geübte Chefs, Trainer oder Coaches nehmen dies bewusst wahr, die meisten Menschen unbewusst. Zur eingangs gestellten Titelfrage: Tiere nehmen auch auf mehreren Ebenen wahr. Das Verhalten des Bauers wird sich in der Schlussphase der Weihnachtsgans ändern. Er sieht, dass sie schön fett geworden ist und geht vielleicht auch emotional etwas mehr auf Distanz. Die Gans «ahnt» es!

Zu diesem Phänomen noch ein heiteres Experiment: Als Schüler oder Studenten machten wir uns einen Spass daraus, den Lehrer oder Professor, wenn er sprach, anzuschauen. Jedes Mal, wenn er in unsere Richtung blickte, nickten wir interessiert bis wohlwollend und machten vielleicht irgendwelche Notizen. Das Resultat: Nach kurzer Zeit referierte er meistens in unsere Richtung. Warum? Der Referent spürte unbewusst (vermeintliche) Bestätigung oder Anerkennung und dies verstärkte seine Zuwendung zu uns. Im Normalfall werden alle körperlichen Aktionen/

Reaktionen von unseren Mitmenschen unbewusst registriert. Eine Geste, ein Stirn-
runzeln, ein Nicken – alles wird registriert und gedeutet (sehr oft auch falsch).

Und: Ausdruck macht Eindruck! Uns ist aufgefallen, dass viele Leute sich nicht
bewusst sind, was für einen Gesichtsausdruck sie haben, welche Körperhaltung sie
einnehmen oder ob ihre Arme und Hände ruhig sind oder sich bewegen. Sie haben
keine Ahnung, was ihr Körper anderen Leuten signalisiert. Ein unruhiges Trommeln
mit den Fingern auf der Tischplatte, ein Gähnen während einer Präsentation oder
ein Lächeln im Gesicht, obschon an der Situation nichts besonders fröhlich oder
lustig ist – alles Signale, die bewusst oder unbewusst aufgenommen und bewusst
oder unbewusst interpretiert werden.

Es geht uns primär nicht darum, Sie zu Körpersprache-Spezialisten auszubilden
oder gar die Körpersprache als Mittel der Manipulation zu propagieren. Unsere
wichtigste Botschaft ist: Egal was Sie tun, nicht tun, sagen oder nicht sagen – zwischen Ihnen und anderen Menschen geht eine Fülle von Informationen hin und her.
Weder können Sie sich diesem Austausch entziehen, noch können Sie sich diesem
Austausch verweigern. Zweifellos ist die «Aufnahmefähigkeit» solcher Signale von
Mensch zu Mensch sehr unterschiedlich ausgeprägt, aber sie ist lernbar! Ob wir es
wollen oder nicht – wir kommunizieren unglaublich viel über die (unbewusste)
Körpersprache. Das alles findet bei Sitzungen permanent statt.

Wir schlagen Ihnen deshalb etwas ganz einfaches vor: Es gibt viele Sitzungen, an
denen Sie vielleicht phasenweise nicht voll gefordert sind. Nutzen Sie regelmässig
solche Zeitabschnitte, um bewusst einmal die Körpersprache der anderen Teilnehmer zu betrachten und darüber nachzudenken. Es ist wichtig, dies ganz bewusst
zu tun. Nur so «üben» Sie. Sie können auch als Teilnehmer Ihre Beobachtungen
gefahrlos überprüfen. Angenommen, Sie vermuten, dass auf Grund der Körpersprache ein Teilnehmer «abgehängt» hat. Darauf können Sie ihn ohne Probleme
ansprechen: «Mir scheint, Sie sind mit dem Besprochenen nicht voll einverstan-
den?». Die Reaktion des Angesprochenen zeigt Ihnen unverzüglich, ob Sie richtig
lagen oder nicht. Dabei ist die Richtigkeit ihrer Beobachtung gar nicht so wichtig!
Die Beachtung, welche ein anderer Mensch erfährt, wenn man ihn auf non-verbale
Signale anspricht, ist das Wichtigste. Der andere fühlt sich beachtet, ernst genommen und Sie haben bewusst «geübt». Je häufiger Sie dies tun, umso eher werden
Sie die feinen Signale erstens erkennen und zweitens auch immer treffsicherer
interpretieren – auch wenn Sie mit der Leitung der Sitzung beschäftigt sind.

Der Körper, der ja 75 % der Kommunikation ausmacht, drückt sich immer aus. Wir kommunizieren also immer, ob wir sprechen oder nicht, ob wir wollen oder nicht. Was die Signale bedeuten, die der Körper aussendet, verstehen wir immer besser, wenn wir sie gelegentlich ganz bewusst beobachten und darüber nachdenken. Als Sitzungsleiter oder Gesprächspartner kann man anderen besondere Beachtung schenken, wenn man sie auf non-verbale Signale anspricht.

ESSENZ

Warum wissen Sie,
wie John Wayne aussieht?

Was passiert, wenn wir Sie fragen: «Was war am 31.12.2007?» Sehr wahrscheinlich beginnen Sie zu überlegen, vor wieviel Jahren das war. Vielleicht grenzen Sie die letzten paar Jahresenden ab und überlegen, welches Jahresende 2007 zugeordnet werden muss. Oder Sie suchen markante Erlebnisse an Jahresenden, und wissen dann, welches zum Jahr 2007 gehört. Darum herum kommt Ihnen immer mehr in den Sinn, so dass Sie dann – nach diesem «Abscannen» – sicher sind, was Sie antworten wollen.

Ganz anders wird es sein, wenn wir Ihnen eine Fotografie des 31.12.2007 zeigen, *Ein Bild sagt* auf der man Sie mit Ihrer Familie vor einer schönen Berglandschaft sieht und wir *mehr als tausend* Sie fragen: «Was war an diesem Abend?» Bestimmt wissen Sie sofort, was Sie im *Worte* Moment der Aufnahme erlebt haben, wie es dazu kam, wie die Stimmung war, was Sie gefühlt haben, vielleicht wissen Sie sogar, was Sie mit wem diskutiert haben oder wie kalt es war.

Dann gibt es noch einen interessanten Aspekt und Unterschied: Falls wir alle Ihre Familienmitglieder fragen, was am 31.12.2007 war, werden wohl alle von etwas anderem erzählen (Einkaufen, Skifahren, Mittagsschlaf, noch viele E-Mails beantworten, etc.). Zeigt man ihnen das besagte Bild, werden alle vom gemeinsam erlebten, entsprechenden Moment berichten. Man ist also mit Bildern gedanklich (in Gegenwart und Vergangenheit) viel näher beisammen. Nutzen wir doch die einfache Erkenntnis: «Ein Bild sagt mehr als tausend Worte».

Warum wissen wir, wie John Wayne aussieht? Natürlich aus mehreren Gründen. Die Chance ist gross, dass viele Leute irgendwann in ihrer Jugend Western-Filme gesehen haben, da kommt man nun einmal nicht an Wayne vorbei. Warum bleibt er aber im Gedächtnis haften? John Wayne verkörpert natürlich auch die Sehnsüchte vieler Menschen: Gross, stark, unerschrocken, mutig, kämpft für Gerechtigkeit und siegt, ist frei und absolut cool! All dies wird mit den Bildern auch transportiert. Andere Bilder, welche vieles mittransportieren? Der Fall der Berliner Mauer, ein Kleinkind das lacht oder 9/11 – Bilder lösen Emotionen aus!

Zeigen Sie und zeichnen Sie Bilder!

Zeigen Sie und zeichnen Sie Bilder! Benutzen Sie wenn immer möglich Bilder. Dazu gehören beispielsweise auch grafische Darstellungen, die Sie in die Sitzung mitbringen und die helfen, sich besser zu verstehen (beispielsweise auch auf Flip-Charts, vergleiche das Kapitel über Sitzungs-Templates im zweiten Teil dieses Buches). Es ist nachgewiesenermassen kaum möglich, mehr als etwa sieben Minuten jemandem «lückenlos» zuzuhören. Ganz anders verhält es sich, wenn das Gesprochene mit Bildern untermalt wird. Damit zieht man die Aufmerksamkeit auf das Bild und das entsprechende Thema. Zeigt man auf ein Bild, kann man sicher sein, dass höchstwahrscheinlich alle, die darauf schauen, gedanklich auch beim Thema sind. Ganz anders ist die Ausgangslage, wenn Leute schweigend um einen Tisch sitzen und (möglicherweise) einem Monolog zuhören.

Eine Warnung ist aber angebracht: Wir leben im Zeitalter des PCs und des Beamers. Wir leben auch im Zeitalter der «Desktop-Täter». Die Gefahr, welche in den berühmtberüchtigten PowerPoint-Schlachten lauert, ist klar: Zu viele Bilder in zu kurzer Zeit und meistens Bilder, die völlig überkonfektioniert, überfrachtet und schwer zu lesen oder zu verstehen sind.

Haben Sie keine geeigneten Bilder, so können Sie auch ein Bild beschreiben, z.B. wie etwas das man anstrebt, aussieht oder was die Teilnehmer erwartet, wenn das Team das Ziel erreicht haben wird. Bilder, die durch Erzählungen entstehen, sind mächtig und bleiben nachhaltig im Gedächtnis. Nun ist nicht jeder Sitzungsleiter der geborene «Story-Teller» oder in der Lage, gute Bilder verbal in den Raum zu stellen. Es lohnt sich daher, dem Aspekt der selbsthergestellten Bilder mehr Aufmerksamkeit zu schenken.

Bilder, die man «live» skizziert wirken am stärksten

Am stärksten wirken Bilder, die man während der Sitzung vor allen anderen allein oder gemeinsam entwickelt. Mit ganz wenigen Strichen und Symbolen kann der Sitzungsleiter oder ein anderer Teilnehmer einfach zeichnen, was wichtig ist. Viele werden einwenden, dass sie nicht gut zeichnen können. Völlig egal! Es muss nicht «schön» aussehen. Sie müssen in der Schule nicht Topnoten fürs Zeichnen erhalten haben. Es geht um den sichtbaren Prozess, bei welchem ein Bild entsteht. Fragen Sie einmal gute Verkäufer über die Methode «Paper and Pencil Selling»! Die gesprochenen Worte erhalten vor den Zuhörern eine sichtbare Kontur und werden so sofort aufgenommen und verstanden. Ein paar Richtzahlen, Stichworte zum

06

Wichtigsten, ein Haus, eine Geldmünze, ein Smilie – einfach, was für Ihre Botschaft oder Diskussion nützlich ist. Das Bild kann im Verlauf der Sitzung vom Leiter oder von anderen Teilnehmern weiter ergänzt werden – oder man streicht Erledigtes oder nicht mehr Zutreffendes einfach wieder durch.

Nebst dem Vorteil der gewonnenen Präsenz und Aufmerksamkeit können Sie auch sicher(er) sein, dass man sich richtig versteht, dass man vom Gleichen spricht. Die moderne Gehirnforschung hat auch bewiesen, dass die meisten Menschen visuell ganzheitlicher und schneller aufnehmen. Das Gehirn kann die Informationen viel besser memorisieren. Auf diesen Erkenntnissen basiert beispielsweise auch die «Mind Mapping –Technik». Mit wenigen Strichen werden Themen gegliedert und sind sofort in ihrer ganzheitlichen Abhängigkeit ersichtlich. Haben Sie das *Etwas, das* Kapitel 3 – «Warum können wir im Kino nicht denken?» – noch präsent? Etwas, das *sich bewegt, wird* sich bewegt, wird automatisch mit den Augen verfolgt! Wenn Sie ein Bild oder eine *automatisch* Skizze «live» entwickeln, können die anderen Sitzungsteilnehmer sich dem biolo- *mit den Augen* gischen «Zwang», Ihnen zuzuschauen kaum entziehen. Dazu kommt noch ein zu- *verfolgt!* sätzlicher Aspekt. Einer unserer Freunde sagte einmal: »Wenn ich etwas nicht zeichnen oder skizzieren kann, habe ich es selber noch nicht begriffen!« Wenn Sie als Sitzungsleiter etwas «a fond» begriffen haben, können Sie es aufs Minimum bildlich reduzieren – es wird dann sofort verstanden. Viele werden hier einwenden, dass doch gerade auch unklare Themen an Sitzungen besprochen werden, da könne man doch kein Bild produzieren. Weit gefehlt! Eine unvollständige oder sogar fal- sche Skizze hilft enorm. Die anderen Teilnehmer können den Stift ergreifen, die Skizze ergänzen oder korrigieren – und das vor den Augen aller Teilnehmenden. Der Klärungsprozess ist am Schluss allen gleichzeitig klar. Scheuen Sie sich als Sitzungsleiter nie, einen «Draft», eine «Startskizze» oder einen «Prototyp» zu zeichnen oder zu skizzieren. Die Entwicklung und Vervollständigung geht so viel schneller.

Bilder verhelfen auch zu Klarheit. Zeichnen Sie z.B. eine Linie und schreiben 300 m darunter, dann wissen alle, dass die entsprechende Länge 300 m bedeutet – und das auch noch nach einer stündigen Debatte – da gibt es keine Missverständnisse. Man kann so auch visualisieren, was gerade erledigt ist, entschieden oder verwor- *Ein Bild bleibt* fen wurde. Ein Bild bleibt im Raum – Worte verschwinden! Dieser Tatsache sind *im Raum – Worte* sich viele Sitzungsleiter viel zu wenig bewusst. Ein Bild, eine Grafik oder ein *verschwinden* «Gekritzel» bleibt während einer Sitzung stets ein Orientierungspunkt. Sie können darauf verweisen oder darauf zurückkommen. Schweift ein Teilnehmer ab oder wiederholt sich, dann kann der Sitzungsleiter auf das Aufgezeichnete verweisen und steuernd eingreifen ohne zu brüskieren.

Sehr aussagekräftig sind natürlich auch später zur Erinnerung fotografierte Flip-Chart-Bilder oder Pinwände, die während der Sitzung erarbeitet wurden (beispielsweise als Anhang zu einem Protokoll oder als Fotoprotokoll). Beim späteren Betrachten dieser Bilder kommen einem dann die ganzen Diskussionen, die gewälzten Gedanken, die Stimmung etc. sehr plastisch wieder in den Sinn, was bei rein textlichen Protokollen niemals so der Fall ist. Schauen Sie einmal ein Foto von dem Ort an, wo Sie in ihrer Kindheit die Ferien verbracht haben – die Erinnerungen sind im Nu wieder wach.

Bei einzigartigen Sitzungen, wie z.B. bei Retraiten oder Strategieworkshops, kann man dem Protokoll auch Bilder der teilnehmenden Menschen beilegen, dann enthält das Protokoll noch eine menschliche Erinnerung – so wie es tausend Worte nicht sagen können – erst recht nicht geschriebene!

ESSENZ Menschen können kaum mehr als sieben Minuten konzentriert zuhören. Aber Bilder sagen mehr als tausend Worte, also

- zeigen Sie Bilder,
- skizzieren Sie Bilder vor den Sitzungsteilnehmern,
- zeichnen Sie Bilder zusammen mit den Sitzungsteilnehmern,
- entwickeln Sie ein Mind Map,
- umschreiben Sie ein Thema bildhaft
- oder erzählen Sie eine Geschichte als Beispiel.

Das führt dazu, dass

- Sie die Aufmerksamkeit der Zuhörer gewinnen,
- man sich länger auf ein Thema konzentrieren kann,
- Sie mehr Klarheit schaffen,
- Sie schneller und besser verstanden werden,
- man sich während der Sitzung immer wieder orientieren kann,
- Sie leichter auf etwas zurückgreifen können
- und man sich später wieder besser an die Inhalte der Sitzung erinnert.

Hier können Sie mit einer einfachen
Skizze trainieren

Warum sitzt man,
wie man sich bettet?

Der Begriff Sitzungszimmer klingt völlig banal, ungefähr so banal wie Schulzimmer. Schon der Begriff wirkt auf uns wie eine «commodity», also ein beliebig austauschbares Gut. Diese Beliebigkeit kommt nicht von ungefähr: Sitzungszimmer werden in vielen Unternehmungen von den Bauverantwortlichen (Liegenschaftenchefs oder Architekten) als «nicht produktive Fläche» und demzufolge auch als unproduktive, teure Fläche bezeichnet. Das ist auch verständlich, denn in vielen Unternehmungen stehen Sitzungszimmer oft leer herum, es ist kein «aktiver Büroplatz». Sitzungszimmer «gehören» auch oft niemandem. Sie werden deshalb auch so genutzt und behandelt: lieblos. Irgendeine Ecke oder Restfläche im Gebäude tut es auch, das nötige Material (Flip-Chart, Stifte etc.) fehlt oft oder ist unvollständig.

Ganz anders verhält es sich mit den imagemässig besser dastehenden (neudeutschen) Meeting-Rooms, Conference-Rooms, Break-out-Rooms oder wie sie sonst noch heissen. Diese Räume sind sehr oft architektonische Selbstverwirklichungsflächen, «Show-Rooms» der Architekten oder Bauherren. Nur das Schönste ist gut genug, Designer-Möbel, Leder, vieles aus Glas und durchsichtig (sorry, das heisst heute transparent oder lichtdurchflutet), sie sind oft wie ein «War-Room» (Front-Kommandoposten) mit elektrischen und elektronischen Gadgets (die häufig im entscheidenden Moment ihren Dienst versagen) vollgepfercht. Man zeigt, was man hat.

Welche Gefühle kommen bei uns hoch, wenn wir an unseren eigenen Arbeitsplatz denken und ihn mit folgenden Begriffen verknüpfen: Wären Attribute wie «transparent», «laut», «unbequemer Stuhl», «zu hoher Tisch», «Abstellkammer für das *Kommen Ihnen diese Szenarien bekannt vor?*

Kopiergerät», «schlecht beleuchtet», «grelles Licht», «muffige Luft», «Durchzug», «komplizierte Technik», «keine Ablagefläche», «viele Störungen» für Ihren eigenen Arbeitsplatz akzeptabel? Wohl kaum, es wäre eher eine Horrorvision.

Wir haben hier natürlich bewusst übertrieben, um die Aufmerksamkeit auf bestimmte Elemente zu richten. Es sei auch nicht verschwiegen, dass es viele Unternehmungen gibt, die über absolut geeignete Sitzungszimmer verfügen, diese gut pflegen und nutzenbringend einsetzen!

Wozu dient ein Sitzungs- zimmer generell? Ein Sitzungszimmer ist – wenn es gebraucht wird – ein aktiver «Mehrfach-Büroplatz». Mehrere Leute (oft die höher bezahlten) sitzen dort zusammen und sollten produktiv arbeiten können. Logischerweise müssten demnach Sitzungszimmer auch die gleichen Anforderungen wie ein guter Büroplatz erfüllen – oder nicht? Wie wir in Kapitel 1 «Was ist eigentlich eine Sitzung» festgehalten haben, werden in Sitzungen hauptsächlich Informationen ausgetauscht, Entscheidungen getroffen und Aufträge erteilt. Ein Sitzungszimmer muss im Minimum diese Arbeit gut ermöglichen. Wer zulässt, dass das Sitzungszimmer auch von der Möblierung her nicht geeignet ist, ist selber schuld. Wie heisst es so schön: « Wie man sich bettet, so liegt man!»

Welche Funk- tionen soll das Sitzungszimmer erfüllen? Um ein gutes (geeignetes) Sitzungszimmer zu haben, müssen vorab die Anforderungen geklärt werden, wie z.B.:

■ Wie klein und wie gross werden die Gruppen sein, die zusammenkommen?

■ Wird man auch mit externen Leuten wie Kunden dort arbeiten? Wo empfängt man diese? Vor oder im Raum? Wie ist das Ablegen von Koffern, Akten oder (nassen) Mänteln geregelt?

■ Müssen Aspekte zu Diskretion und Sicherheit berücksichtigt werden wie z.B.: Distanzen von Arbeitsplatz zu Arbeitsplatz, offene Fenster, Abschliessbarkeit während grösseren Unterbrüchen etc.?

■ Verpflegungsmöglichkeiten (Kaffee etc.) ohne gestört zu werden.

All diese und weitere Überlegungen zeigen, dass es sich lohnt, der Planung des Sitzungsraumes genügend Bedeutung beizumessen. Schenkt man den verschiedenen Aspekten bei der Planung die nötige Aufmerksamkeit, dann wird man auch die gewünschte Produktivität bei der Sitzungsarbeit ermöglichen.

07

Einen Apfelbaum, von dem man viele gesunde Früchte erwartet, stellt man auch nicht einfach hinter das Haus in den Schatten. Vielmehr sucht man einen idealen Standort, pflanzt ihn dort mit der nötigen Sorgfalt und pflegt ihn dauernd. Man erntet dann saftige und gute Früchte – genau wie bei einem guten Sitzungszimmer.

Auch ein Sitzungs-
zimmer braucht
Sorgfalt und pflege

Folgende herausgepickte Faktoren oder Einzelaspekte können den Sitzungsraum und die darin stattfindende Arbeit ebenfalls positiv beeinflussen:

- Genug Platz für jeden Sitzungsteilnehmer unter Wahrung der «Intimdisttanz» (Faustregel: 1 Armlänge) und genügend Ablagemöglichkeiten (Akten, Laptop etc.).

- Trotzdem nicht zu weit auseinander sitzen (siehe Kapitel 2 «Wie organisiert man eine gute Party?») und keine «Burgbauten» mit Akten und Mappen zwischen den Teilnehmenden provozieren. Besser sind Ablageflächen in Reichweite hinter den Sitzungsteilnehmern.

- Ein grosses Plus sind Sitzungsräume, die einerseits genügend gross und andererseits mit flexibel nutzbarer Möblierung versehen sind (Veränderung der Tischgrösse, ev. Besprechungen ohne Tisch etc.).

- Genügend Platz auf einer Seite des Tisches um mit Flip-Chart, Pinwänden und anderen Hilfsmitteln visualisieren und arbeiten zu können.

Feng Shui hin, Bauernregeln her, alles erzeugt immer eine Wirkung! Wann wir uns wo aufhalten, hat immer einen Einfluss auf unser Wohlbefinden, auf unser Denken und Handeln. Klar sind nicht alle Leute gleich sensibel und nicht alle Leute nehmen es gleich wahr – wahr ist aber, dass der Raum unsere Stimmung und unser Verhalten beeinflusst, ob wir es wollen oder nicht.

Welche Energie,
welche Stimmung
soll das
Sitzungszimmer
ausstrahlen?

Es ist also ein fundamentaler Unterschied, ob in einem Sitzungszimmer gemeinsam neue Ideen entwickelt werden (hell, offen), Macht demonstriert (Strenge, Tradition, Härte, Prunk) oder Verkaufsgespräche (Wohlbefinden, Vertrauen) durchgeführt werden.

Zwei kleine Beispiele mögen dies illustrieren: Stellen Sie sich eine grosse, gotische Kathedrale vor. Der Innenraum ist etwas verdunkelt, gegen oben geht er fast ins Unendliche. Es herrscht andächtige Ruhe – ein Ort zum Nachdenken und sich be- sinnen, der Raum strahlt diese Ruhe und Würde (wie auch die Kleinheit des Menschen gegenüber höheren Mächten) aus. Denken Sie an eine gemütliche Bar oder Stammkneipe: Ein Raum für Gemütlichkeit und Geselligkeit ist völlig anders. Eine ungemütliche Bar werden Sie meiden, auch wenn die gleichen Getränke (unter Umständen sogar billiger) angeboten werden. Eine gemütliche Bar ist immer

Die Raumgestal-
tung beeinflusst
unser Verhalten

voll (die Besucher am Ende hie und da auch). Was macht eine gemütliche Bar aus? Warum strahlt eine Kirche Ruhe aus?

Vor lauter Einflussfaktoren sehen wir bald das Sitzungszimmer nicht mehr und die wenigsten haben je die Gelegenheit, bei der Planung von Büroräumlichkeiten Einfluss nehmen zu können. Was heisst dies für uns? Wir müssen das beeinflussen, was wir können! Die Möblierung, die technischen Hilfsmittel und die Farbgebung kann fast immer beeinflusst werden – aus Gleichgültigkeit oder purer Gewohnheit des Herdentiers lassen wir es einfach bleiben ….

Nie falsch ist ein helles und ruhiges Zimmer, flexible und funktionale Möblierung als Minimalanforderung. Am meisten wird aus unserer Erfahrung gesündigt bei Tischen mit fixer Grösse – sie sehen meistens schön aus aber damit ist jede Flexibilität dahin.

ESSENZ Viele Faktoren beeinflussen das Arbeiten in einem Sitzungszimmer. Auf architektonische Faktoren können wir eher selten Einfluss nehmen, auf die Einrichtung und Organisation des Raumes hingegen sehr wohl. Dazu folgende Ratschläge:

- Genügend Ablageflächen hinter den Sitzungsteilnehmern
- In sinnvollen Abständen sitzen können (eine Armlänge plus etwas Ablagefläche)
- Augenkontakte ermöglichen
- Freundliche Farben und angenehme Beleuchtung
- Flexibel nutzbare Möblierungen
- Genügend Platz für das Arbeiten an Flip-Charts, Pinwänden, etc.
- Gute und funktionstüchtige Hilfsmittel
- Guter Zugang für kurze Zwischenverpflegungen
- Reduzieren von Störfaktoren (optische und akustische)
- Genügend frische Luft

Hier könnten Ihre Gedanken oder
Erkenntnisse zur Beschaffenheit der
Sitzungszimmer in Ihrem Arbeits-
umfeld notiert werden

Wie verschleudern Sie freudlos Ihr Geld, ohne es zu merken?

Schon allein die Beantwortung dieser Frage müsste für manches Gremium eine heilende Wirkung entfalten! Die Frage nach den Kosten impliziert natürlich auch die Frage nach dem Nutzen. Wir wollen hier für einmal nur die Kostenseite unter die Lupe nehmen. Dazu ein kleines theoretisches Beispiel.

1 Chef und 5 Abteilungsleiter sitzen 2x pro Monat während zwei Stunden zusammen (Routinesitzung im Führungsrythmus).

Im Durchschnitt verdienen alle 6 Personen CHF 120 000.– p.a. (die Sozialkosten, welche die Unternehmung trägt, nicht mit einberechnet).

Für 1 Teilnehmer ergeben sich Netto-Lohnkosten bei 220 Arbeitstagen von 120 000 : 220 = CHF 545.–/ Tag

In der Annahme, dass die Kader etwas längere Arbeitstage haben als normale Mitarbeitende – Annahme 10 Stunden – sind die Kosten pro Person pro Stunde CHF 54.50/h

6 Pers x 2h = 6 x 109.00 = CHF 654.–/ pro Sitzung

Eine Routine-Sitzung dieses Chefs mit seinen 5 Abteilungsleitern verursacht im absoluten Minimum Kosten von CHF 654.–, (pro Minute Sitzung CHF 5.45) CHF 654.– x 2 x 12 Monate = CHF 15 696.– p.a. reine Netto-Lohnkosten

Dabei sind Raum- und andere Kosten sowie die Kosten für die Vorbereitung und einen Protokollführer nicht erfasst.

Die Rechnung gestaltet sich viel dramatischer, wenn wir die Annahme an eine grössere KMU-Firma anpassen und etwas mehr ins Detail gehen. Wir haben als Beispiel eine Firma mit CHF 100 Mio. Umsatz/ p.a.:

Beispiel einer Firma mit CHF 100 Mio. Jahresumsatz

Kosten eines Geschäftsleitungsmitglied (CHF)		200.– pro Stunde	
An der Sitzung nehmen durchschnittlich 8 Mitglieder der Geschäftsleitung teil	8 x	200.–	**1 600.–**
5 Stunden Sitzung	5 x	1 600.–	**8 000.–**
Raummiete und Nebenkosten (Getränke/ Kopien/ Empfang/ Reinigung etc.)		500.–	**500.–**
Protokollführung	5 x	100.–	**500.–**
1,5 Std. Vor-/ Nachbereitung, An- und Rückreise pro Mitglied	8 x	200.– x 1.5	**2 400.–**
Eine Sitzung kostet:			**11 400.–**
12 Sitzungen pro Jahr ergeben direkte Kosten			**136 400.–**

Diese GL- Sitzungen übers Jahr gerechnet ergeben

Bei KMU's kann man davon ausgehen, dass rund 50 % des Jahresumsatzes durch Geschäftsleitungsmitglieder (also die Teilnehmer an diesen Sitzungen) akquiriert wird.

Bei angenommenen 2 000 Arbeitsstunden pro Jahr ergibt sich ein Akquisitionsausfall pro Sitzungsstunde von CHF 50 Mio. : 2 000 = CHF 25 000. –/ h

Wenn jedes Geschäftsführungsmitglied an 12 Sitzungen zu 5 Stunden (1x p Mt/ 5h) mit 1,5 Stunden Vorbereitung/ Nachbearbeitung teilnimmt, ergibt dies

6,5h x 12 = 78h Akquisitionsausfallstunden à CHF 25 000.– = Akquisitionsausfallkosten von CHF 1 950 000.–

Direkt und indirekt kosten alleine GL-Sitzungen schnell mehrere hunderttausend CHF pro Jahr! Es ergibt sich somit rund CHF 2 Mio.= 2 % vom Jahresumsatz Akquisitionsausfall für die einberufenen GL-Sitzungen, die sonst erarbeitet werden müssen oder schlichtweg fehlen. Sollte dazu der Produktionschef auch an der Sitzung teilnehmen, könnte während dieser Sitzungszeit Effizienz und Effektivität je nach Organisation nicht genügend gesichert sein. Diese Überlegungen können natürlich ins Unermessliche gesteigert werden. Es muss jedoch Rechenschaft darüber abgelegt werden, was es die Firma kostet, wenn man Sitzungen einberuft. Auf diese Art und Weise kann dies veranschaulicht werden. Wir greifen nun dem ersten Kapitel des zweiten Teils etwas vor – und fragen uns vor der Einberufung einer Sitzung:

Braucht es diese Sitzung tatsächlich?

Als «erzieherische Massnahme» könnte jedes regelmässig tagende Gremium nun anhand der Lohnkosten der Anwesenden die Kosten pro Minute einmal ausrechnen. Am Ende jeder Sitzung wäre dann die Frage angebracht, ob sich die Investition gelohnt hat?!

Braucht es diese Sitzung tatsächlich?

Zeit ist Geld. Da Sitzungen in der Summe viel Zeit in Anspruch nehmen, verbrauchen sie auch viel Geld. Es kann hilfreich sein, die Sitzungskosten mit den Teilnehmenden zu berechnen und am Schluss die getätigte «Investition» mit den erreichten Resultaten zu vergleichen. Dies kann zu wertvollen Fragen führen wie z.B.:

ESSENZ

- Braucht es diese Sitzung überhaupt?
- Braucht es sie in dieser Zusammensetzung der Teilnehmenden?
- Braucht es die Sitzung so oft?
- Ist die Sitzung gut vorbereitet?
- Sind die Teilnehmenden gut vorbereitet?
- Wird die Sitzung straff und zielorientiert geführt?

Warum sind Prozesse nicht nur Sache von Anwälten?

Das Ziel des theoretischen ersten Teils ist das Vermitteln von Übersicht und von Denkanstössen. In diesem Kapitel wollen wir hauptsächlich einen Überblick schaffen und nutzen dafür die Vorteile einer Visualisierung. Bilder sind (vgl. Kapitel 6 «Warum wissen Sie, wie John Wayne aussieht?») einprägsamer als normaler Text und ermöglichen so das Aufnehmen, Einordnen oder Verstehen der detaillierten Ausführungen in Teil 2 besser.

Wir können Sitzungen drei verschiedenen Betrachtungsweisen unterziehen. Bei jeder Art der Betrachtung sind die Erkenntnisse verschieden und ergänzen sich. Wir unterscheiden folgende drei Betrachtungsebenen:

1. Die Phasen einer Sitzung
2. Die Kernprozesse einer Sitzung
3. Die Einflussfaktoren auf die Qualität einer Sitzung

Wenden wir uns der ersten Betrachtungsebene zu. Im zeitlichen Ablauf betrachtet kann eine Sitzung in drei Phasen unterteilt werden.

1. Die Phasen einer Sitzung

- Vorbereitung
- Durchführung
- Nachbearbeitung (follow-up)

Vorbereitung   Durchführung   Nachbearbeitung

Auf den ersten Blick erscheint diese Aufteilung trivial, bei näherer Betrachtung aber zeigt es sich, dass diese Phasen verschiedene Anforderungen an die Beteiligten stellen und jede Phase für das Gelingen einer Sitzung ausschlaggebend sein kann.

Mit der Vorbereitung (auf die wir in Teil 2 noch näher eingehen werden) bestimmt der Sitzungsleiter die Teilnehmenden, den Rahmen der Sitzung, die Inhalte und legt die angestrebten Resultate (Output der Sitzung) fest. Es ist für den Sitzungsleiter ein Führungsakt der Planung, der Schwergewichtbildung und der Vorwegnahme. Diesen Führungsakt kann er alleine und in der Regel ohne Einwirkung Dritter gestalten. Er ist in der zeitlichen Gestaltung frei. Die Phase der Vorbereitung liefert das Fundament für die Leitung in der Durchführungsphase.

Die Durchführung einer Sitzung hingegen unterliegt völlig anderen Rahmenbedingungen. Gefragt ist eine komplexe und dynamische Führungsleistung. Der Sitzungsleiter steht vor der Aufgabe, die von ihm definierten Inhalte in einem regen Austausch mit den anderen Teilnehmern zu bearbeiten und die Ziele zu erreichen. Dieser Führungsakt unterliegt der Einwirkung der anderen Teilnehmer. Der Sitzungsleiter steht zudem in der anspruchsvollen Doppelfunktion des Leiters und Teilnehmers gleichzeitig.

Die Nachbearbeitung ist wieder anders strukturiert. Meistens sind Ausführungsaufgaben verteilt oder an Teilnehmer delegiert und dem Sitzungsleiter obliegt in irgendeiner Form die Überwachung der Umsetzung. Die Grundlagen dafür bilden in der Regel das Protokoll und die Pendenzenliste der Sitzung. Es ist im Gegensatz zur Sitzungsführung eher eine «remote control» Aufgabe mit in der Regel wenig direkter Einflussnahme.

Alle drei Phasen können vom Sitzungsleiter bewusst gestaltet werden. Die drei Phasen stellen andere Anforderungen an den Leiter. Sein Führungsstil, seine Arbeitstechnik und seine Sitzungstechnik fliessen in unterschiedlicher Art in diese Phasen der Sitzung ein.

Wenn wir Sitzungen auf der Ebene der Prozesse betrachten, können wir mehrere
Prozesse unterscheiden. Wir ordnen sie der gleichen Grafik der drei Phasen einer
Sitzung zu und erhalten folgenden Überblick:

Vorbereitung   Durchführung   Nachbearbeitung

führen*
• Informationen austauschen   • Entschlüsse fassen*
• Meinungen bilden   • Aufträge erteilen*
• Resultate erarbeiten

vorbereiten*   **visualisieren**   nachbearbeiten
Inputs   follow-up
                protokollieren

* nicht delegierbare Aufgaben/ Verantwortungen

Bei dieser Darstellung wird nicht ersichtlich, wie komplex die einzelnen Kernprozesse sind. Der Vorbereitungsprozess beispielsweise besteht aus vielen Einzel-
elementen, die in Teil 2 im Detail erörtert werden. Trotzdem können wir ihn der
Einfachheit halber als einen einzigen Prozess darstellen, weil er primär auch von
einer Person in «Eigenregie» durchgeführt wird. Die gleiche Feststellung gilt grundsätzlich für den Nachbereitungsprozess, obschon dieser weniger komplex ist und
auch eher von mehreren Personen wahrgenommen wird.
Die Phase der Sitzungsdurchführung hingegen beinhaltet mehrere Prozesse, welche entweder über die Dauer der ganzen Sitzung stattfinden (führen, protokollieren)
oder in bestimmten zeitlichen Abschnitten der eigentlichen Sitzung vereinzelt,
mehrfach hintereinander oder parallel und ineinander verwoben stattfinden können.
Vier dieser Kernprozesse sind streng genommen nicht delegierbar: Das Vorbereiten,
die Führung der Sitzung, das Fassen von Entschlüssen und das Erteilen von Aufträgen. Das heisst keinesfalls, dass sich nicht alle Teilnehmenden daran beteiligen
könnten oder sollten. Allein die Verantwortung für diese Prozesse ist Sache des
Sitzungsleiters. Die Kernprozesse der Sitzungsführung werden ebenfalls in Teil 2
behandelt.

Wenn wir eine Sitzung schliesslich aus der dritten Betrachtungsebene «Einflussfaktoren auf die Qualität» anschauen, dann zeigt sich ein bunter Strauss von sehr
unterschiedlichen Faktoren.

Wir behandeln in diesem Buch insbesondere diejenigen detailliert, welche der Sitzungsleiter und/ oder die Teilnehmer selber aktiv gestalten können. Diese Faktoren sind sehr unterschiedlich, es sind sowohl «harte Faktoren» (Dokumente, Prozesse, Hilfsmittel etc.), als auch «weiche Faktoren» wie Denk- und Kommunikationsprozesse oder Verhaltensweisen. Gemeinsam ist ihnen aber, dass sie bewusst gelernt, beeinflusst und gestaltet werden können.

Wir betrachten folgende Elemente als zentral:

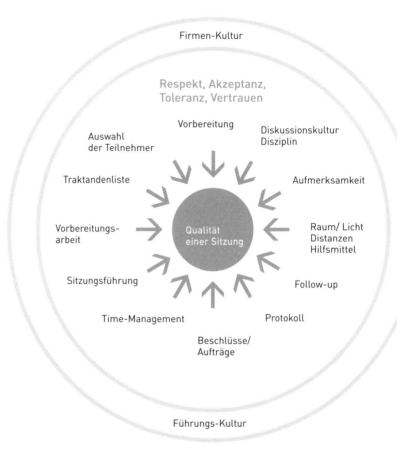

Es wird sofort ersichtlich, dass die Qualitätsfaktoren einer Sitzung ganz unterschiedlicher Art sind. Die Vorbereitung beispielsweise ist ein Prozess, dessen Output primär aus Einladung, Traktandenliste, Vorbereitungsaufträgen und inhaltlichen Inputs besteht. Resultate der Vorbereitung sind meistens Dokumente. Die Entschlussfassung hingegen ist ein geistiger Akt, das Protokoll wiederum ein Dokument.

09

Bevor wir uns im Folgenden der gegenseitigen Abhängigkeiten und Beeinflussungen dieser Faktoren zuwenden, möchten wir noch auf «übergeordnete» oder «umfassende» Einflussfaktoren hinweisen: Die individuelle Qualität der Teilnehmenden, der gegenseitige Respekt und die gegenseitige Akzeptanz sowie die Teamdynamik. Gemeinsam ist diesen drei Faktoren, dass sie weit weniger im Hier und Jetzt einer Sitzung beeinflusst werden können und meistens Ausfluss oder Resultat von früheren Prozessen oder Interaktionen sind. Die Unternehmenskultur und mit ihr die vorherrschende Führungskultur werden diese «umfassenden» Einflussfaktoren vornehmlich prägen.

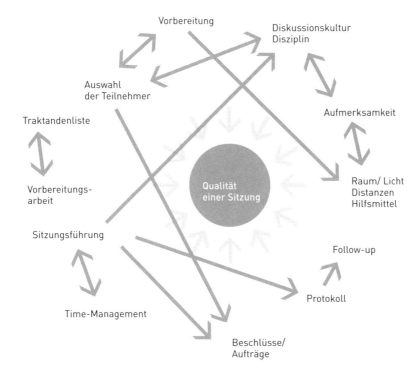

Klar wählt ein Sitzungsleiter die Teilnehmer für eine Sitzung aus. Bei speziellen Projekten werden diese handverlesen und meistens auch sachbezogen bestimmt. Bei regelmässigen Sitzungen eines Führungsteams hingegen sind die Teilnehmer «gegeben», aber trotzdem nicht homogen. Es gibt fachlich fähigere und weniger fähige, kommunikativere und weniger kommunikative, vorbereitete und weniger gut vorbereitete Leute. Die «Gesamtqualitäten» der an einer Sitzung versammelten Leute ist letztlich von ausschlaggebender Bedeutung.

Wie diese Leute dann miteinander umgehen (ob sie sich schon kannten oder nicht) ist ein weiterer Erfolgs- oder Misserfolgsfaktor für eine Sitzung. Diesen Faktor kann ein Sitzungsleiter bis zu einem gewissen Grad an einer Sitzung selbst beeinflussen. Er ist aber eher das Resultat früherer Zusammenarbeit oder der vorherrschenden Führungs- und Kommunikationskultur. Die Dynamik in einem Team kann zusätzlich zu den erwähnten Faktoren (Qualität, Respekt und Akzeptanz) aber sehr stark von der Tragweite der an der Sitzung behandelten Themen abhängen. Sie erfordert daher auch die Aufmerksamkeit des Sitzungsleiters.

Die Einflussfaktoren für die Qualität einer Sitzung stehen natürlich nicht isoliert da – sie beeinflussen sich gegenseitig sowohl verstärkend wie abschwächend oder auch positiv und negativ. Die vorgängige Darstellung mag dies aufzeigen.

Die Sitzungs- Wenn wir die drei Faktoren näher betrachten, welche VOR der Sitzung gestaltet oder
vorbereitung hat festgelegt werden (Vorbereitung, Auswahl der Teilnehmer, Einladung/ Traktanden-
einen besonders liste mit Zielformulierung und Zeitmanagement), dann stellen wir fest, dass diese
starken Einfluss drei Faktoren einen besonders starken Einfluss auf den Verlauf und die Qualität der Sitzung haben. Allein diese drei Faktoren beeinflussen direkt die im zeitlichen Ablauf nachgelagerten weiteren Hauptfaktoren (Führung, Time-Management, Raum/ Hilfsmittel, Diskussionskultur, Entschlussfassung).

Alle anderen Faktoren (mit Ausnahme des Follow-up und der generellen Führungs- und Firmenkultur) wirken während der Sitzung auf die Qualität der Sitzung ein und können auch direkt während der Sitzung beeinflusst oder gesteuert werden. Sie beeinflussen sich natürlich auch in verschiedenen Kombinationen.
Die zwei «matchentscheidenden» Qualitätsfaktoren während der Sitzung sind sicherlich die Führung zusammen mit der Traktandenliste. Die Traktandenliste ist – sofern sie gut aufgebaut wurde – das Hilfsmittel par excellence für Time-Management, Disziplin und Zielfokussierung/ Zielerreichung.

Dass eine Sitzung Wir haben es hier somit mit einem komplexen und sehr dynamischen System zu
gut funktioniert tun. Jede «Stellschraube» kann starken Einfluss ausüben, kein Element allein
ist lernbar sichert den Erfolg oder führt zu Misserfolg. Nur das Zusammenwirken bringt den Erfolg. Es braucht aber glücklicherweise nicht sehr viel, um diese Elemente so zu gestalten, dass eine Sitzung gut funktioniert – und das ist lernbar!

Eine Sitzung kann als System drei verschiedenen Betrachtungsweisen unterzogen werden, nämlich:

- Phasen einer Sitzung
- Kernprozesse einer Sitzung
- Einflussfaktoren auf die Qualität einer Sitzung

Diese abstrakten Betrachtungsweisen aus der «Vogelperspektive» liefern eine ganzheitliche «Übersicht» zur Analyse und Verbesserung einzelner Elemente der Tätigkeit eines Sitzungsleiters.

.

ESSENZ

Warum ist der Sitzungsleiter
ein armes Schwein?

Haben Sie sich auch schon überlegt, dass das Scheitern vieler Sitzungen auch daher kommen könnte, dass der normalbegabte Manager von der Aufgabe schlicht und einfach überfordert ist? Das Führen von Sitzungen als «mission impossible»? Betrachten wir doch den bunten Strauss an Aufgaben, die der gewiefte und smarte Sitzungsleiter wahrnehmen sollte:

- Vorbereitung und Planen der Sitzung mit Zielen und Zeitplan
- Auswahl der Teilnehmer
- Erstellen der Traktandenliste und Einladung, Erteilen der Vorbereitungsaufträge
- Begrüssung der Teilnehmer, «Zieleinigkeit» erwirken
- Einleiten in jedes Traktandum
- Selber inhaltlich in der Diskussion beitragen (Sachebene)
- Sicherstellen, dass das Ziel pro Traktandum erreicht wird, ggf. Beschlüsse gefasst und die Resultate festgehalten werden (Prozessebene)
- Schauen, dass der Zeitplan eingehalten wird (Prozessebene)
- Sicherstellen, dass das methodische Vorgehen der Problemstellung angepasst ist (Sachebene/ Prozessebene)
- Die Beiträge der einzelnen Teilnehmer positiv würdigen (Beziehungsebene)
- Alle Teilnehmer involvieren (Prozess- und Beziehungsebene)
- Vielredner ohne «Kollateralschäden» abstellen (Prozess- und Beziehungsebene)
- Problemteilnehmer (Gegner der Themen, Verärgerte, Scheue, Streitende, Ja-Aber-Spezialisten) ohne «Flurschäden» wieder «ins Boot holen» (Prozess- und Beziehungsebene)

- Eigene Dominanz oder Verärgerung in Griff halten und andere Teilnehmer nicht den «Mund stopfen», plattwalzen oder an die Wand stellen (Selbststeuerung, emotionale Selbstkontrolle)
- Aufträge erteilen
- Sitzung zusammenfassen und abschliessen

... und das alles mehr oder weniger gleichzeitig und unter Zeit- und Resultats-Druck!

Wir sind der Ansicht, dass diese Aspekte viel zu wenig beachtet werden. Klar, die Vorbereitungsarbeit (vgl. Teil 2) ist das Fundament jeder Sitzungsleitung. Ebenso klar ist, dass es Virtuosen gibt, die viele der oben beschriebenen Aktivitäten souverän meistern können. Nur: Die Gausssche Normalverteilung lässt grüssen!

Sehr schlechte
Sitzungsleitung

Virtuose
Sitzungsleitung

Das gleichzeitige Arbeiten in Prozess-, Beziehungs- und Sachebene ist höchst anspruchsvoll! Es gibt rein statistisch sehr wenig Führungskräfte/ Sitzungsleiter, die alle Instrumente dieses Orchesters spielen können. Der dauernde Wechsel zwischen Prozessebene («technische» und zierorientierte Leitung der Sitzung), der Beziehungsebene (Augen und Ohren offen haben für Gefühle, Empfindungen, Frustrationen etc.) und der Sachebene (eigene Beiträge zum Thema liefern und mitdiskutieren) überfordert sehr viele Chefs. Dem Raubtierdompteur gleich müssen sie alle Teilnehmer im Auge behalten und gleichzeitig vieles andere ebenfalls tun!

Vertiefte Studien an verschiedenen Universitäten haben eindeutig ergeben, dass unser Hirn so konstruiert ist, dass es sich immer nur auf EINE Sache gleichzeitig konzentrieren kann. Beim sogenannten Multitasking arbeiten wir nie wirklich simultan, sondern wechseln in kurzen Abständen zwischen verschiedenen Aufgaben hin und her. Eine US-Studie kam 2006 zum Schluss, dass 80 % aller Strassenunfälle auf Unaufmerksamkeit zurückzuführen sind. Der Hauptgrund dafür: Telefonieren. In Versuchen wurde sogar bewiesen, dass chronische «Multitasker» bei der Lösung von Aufgaben viel schlechter abschnitten, ein schlechteres Gedächtnis haben und weniger schnell von einer Aufgabe zur anderen wechseln können! Und das bei Frauen und Männer gleichermassen.

Multitasking ist eine grosse Illusion

Bei komplexeren Veranstaltungen (z.B. Workshops) wird das Problem so gelöst, dass die ganze Moderation (Prozessebene und Beziehungsebene) einem darauf spezialisierten Profi übergeben wird. Der Chef/ Vorsitzende/ Einladende und die anderen Teilnehmer können sich den Inhalten widmen.

Bei Sitzungen gilt dies nicht – warum? Wer bestimmt eigentlich, dass nach alten hierarchischen Mustern der Chef oder Sitzungsleiter alleine für alles verantwortlich sein soll? Wieso ist er alleine «schuld», wenn eine Sitzung nicht erfolgreich ist? Wieso sitzen oft Teilnehmer mit einer Konsumhaltung in der Sitzung mit der (un-ausgesprochenen) Erwartung «man bringe mir»? Weil sie entweder vom Chef so «geschaffen» werden (sich behandeln liessen) oder weil es «schon immer so ge-macht wurde», und niemand darüber nachgedacht hat, dass alle Teilnehmenden an der Sitzungsleitung partizipieren könnten oder müssten. Die Lösung heisst «Shared Responsibility»!

Konkret: Wir müssen Rollen verteilen! Wohl kein Chef käme auf die Idee, nebst der Sitzungsführung auch noch das Protokoll selber zu schreiben! Also Rolle 1: Protokollführer. Wieso nicht auch einen «Zeitverantwortlichen» bestimmen? Ein Teilnehmer sorgt für das Einhalten der vorgegebenen Zeit, indem er beispielsweise – wenn er merkt, dass die Diskussion ausufert – nach 2/3 der vorgegebenen Zeit einschreitet (« Sorry, dass ich unterbreche, aber wir haben nur noch x Minuten zur Verfügung»). Es ist besser, wenn diese Rolle explizit zu Beginn der Sitzung einer Person zugewiesen wird. Diese Person kann auch zum «Gralshüter» der verein-barten Sitzungsregeln ernannt werden. Wie wäre es mit der Rolle des «Visuali-sierungsverantwortlichen»? Ein Teilnehmer wird beauftragt, Flip-Chart oder Entscheidungs-Charts sichtbar für alle zu führen. Sobald etwas Kontroverses diskutiert wird, schreibt er die Argumente stichwortartig für alle sichtbar auf, die Gedanken kreisen nicht endlos im Raum, sondern erhalten eine Form, auf Grund derer besser weiterdiskutiert werden kann. Der Visualisierungsverantwortliche schreibt auch Argumente oder Ideen, die eventuell nicht zum Thema passen, in den Ideen- oder Themenspeicher. Der Ideenlieferant fühlt sich ernst genommen und die Diskussion kann zielgerichtet weitergehen.

Eine weitere Rolle ist die des «Aufklärers» oder «Entwirrers». Diese Person wird beauftragt, wenn immer Teilnehmer ausschweifend werden oder die Diskussion sich verstrickt und eigentlich nicht mehr viel klar ist, entweder nachzufragen («Wie

Wir müssen Rollen verteilen!

meinst Du das, ich verstehe es nicht genau?») oder zusammenzufassen («Wenn ich das bisher Besprochene zusammenfasse ...»). Die Rolle des Aufklärers oder Entwirrers sollte jeder Teilnehmer eigentlich wahrnehmen – aber viele getrauen sich nicht zuzugeben, dass sie etwas nicht begriffen haben (obschon es vielleicht absolut nicht zu verstehen war!). Eine ähnliche, spielerische Form der Rollenzuteilung ist auch bekannt unter dem Namen «Disney-Strategie»: Man gibt für eine Sitzung jemandem die Rolle des «Kritikers», einem anderen die Rolle des «Realisten» und einer dritten Person diejenige des «Träumers». Werden diese Rollen bewusst spielerisch verteilt, dann getrauen sich Teilnehmer – weil es ein «Rollenspiel» ist – mehr zu sagen. Es ist auch eine spielerische Form, etwas durchaus Ernstes zu lernen.

«Was soll ich protokollieren?» Der Protokollführer kann diese Rolle auch gekonnt und mehr oder weniger subtil ausüben, indem er einfach nachfragt: «Was soll ich protokollieren?» oder «Was haben wir eigentlich beschlossen?».

Eine weitere Rolle könnte der «Wohlfühl- oder Teilnahme-Manager» sein. Diese Person beobachtet die Art und Weise, wie sich die Sitzungsteilnehmenden einbringen. Er fragt vielleicht einen stillen Teilnehmer (der dem Sitzungsleiter entgangen war) um seine Meinung zu einem Thema («Mich würde noch interessieren, was Herr Meier zur Fragestellung meint?» Oder «Herr Meier ist noch nicht zu Wort gekommen»). Er kann auch – wenn «Abnützungs- oder Ermüdungserscheinungen» sich bemerkbar machen – eine Kurzpause vorschlagen. Für den hoch engagierten Sitzungsleiter ist dies dann das klare Signal, dass er den Energielevel der Gruppe nicht genügend beachtet hat und ein kleines «Time-out» jetzt nötig ist.

Last but not least: Wer gibt Feedbacks am Ende der Sitzung? Bei fortschrittlichen Sitzungsleitern oder Teams findet am Ende oft eine «Feedback-Runde» statt. Der Sitzungsteilnehmer bittet alle, schnell ihre Meinung zur Sitzung bekannt zu geben. Das kann gut gehen, kann aber auch abflachen im Sinne von «Ja, war ganz gut», der nächste sagt dann «Sehe das auch so» usw. Keiner will die Sitzung verlängern.

Beobachtungen auf bestimmte Dinge fokussieren Effizienter ist hingegen der Feedback-Verantwortliche. Dieser sagt am Schluss, was ihm gefallen hat und was verbesserungsfähig ist. Wurde er noch beauftragt, seine Beobachtungen auf bestimmte Dinge zu fokussieren, dann wird das Feedback präziser und qualitativ besser.

Ein Sitzungsleiter kann sich durch das Verteilen von Aufgaben a) entlasten und b) die Teilnehmenden zu Mitverantwortlichen machen. Das Sicherstellen eines guten Sitzungsverlaufes ist so zu einem Team-Job geworden.

a) Protokollführung
b) Zeitüberwachung/ Regeln einhalten
c) Visualisierungsverantwortung
d) Entwirrung/ Aufklärung
e) Wohlfühlen und Teilnahme-Überwachung
f) Feedback am Ende der Sitzung

*Die zu verteilen-
den Rollen im
Überblick:*

Die Rollen a, b, c und f müssen wir auf alle Fälle offen zuteilen/ vereinbaren, die Rollen d und e können auch von jedem Teilnehmenden aus eigener Initiative wahrgenommen werden.

Wie sagte schon Caesar? «Divide et impera!» Etwas frei übersetzt: «Teile auf und führe!» Oder auch: «Management is getting things done through other people!»

«Teile auf und führe»

Die Vielzahl der Elemente und Aufgaben einer Sitzung fordern Vorgesetzte oft enorm. Studien belegen, dass das parallele Erfüllen von verschiedenen Aufgaben, das sogenannte «Multitasking» nicht möglich ist . Vielmehr wechseln wir in kurzen Zeitabständen zwischen den verschiedenen Aufgaben hin und her, was sich auf die Arbeitseffizienz nachteilig auswirkt. Hilfreich ist der Einbezug der Teilnehmenden in die «Steuerungsverantwortung» der Sitzung. Mindestens eine Unterstützungsrolle muss immer zugewiesen sein: Die Protokollführung. Als sehr hilfreich erweist sich, wenn weitere Hilfsfunktionen auf die Sitzungsteilnehmenden verteilt werden, nämlich:

ESSENZ

- Überwacher des Zeitplanes und der Einhaltung der Regeln
- Visualisierungsverantwortlicher
- Klärungs-/ Stimmungsüberprüfer
- Feedbackgeber

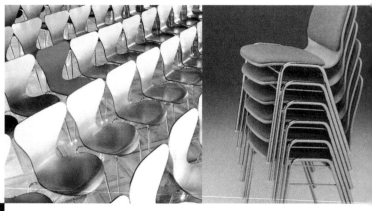

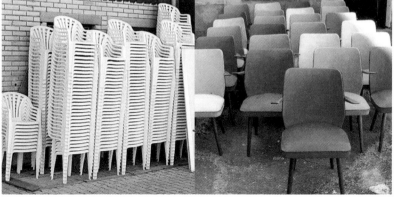

TEIL ZWEI

Die Praxis der Sitzungsführung

Vorbereitung einer Sitzung
Braucht es eine Sitzung?

Vielleicht können Sie diese Frage sofort mit Ja beantworten, dann fahren Sie fort mit Ihren Vorbereitungsarbeiten. Es könnte aber sein, dass Zweifel aufkommen. Das ist ganz besonders oft der Fall, wenn vorgeplante, regelmässige Sitzungen mit dem Führungsteam anstehen. Solche Sitzungen sind Routine, alle haben sie sowieso eingeplant und trudeln mit einer Tasse Kaffee zur Sitzung ein. Warum nicht absagen? Für alles, was wir tun, haben wir in der Regel zwei Gründe: Einen, der gut klingt und einen zweiten, den wahren Grund!

Der gut klingende Grund hört sich vielleicht so an: «Die anderen Teilnehmer haben vielleicht etwas vorbereitet oder berechtigte Anliegen». Die darunter liegenden «wahren» Gründe in Form von nicht eingestandenen Zweifeln sehen anders aus: «Was denken die anderen über mich als Führungskraft, wenn ich keine aktuelle Problembehandlung, nichts zu fragen habe, wenn ich keine Führungsimpulse produziere?» Ja, die anderen könnten denken, Sie seien ein «Weichei» – sie könnten aber auch denken, Sie seien ein souveräner Chef, der effizient und effektiv ist und nicht sinnlos Zeit seiner Mitarbeiter verbrät. So oder so, der Zweifel blüht. Wir schlagen Ihnen für regelmässig stattfindende Sitzungen (im sogenannten Führungsrhythmus) folgende Option vor:

«Wer hat welche Themen für die Sitzung?». Mit dieser Fragestellung suggeriert der Chef nichts. Wenn keine Themen eintreffen und der Chef selber auch keine Traktanden hat, dann kann er die Sitzung ausfallen lassen. Es werden ihm wahrscheinlich alle dankbar sein, denn Zeit ist in der Regel bei allen ein Problem. Oft wird nämlich vergessen, dass zur Sitzungszeit meistens auch noch der Weg zum Sitzungsort hinzukommt.

1. Kurze Mailumfragen seitens des Chefs:

2. Die Sitzung findet statt Zu Beginn sagen Sie gleich, dass Sie keine aktuellen Themen haben und bereit seien, auf eingebrachte Fragen einzugehen. Nach Bearbeitung der Fragen sollten Sie die Sitzung beenden. Wer Zeit und Lust hat, kann noch für einen Kaffeeschwatz bleiben.

Diese Variante hat den Vorteil, dass nicht ein «unsichtbarer Druck» durch das Mail aufgebaut wird. Wichtig ist bei dieser Variante, dass das eingebrachte Problem kurz und effizient behandelt wird und nicht zeitfüllend nach dem Gesetz des expandierenden Gases abgehandelt wird (bekanntlich dehnen sich Gase im verfügbaren Raum aus und füllen diesen). Ein «off-the-record» Kaffeeklatsch kommt vielen Managern als reine Zeitverschwendung vor – ist es aber auf keinen Fall. Viele Teilnehmer sehen sich im Alltag oft nur zwischen Tür und Angel, alle haben sich die Zeit reserviert, wer Lust und Zeit hat, kann, muss aber nicht bleiben!

Falls Sie als Chef – wenn Sie ehrlich mit sich selber sind – offen die Frage nach der Notwendigkeit für eine Sitzung mit sosolala oder nein beantworten müssten, dann ist mit einer gewissen Wahrscheinlichkeit der Sitzungsrhythmus zu eng! Viele Chefs *Zu kurze* neigen dazu, aus einem Unsicherheitsgefühl zu kurze Intervalle zu wählen. Man hat *Intervalle* so seine «Mannschaft» zusammen und vermeintlich die Dinge unter Kontrolle. Probe aufs Exempel? Fragen Sie die aufgebotenen Teilnehmer, ob sie einen anderen (längeren) Intervall besser finden würden. Natürlich hängt die Antwort auf diese Frage stark davon ab, wie der Chef die Frage stellt!

Wir sollten uns immer bewusst sein: Zielgerichtete und straff geführte Sitzungen sind eine hoch effiziente Art der Zusammenarbeit. Wenig zielorientierte und lasch abgehaltene Sitzungen sind eine der grössten Zeitverschwendungen im Multipack! *Bilaterales* Ideal ist, falls es die Führungs- und Kommunikationskultur zulässt, dass im Zwei- *bilateral lösen* felsfalle bilaterale Anliegen auch bilateral gelöst werden. So wird keine Zeit von Unbeteiligten verschwendet, die nur als Publikum im Raum sitzen.

Sind Sie zum Schluss gekommen, dass es eine Sitzung braucht, dann bereiten Sie diese vor!

3. Sitzungs-vorbereitung
1. Auswahl der Besprechungspunkte
2. Formulierung des zu erreichenden Endresultates/ «Outputs» pro Besprechungspunkt
3. Festlegen des methodischen Vorgehens pro Besprechungspunkt
4. Festlegen des Zeitbedarfs/ Zeitbudgets pro Besprechungspunkt
5. Festlegen der Behandlungsreihenfolge der Besprechungspunkte
6. Auswahl der (zusätzlichen) Teilnehmer und Festlegen der zeitlichen Präsenz
7. Bestimmen des Ortes/ Raumes sowie der Technik/ Verpflegung

8. Entwurf der Einladung inkl. Vorbereitungsaufträge und
   Vorbereitungsunterlagen
9. Gedanken zum Start und zum Abschluss der Sitzung

Wenn Sie jetzt wegen der Komplexität und des Umfanges erschrocken sind – keine
Angst, so schlimm ist es nicht. Einerseits wurde Ihnen vielleicht schlagartig klar,
warum viele Sitzungen unbefriedigend ablaufen. In der Reihenfolge der Schritte
zur Sitzungsvorbereitung liegt eine zwingende und erfolgsbringende Logik.
Einleuchtend ist, dass ohne vorbreitete Besprechungspunkte eine Sitzung zum
unkontrollierbaren Geschwafel ausartet.

Der zweite Punkt ist schon viel weniger trivial. Es ist uns aufgefallen, dass bei unglaublich vielen Sitzungen keine klaren Zielsetzungen für die einzelnen Bespre- *Ziele pro*
chungspunkte zu finden sind. Logisch? Nein! Psychologisch? Ja! Das Vordenken *Traktandum sind*
des zu erreichenden Endzustandes, also des anzustrebenden «Outputs», der *der «Key Success*
«Deliverables» einer Diskussion, bereitet vielen Chefs erhebliche Mühe! Dabei ist *Factors» für*
das wahrscheinlich einer der «Key Success Factors» für Sitzungen. Warum? Wenn *Sitzungen*
der «Output» eines Besprechungspunktes klar definiert ist, bildet er die Vorgabe,
die Richtlinie, das Auswahlkriterium für:

- Das methodische Vorgehen
- Den Zeitbedarf/ Zeitbudget
- Die Reihenfolge der Traktanden
- Die Auswahl der (zusätzlichen) Teilnehmer
- Die Bestimmung der Hilfsmittel
- Die Vorbereitungsaufträge

Um es ganz einfach darzustellen: Wenn bei einem Traktandum auf der Einladung
als Ziel steht: «Gegenseitige Information» dann bedeutet dies für die weiteren
Teilnehmer «Entwarnung, ich muss nichts vorbereiten, ich kann mich durch Zuhören
zuerst einloggen» etc.. Steht hingegen bei einem Traktandum als Ziel: «Auswahl
und Kauf der Maschine für Produktionsstation X beschlossen und Durch-
führungsverantwortlichkeit festgelegt», dann ist es für alle klar: «Hier gilts ernst!»
Also stehen Bildung der eigenen Meinung, Vorbereitungen und Abklärungen vor
der Sitzung an. Stünde nur «Auswahl der Maschine für Produktionsstation X» als
Besprechungspunkt in der Einladung, so lässt dies viel Spielraum – der dann auch
beansprucht wird. Die Chance, dass etwas Wichtiges oder Weiterreichendes entschieden wird, ist eher klein!
Eine klare Vorstellung des zu erreichenden Endzustandes und dessen Bedeutung
pro Besprechungspunkt ist natürlich auch die Richtschnur für das methodische

Vorgehen und den dafür benötigten Zeitbedarf. Die Bedeutung und Komplexität des anzustrebenden Ziels, die Methodenwahl und der Zeitbedarf sind immer direkt miteinander verbunden.

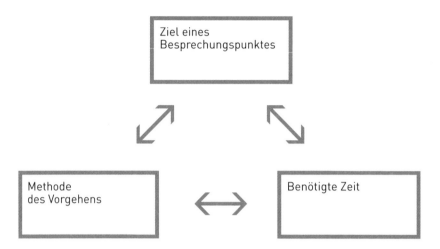

Je nach Komplexität oder Bedeutung des Zieles muss für eine Besprechung ein bestimmtes Mass an Zeit aufgewendet werden. Der Zeitbedarf kann aber durch die Wahl der Vorgehensweise an der Sitzung im Voraus beeinflusst werden. Wenn beispielsweise bei einer Entscheidung die Pros und Contras schriftlich mit Pin-Karten eingeholt werden, dann spart dies Zeit: Alle denken zur gleichen Zeit, alle beziehen Stellung, bei der Diskussion sind die Hauptargumente stets sichtbar und kein Argument wird übergangen.

Die Bedeutung der Themen beeinflusst die Gestaltung Die Bedeutung eines Besprechungspunktes und der gerechtfertigte Zeitbedarf sind natürlich die Bestimmungskriterien für die Reihenfolge der Traktanden. Der wichtigste Besprechungspunkt gehört nicht in die 2. Hälfte der Traktandenliste! Ist die Bedeutung eines Besprechungspunktes klar, dann ist die Auswahl der (zusätzlichen) Teilnehmer an der Sitzung keine Hexerei mehr.

Die Reihenfolge der Vorbereitungsschritte ist wie eine logische Kette: Ein Glied führt zum nächsten. So erklärt und beschrieben mag dies kompliziert erscheinen. Wenden wir Hilfsmitteln an, dann ist es wesentlich einfacher und «geschmeidiger». Von der geistigen «Anstrengung» her ist es anfangs wie eine anstrengende Bergbesteigung und schliesslich ein lockerer Spaziergang ins Tal hinunter!

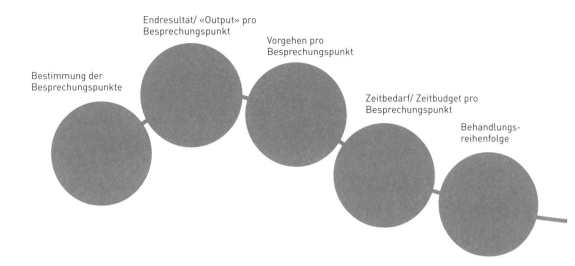

Bestimmung der
Besprechungspunkte

Endresultat/ «Output» pro
Besprechungspunkt

Vorgehen pro
Besprechungspunkt

Zeitbedarf/ Zeitbudget pro
Besprechungspunkt

Behandlungs-
reihenfolge

Ist der angestrebte «Output» pro Besprechungspunkt einmal klar definiert, dann ergibt sich der Rest beinahe von selbst. Ein erster kleiner Hinweis bezüglich «Machiavellismus» muss an dieser Stelle noch angebracht werden: Es gibt Vorgesetzte, die die Sitzungsteilnehmer bezüglich der Ziele bewusst im Unklaren lassen. Sie wissen meistens aber genau, was sie wollen. Dadurch, dass sie sich nicht in die Karten schauen lassen, haben sie mehr manipulativen Spielraum. Sie können Widerstand geschickt umgehen, sie können Teilnehmer sich «vor Ort» bekämpfen lassen, sie können geschickt «schlichten» und Allianzen bilden etc. Schon erlebt? Kommt Ihnen das vielleicht bekannt vor?

Ein zweiter kleiner Hinweis: Es gibt leider faule und es gibt leider auch unfähige Chefs. Bei solchen Führungskräften werden Sie auch keine vorbereiteten Sitzungen erleben.

Das Rezept dagegen: Fragen Sie als Teilnehmer bei jedem Besprechungspunkt, was konkret dabei herauskommen soll oder was erreicht werden muss, bevor in die Diskussion eingestiegen wird und halten Sie die Zielsetzung wenn möglich schriftlich fest (sichtbar für alle auf dem Flip-Chart, somit auch z.Hd. des Protokolls). Sie werden Wunder erleben!

Ein dritter kleiner Hinweis: Es gibt Chefs, die Mühe bekunden, klare Ziele für Besprechungspunkte zu formulieren. Das kann mehrere Gründe haben: Sie blicken (noch) nicht durch, wissen aber, dass das Thema besprochen werden muss oder es bereitet ihnen einfach Mühe, klare Ziele knapp zu formulieren.

Das Rezept gegen solche Probleme: Legen Sie zusammen mit den Teilnehmenden pro Traktandum das Ziel genau fest! Sie haben dadurch ein klares Ziel, das bereits von allen getragen wird! Sie müssen dann in der Folge vielleicht das Zeitbudget und die Reihenfolge überdenken. Gesichtsverlust? Nein, konkretes Training für Ihre Crew im Zielformulieren, Ausbildung on the job! Das können Sie auch mal einstreuen, wenn Ihnen die Zielsetzung absolut klar ist!

ESSENZ

Hinterfragen Sie immer wieder, ob es die Sitzung überhaupt braucht und falls ja, wie oft bzw. wie selten.

Man wird Ihnen dankbar sein, wenn Sie die Sitzungen zielorientiert und straff führen sowie die Sitzungsarbeit und reine persönliche Plaudereien (die es auch braucht und die wertvoll sein können), klar trennen.

Bereiten Sie sich nach den oben genannten 9 Schritten sorgfältig vor (insbesondere klare Zielsetzungen, Handlungskonsequenzen und Zeitbudgets pro Traktandum) und erteilen Sie allenfalls Vorbereitungsaufträge.

Sammeln und Wählen der Inhalte/ Besprechungspunkte

Wie sammeln und wählen Sitzungsleiter die Inhalte oder Traktanden aus? Da gibt es eine einfache Antwort: «Anything goes!» Jeder Sitzungsleiter tut dies nach Gutdünken. Die einen haben «Themen-speicher» oder eine Ablage pro Sitzungstyp, die anderen sind kreativ oder eher chaotisch, sie haben Notizen an verschiedenen Orten oder auf vielen Einzelzetteln, wieder andere bereiten sich systematisch und minutiös vor. Etwas werden aber alle Chefs bestätigen: Es ist meistens mit Aufwand verbunden, es braucht «Gehirnschmalz», um eine Sitzung inhaltlich gut vorzubereiten. Diese inhaltliche Vor-bereitung ist auch selten delegierbar! Sie sollte auch nicht delegiert werden, denn eine gute Vorbereitung ist die «halbe Miete»! Gut vorbereitete Sitzungen lassen sich viel besser führen und bringen bessere Resultate.

Ein Hauptziel und ambitiöser Anspruch dieses Buches ist es, Sitzungsleitern eine einfache (wie wir gerne sagen «miliztaugliche») Systematik in die Hand zu geben, welche ihnen den Prozess der Vorbereitung erleichtert und gleichzeitig die Qualität der Sitzungsführung erhöht!

Es gibt aus dem Blickwinkel der Vorbereitung grundsätzlich zwei Arten von Sitzungen:

- Regelmässige Sitzungen mit gleichbleibendem Teilnehmerkreis (z.B. Sitzungen mit Direktunterstellten in einem Führungsteam).
- Unregelmässige, themenbezogene, projektorientierte Sitzungen mit wechselndem Teilnehmerkreis und keinen fixen Zeitintervallen.

Bei regelmässigen Sitzungen mit gleichbleibendem Teilnehmerkreis hat sich an vielen Orten die «Standard-Traktandenliste» bewährt. Führungsteams, die sich selten sehen, haben sehr oft Besprechungspunkte, die immer wieder anfallen, wie z.B. «Pendenzen», «Stand der Projekte», «Personelles» oder «Budget/ Finanzen». Eine Standard-Traktandenliste hat den grossen Vorteil, dass der Leiter und jeder Teilnehmer Informationen für das Thema laufend sammeln können, da sie stets wissen, dass diese relevant sind und besprochen werden. Die Gefahr bei Standard-Traktanden besteht darin, dass die Zielsetzung pro Traktandum of vernachlässigt wird. Man spricht darüber, weil es so vorgegeben ist, die Sitzung ist sozusagen ritualisiert. Gleichwohl sind wir der Ansicht, dass bei regelmässigen Sitzungen mit gleichbleibendem Teilnehmerkreis die Vorteile der Standard-Traktandenliste über- wiegen. Es ist auch jedem Sitzungsleiter unbenommen, hier zusätzliche Traktanden einzubauen oder Traktanden wegzulassen.

Grundregeln für den Aufbau einer Standard- Traktandenliste   1. In die ersten Hälfte der Traktandenliste gehören die wichtigsten Besprechungs- punkte. Darunter fallen immer die «Kontrolltraktanden» wie «Stand der Projekte», «Pendenzen», «Budget/ Finanzen». Die Platzierung der Kontrolltraktanden zu Beginn einer Sitzung hat zwei positive Nebeneffekte: Erstens führt dies zu einer gemeinsamen Disziplinierung. Alle Teilnehmenden wissen, dass sie über die Erledigung von Pendenzen und den Stand der Projekte vor allen anderen Teil- nehmern Rechenschaft ablegen müssen und dann diese kurzen Statusmeldungen ins Protokoll einfliessen werden. Viele Chefs machen hier den Fehler, dass sie Projekte oder Pendenzen in bilaterale Sitzungen nehmen. Dadurch geht die heil- same Wirkung der «peer pressure» verloren. Selbstverständlich gehören auch die inhaltlich wichtigen Traktanden in den vorderen Teil der Liste. Warum? Erfahrungsgemäss brauchen wichtige Traktanden genügend Zeit zur Besprechung. Da Zeitüberschreitungen oft auch nicht vermieden werden können, werden wichtige Themen so nicht vertagt oder unter zeitlichem Druck behandelt.

2. Immer in die zweite Hälfte der Traktandenliste (wenn nicht sogar mehr oder weniger an den Schluss) gehören die «gegenseitigen Informationen». Informations- traktanden ufern zeitlich fast immer aus. Diese Themen werden auf natürliche Weise aufs Wesentliche komprimiert, wenn sie am Schluss der Sitzung eingeplant sind. Es ist kaum zu glauben, an wie vielen Sitzungen Informationstraktanden zu Beginn eingeplant sind! Viele Sitzungsleiter «reden sich warm» und erlauben den anderen Teilnehmern, dies auch zu tun. Die Auswirkungen sind meistens verhee- rend. Die Zeit zerrinnt mit Unwesentlichem, der Druck, endlich etwas Nützlicheres oder Konkreteres zu erreichen, nimmt zu, die Frustration oder Resignation nimmt zu und der Zeitvorrat kontinuierlich ab. Wir empfehlen zur Auswahl der Bespre- chungspunkte ein ganz einfaches Hilfsblatt zu verwenden, welches eine Logik und mentale Routine sicherstellt. Aus didaktisch-methodischen Gründen werden wir

dieses Hilfsmittel schrittweise entwickeln. Für die Auswahl der Besprechungspunkte sind folgende Schritte hilfreich:

1	2	3
Thema/ Besprechungspunkt	Was muss bei diesem Thema/ Besprechungspunkt behandelt werden?	Warum muss dies behandell werden?

Check-Liste Sitzungs- vorbereitung

Unser Gehirn denkt nicht immer so, wie wir uns das wünschen oder wie wir meinen, es denke! Gedankensprünge, Themensprünge, Einfälle, nicht durchdachte Ideen sind nicht die Ausnahme, sondern die Regel. Deshalb müssen wir mit unserem Vorgehen diese Arbeitsweise «auffangen» und nutzen. Es ist bei der Vorbereitung völlig egal, in welcher Reihenfolge uns die Besprechungspunkte einfallen. Wichtig ist nur, dass wir sie festhalten und strukturiert zu Ende denken. Als zweiter Schritt kommen die Notizen über die «Bestandteile» der Themen: Was muss unter diesem Thema zur Sprache kommen? Da genügen in der Regel Stichworte für eine Auslegeordnung. Die Reihenfolge der Elemente spielt auch hier keine Rolle, wichtig ist nur, dass wir uns mit diesen Gedankenschritten Überblick und Klarheit verschaffen.

Der dritte Schritt ist von grosser Bedeutung: Die Frage nach dem «Warum»? Die Beantwortung dieser Frage ist sehr hilfreich. Einerseits ist sie die Vorstufe zur Formulierung der angestrebten Outputs pro Besprechungspunkt und andererseits ist sie eine Form von «Lakmus-Test» oder Selbstreflexion. Ist das wirklich nutzbringend, zielführend oder überhaupt nötig? Die ehrliche Beantwortung der Frage nach dem «Warum?» kann zu Entschlackung, Fokussierung und Klarheit führen. Ein konkretes Beispiel soll dies aufzeigen:

Die Frage «warum» ist sehr hilfreich»

1	2	3
Thema/ Besprechungspunkt	Was muss bei diesem Thema/ Besprechungspunkt behandelt werden?	Warum muss dies behandelt werden?
Budgetierung	• Vorgaben über die Abteilungen hinweg • Abgleich • Endtermine	• Damit wir die übergeordneten Termine einhalten und alle hören, wie wir vorgehen müssen. • Damit unser Budget konsistent ist.

Check-Liste Sitzungs- vorbereitung

Diese geistige Vorbereitung durch Analyse des Themas stellt logisches Vorgehen sicher. Nur Teile davon fliessen in die Traktandenliste ein, der ganze Prozess dient dem Sitzungsleiter als Vorbereitung für die wirkungsvolle Behandlung des Themas.

Weil unser Geist nicht «systematisch» und «geordnet» denkt, wird die Reihenfolge der Themen noch nicht richtig oder optimal sein und es werden vielleicht bei unseren Vorbereitungen auch wichtige und viel weniger wichtige Themen aufgeführt. Das spielt gar keine Rolle. Wir lassen sie auf unserem Vorbereitungsblatt. Bevor wir nicht die Ziele pro Traktanden formuliert, die Vorgehensweise bestimmt und eine Zeitschätzung gemacht haben, können wir die Reihenfolge noch nicht sinnvoll festlegen!

Eine Faustregel sei hier noch erwähnt:
Operative Besprechungspunkte und strategische Themen gehören nie an die gleiche Sitzung!

Diesen Fehler trifft man leider häufig an. Operatives sollte effizient «durchgepaukt» werden. Eine straffe Sitzungsführung bringt klare Resultate innert nützlicher Frist.

Strategische Themen brauchen Zeit, Denkschlaufen, Infragestellen Strategische Themen brauchen Zeit, Denkschlaufen, Infragestellen. Mit Druck «abhandeln» bringt nichts. Bei Sitzungen mit strategischen Themen brauchen wir auch eine Themen-Fokussierung und nicht eine Themenvielfalt. Werden Operatives und Strategisches gemischt, dann ist die Gefahr gross, dass die Sitzung «zerfleddert». Das Strategische wird oberflächlich behandelt oder unvollendet vertagt, das Operative gerät zeitlich unter die Räder oder wird nicht mit der notwendigen «Strenge» und Zielorientierung bearbeitet – es besteht die Gefahr, dass es den Anstrich des Unwichtigen oder Beliebigen erhält.

ESSENZ Es gibt verschiedene Methoden, Besprechungspunkte zu sammeln. Wichtig ist, dass Sie die Sitzung selber gut vorbereiten und in eine systematische, klare Struktur bringen. Dabei unterscheiden sich «regelmässige Sitzungen» und «unregelmässige Sitzungen». Im vorgeschlagenen Vorbereitungsblatt strukturieren wir nach Themen, und fragen, was dazu behandelt und warum es behandelt werden muss. Diese Vorbereitung sammelt alle Gedanken und führt zu Entschlackung, Fokussierung, Klarheit und somit zu besseren Resultaten.

Grundsätzliches: Die wichtigen Besprechungspunkte gehören immer an den Anfang. Operative und strategische Themen immer trennen und in verschiedenen Sitzungen behandeln.

Formulierung des zu erreichenden Endresultates/ Output pro Besprechungspunkt

Unseres Erachtens ist das Fehlen einer klaren Zielsetzung pro Besprechungspunkt einer der Hauptgründe, warum Sitzungen ineffizient sind. Dieser Fehler ist weit verbreitet. Dafür sind mehrere Faktoren verantwortlich, die sich zum Teil «toxisch» kumulieren:

- Mangelnde Ausbildung (wo haben Sie gelernt, dass man sich Gedanken machen sollte, was an einer Sitzung mit einem bestimmten Traktandum zu erreichen ist und dass man diese Gedanken schriftlich formulieren und obendrein anderen kundtun soll?)

- Mangelnde Ausbildung/ Fähigkeit im Zielformulieren

- Wenig Lust, Vorbereitungsarbeit zu leisten

- Geistige Trägheit

- Zu wenig Zeit für die Vorbereitungsarbeit geplant

- Persönliche Eigenart (bevorzugen mündlicher Kommunikation versus schriftlichem Durchdenken)

- Kein Durchblick im Thema (die Diskussion erlaubt es dem Sitzungsleiter selber, das Thema in seinen Facetten zu verstehen und somit auch das Gesicht zu wahren)

- Taktisches Vorgehen (Unklarheit erlaubt besseres Manipulieren)

- Keine Zielorientierungs – und Leistungskultur in der Organisation (Effizienz und konkrete Resultate werden nicht erwartet oder eingefordert)

Wenn wir diese sehr lange Liste betrachten, könnte man fatalistisch reagieren und die Segel streichen. Effizienz in Sitzungen dank Zielsetzung? Was solls. Wilhelm Busch hatte recht: «Vergebens predigt Salomo, die Leute machen's doch nicht so!»

Warum sollte man als Führungskraft trotzdem gegen Ineffizienz und Sitzungsschlendrian ankämpfen? Weil Sie damit enorme Vorteile herausholen. Sie erreichen die gewünschten Resultate in kürzester Zeit. Sie führen Sitzungen souverän und zielorientiert. Sie bekommen das Image einer guten Führungskraft – in der heutigen Zeit der harten Konkurrenz keine schlechten Trümpfe.

Bitte bleiben Sie sich der aufgeführten Gründe, wieso oft keine oder schlechte Zielsetzungen bei Sitzungen zu finden sind, stets bewusst und machen Sie es besser!

Wie formuliert man den angestrebten «Output» pro Traktandum? Eigentlich ist es einfach. Sie lesen in der Spalte «Was muss behandelt werden» und in der Spalte «Warum» nach, was Sie aufgeschrieben haben. Dann formulieren Sie dazu in «Telegrammstil» feststellbare Tatbestände im Perfekt. Das Kernprinzip ist erfasst: Das Endresultat muss am Ende des Traktandums feststellbar sein. An unserem Budgetbeispiel erläutert:

Check-Liste Sitzungsvorbereitung

1 Thema/ Besprechungspunkt	**2** Was muss bei diesem Thema/ Besprechungspunkt behandelt werden?	**3** Warum muss dies behandelt werden?
Budgetierung	• Vorgaben über die Abteilungen hinweg • Abgleich • Endtermine	• Damit wir die übergeordneten Termine einhalten und alle hören, wie wir vorgehen müssen. • Damit unser Budget konsistent ist.

4 Angestrebter Output am Ende des Traktandums
• Vorgehen allen klar • Termine definiert • Unterlagen verteilt und erläutert • Koordinator bestimmt

Wir sind keine «Management-by-Objectives-Puristen»! Das Beispiel soll Ihnen aber zeigen, wie klare Endpunkte die Diskussionsfähigkeit und damit die Sitzung erleichtern. Jeder Chef wird seine Sicht der Dinge einbringen und vielleicht die Schwerpunkte anders legen – völlig egal. Mit der Formulierung von konkreten «Teil-Outputs» schaffen Sie Klarheit und damit die Grundlage zur Effizienz. Diese «Teil-Outputs» sind zwingend nötig, weil sie für alle Beteiligten Klarheit schaffen.

Eine globale Zielsetzung für das Traktandum «Budgetierung» wäre auch möglich: «Budgetprozess eingeleitet». Die Nachteile sind evident. Eine «»Feinsteuerung» ist nicht möglich. Eine globale Zielformulierung ist besser als gar keine Zielsetzung, aber kleinere, klar definierte «Outputbestandteile» sind wesentlich wirksamer.

Wenn Sie nun eine Traktandenliste versenden, auf der Thema und angestrebte «Outputs» pro Thema stehen, ist dies schon ein Riesenschritt. Alle Teilnehmer wissen, auf was sie sich vorbereiten müssen! Ein zusätzlicher Nutzen entsteht von selbst: Wenn Sie als einladender Sitzungsleiter etwas vergessen haben sollten (nobody is perfect!), dann wird mit grosser Wahrscheinlichkeit ein Teilnehmer dies gleich zu Beginn des Traktandums einbringen. Bei unserem Budgetbeispiel könnte dies beim Output sein: «Vorgehen bei Budgetabweichungen zum Vorjahr besprochen».
Klarheit schafft Transparenz, Transparenz löst Mitdenken und Unterstützung aus!

Alle Teilnehmer wissen, auf was sie sich vorbereiten müssen

Nochmals: Klar definierte «Outputbestandteile» (zu erreichende Einzelziele) pro Traktandum sind der wichtigste Schlüssel zur guten Sitzungsführung und somit zu wirkungsvollen Sitzungen! Denken Sie an Alice im Wunderland: «Wenn Du nicht weisst, wohin Du willst, ist jeder Weg der richtige!»

Etwas vom Wichtigsten ist die Zielsetzung pro Besprechungspunkt (obwohl dies erstaunlicherweise aus verschiedenen Gründen meistens fehlt)! So erreichen Sie die gewünschten Resultate in kürzester Zeit und schaffen sich das Image einer guten Führungskraft. Notieren Sie sich in der 4. Kolonne auf Ihrem Vorbereitungsblatt die zu erreichenden Ergebnisse jedes Traktandums. Je konkreter und detaillierter, desto besser wird der Gehalt und die Qualität des Outputs sein.

ESSENZ

Festlegen des Vorgehens pro Besprechungspunkt

Wenn man über eine anstehende Sitzung nachdenkt liegt es auf der Hand, dass das (methodische) Vorgehen bei der Bearbeitung eines Themas in einer Sitzung einen entscheidenden Einfluss auf Ablauf, Effizienz, Zeitverwendung und Resultat hat. Trotzdem schenken wenig Sitzungsleiter diesem Aspekt genügend Beachtung.

Bei Seminaren oder Workshops ist die Moderation stets ein zentrales Thema. Seminar- oder Workshopleiter planen sorgfältig Struktur und Ablauf dieser Veranstaltungen. Worin bestehen eigentlich die Unterschiede zu einer Sitzung? Workshops oder Seminare sind aufwändigere Einzelereignisse, die detailliert geplant, oft extern durchgeführt werden und in der Regel direkte Kosten verursachen. Sitzungen werden eher als «Routineereignisse» ohne direkt sichtbare Kostenfolge wahrgenommen. Workshop- oder Seminarleiter sind methodisch-didaktisch geschulte Profis, Sitzungsleiter sind oft «by promotion» zum Leiter geworden und obendrein meist nur «by listening» oder «by doing» zum Sitzungsleiter (nicht wirklich) ausgebildet worden.

Da wir nicht davon ausgehen können, dass Sitzungsleiter eine Seminarleiter- oder Moderationsausbildung genossen haben, stellt sich die Frage, was denn ein «normaler» Sitzungsleiter vorkehren kann, damit seine Vorgehensweise während der Sitzung effizient ist.

Aus Erfahrung wissen wir alle, dass in sehr vielen Sitzungen bei jedem Traktandum meist unbewusst oder ohne vorgängige Reflexion der «Standard-Dreisatz» zur Anwendung kommt:

Einführung – Diskussion – Beschluss

Bei ganz einfachen Problemen mag dieses Vorgehen genügen, bei komplexeren Fragestellungen führt genau dieses Vorgehen sehr oft zu verworrenen oder endlosen Diskussionen, die vom Sitzungsleiter nur sehr schwer zu führen sind.

Für den Sitzungsleiter geht es also darum herauszufinden, was für eine zentrale Problemstellung das einzelne Traktandum beinhaltet und wie oder mit welchen methodischen Hilfsmitteln er die Sitzungsteilnehmer durch das Traktandum führen will.

Dafür ist die Systematik von Herbert Weinreich (Herbert Weinreich, «How to plan and conduct effective thinking together» in: Creativity and Innovation: The Power of Synergy, Darmstadt 1993) äusserst nützlich. Weinreich analysierte stets wiederkehrende Kommunikationssituationen in Gruppen und leitete daraus Standardsituationen ab. Diese Standardsituationen sind

1. Informations-Situation

Aehnliche Begriffe: Berichten, erläutern, mitteilen, beschreiben, erklären
Die Informations-Situation ist an Sitzungen sehr verbreitet und bekannt. Das Ziel einer Informations-Situation ist natürlich der Austausch von Informationen. Die Gefahr liegt darin, dass solche Traktanden zuviel Zeit beanspruchen (vgl. Kapitel «Auswahl der Besprechungspunkte und Festlegen der Behandlungsreihenfolge»). Deshalb stellen wir hier zwei Fragen: Ist eine mündliche Überlieferung die effizienteste Art dies zu tun und falls ja, was für ein Zeitbudget ist ausreichend?

2. Such-Situationen

Aehnliche Begriffe: Recherchieren, explorieren, erarbeiten, ergründen, entdecken, entwickeln, erfinden
Such-Situationen beinhalten ein Sammeln oder Zusammentragen von bestehenden Informationen oder kreativen neuen Ideen und Meinungen. Das Problem oder die Lösungswege sind noch nicht klar.

3. Analyse-Situationen/ Koordinations-Situation

Aehnliche Begriffe: Verstehen, verbinden, zerlegen, erklären, auseinander nehmen, folgern, einsehen, betrachten
In einer Analyse-Situation wird eine Problemstellung in ihre Einzelteile zerlegt, neu strukturiert, einzelne Fakten geklärt oder Beziehungsstrukturen ermittelt. Das Resultat einer Analyse ist ein neues und besseres Verständnis der Situation oder der Zusammenhänge, um darauf aufbauend weitere Schritte einzuleiten (z.B. Entscheidungen herbeizuführen).

4. Konstruktions- oder Synthese-Situation

Aehnliche Begriffe: Entwerfen, entwickeln, zusammentragen, -bauen, -führen, -setzen, verschmelzen, verbinden, vereinen, integrieren, formen
Eine Synthese-Situation liegt dann vor, wenn aus mehreren (bekannten) Teilen oder Elementen ein grösseres oder neues Ganzes entworfen wird. Dies kann ein erster

Wurf eines Konzeptes, eines Vorgehensplanes oder eines Produktes sein («ein geistiger Prototyp»).

5. Kontroll-Situation
Aehnliche Begriffe: Überwachen, nachprüfen, messen, vergleichen, überblicken, sichern, sicherstellen, beobachten
Eine Kontroll-Situation besteht dann, wenn ein angestrebtes Resultat mit der aktuellen Situation verglichen wird (Soll-Ist). Die Standard-Kontroll-Situation in Sitzungen ist das Bearbeiten der Pendenzenliste.

6. Bewertungs-Situation
Aehnliche Begriffe: Abwägen, schätzen, vergleichen, einordnen, priorisieren, einstufen, skalieren, beurteilen, benoten, quantifizierten, gruppieren, gewichten, auswählen, eliminieren
Eine Bewertungs-Situation ist dann gegeben, wenn verschiedene Varianten oder Optionen verglichen oder anhand von Kriterien bewertet und somit in eine Rangfolge bezüglich einer oder mehrerer angestrebten Ziele (Kosten/ Nutzen/ Umsetzbarkeit/ Zeitbedarf etc.) gebracht werden, um darauf basierend möglicherweise einen Umsetzungsentscheid zu fällen.

7. Diskussions-Situation
Aehnliche Begriffe: Austauschen, hinterfragen, abwägen, erweitern
Diskussions-Situationen beinhalten den freien oder strukturierten Austausch von Ideen und Argumenten um voneinander zu lernen oder die Meinungsbildung anderer zu beeinflussen. Solche Situationen sind natürlich fast immer auch Bestandteil von anderen Standard-Situationen (z.B. Analyse-Situation). Sie müssen nicht zu einer Beschlussfassung führen.

8. Beschluss-fassungs-Situation (Entscheidungen)
Aehnliche Begriffe: Entscheiden, verabschieden, festlegen, verbindlich machen, festsetzen, fixieren, vereinbaren, abschliessen, besiegeln, zumachen
Die Beschlussfassung ist naturgemäss meistens das Ende eines Traktandums. Diese Finalisierungs-Situation soll eine klare Situation und ein Commitment schaffen und die Umsetzung des Beschlusses sicherstellen.

Macht sich nun der Sitzungsleiter bei der Sitzungsvorbereitung bei jedem Traktandum die Überlegung, welche Hauptfrage sich hier stellt oder wo das Hauptproblem liegt dann ist schon sehr viel gewonnen. Es stehen ihm nämlich bewährte Methoden oder Denkraster zur Verfügung. So kann er beispielsweise bei Such-Situationen ein Brainstorming oder eine Kartenabfrage machen oder bei einer Bewertungs-Situation den Pro+Contra-Raster einsetzen. Wir haben zu allen Standard-Situationen im Kapitel «Sitzungs-Templates» einige bewährte und praxiserprobte Hilfsmittel aufgeführt, die bei Sitzungen hilfreich sind. Diese Hilfsmittel sind Visualisierungshilfen. Warum sind diese so wichtig?

Das menschliche Kurzzeitgedächtnis ist Beschränkungen unterworfen. Tests zeigen, dass in der Regel nur zwischen 5–9 neue Gedanken im Kurzzeitgedächtnis festgehalten werden können.

Man geht daher sehr oft vom Mittelwert «der magischen Zahl 7» aus, um bei Vorträgen und Präsentationen den Zuhörer nicht zu überfordern.

Gegenüber dem «akustischen Kurzzeitgedächtnis» ist der visuelle Kurzzeitspeicher sehr viel leistungsfähiger. Unser Auge kann in Bruchteilen von Sekunden Millionen von Informationen aufnehmen. Diese Erkenntnisse machen sich die Ingenieure zu Nutze, in dem sie komplexe Anlagen in technischen Zeichnungen abbilden, um diese zu überschauen und besprechen zu können (Komplexitätsreduktion).

In normalen Gruppengesprächen wird dagegen viel zu wenig visualisiert. «Also, das behalten wir doch im Kopf!»

«Visualisieren wirkt wie ein Brennglas, durch eine Skizze wird auf das Wesentliche reduziert, es wird präzisiert, Missverständnisse vermieden und das Gesamte (alle visualisierten Gedanken/ Argumente) bleibt verfügbar.» (Herbert Weinreich, Seminarunterlagen, Kap 5, 2009)

Der Einsatz von Visualisierungshilfen in Sitzungen wirkt auf die Diskussion fokussierend, die Diskussion bleibt beim Thema und kann viel leichter geführt werden. Die geäusserten Ideen und Meinungen entschwinden nicht im Raum und die Meinungsbildung geht in der Regel viel schneller vonstatten.

Wir sind bestrebt, die Arbeit des Sitzungsleiters so einfach als möglich zu halten. Der Vollständigkeit halber sei aber doch erwähnt, dass die Besprechung vieler Traktanden oft eine Kette von Situationen beinhaltet. So kann ein Traktandum sehr wohl ein Informationselement am Anfang enthalten, dann in eine Problemanalyse übergehen und schliesslich in Ideensammlung, Bewertung und Entschlussfassung enden.

Die Besprechung vieler Traktanden beinhaltet oft eine Kette von Situationen

Info – Problemanalyse – Ideensammlung – Bewertung – Beschluss

Die Kunst des Sitzungsleiters besteht darin, dass er das Hauptthema oder die zentrale «Knacknuss» des Traktandums erkennt und dafür das geeignete Visualisierungshilfsmittel (Sitzungs-Template) vorbereitet und einsetzt. Sehr oft sind Probleme nämlich leicht zu lösen, wenn die Analyse eines Problems gründlich durchgeführt wurde oder eine Entscheidung für eine Problemlösung ergibt sich fast von selbst, wenn die wichtigsten Alternativen (kreativ) erarbeitet wurden. Natürlich kann im Verlauf einer Diskussion ein neues Element oder eine andere «Standard-Situation» unerwartet eintreten. Mit den verfügbaren Sitzungs-Templates kann ein Sitzungsleiter auch ohne Vorbereitung auf das geeignete Visualisierungshilfsmittel

Bei gründlicher Analyse sind Probleme oft leicht zu lösen

während der Sitzung zurückgreifen. Im Kapitel über Sitzungs-Templates sind die Visualisierungs- oder Denkraster nach Standard-Situationen aufgeführt.

Zur Vorbereitung einer Sitzung sollte sich der Sitzungsleiter bei jedem Besprechungspunkt kurz die Frage nach dessen Hauptthema, der «zentralen Knacknuss», stellen: Was gibt es hier zu lösen? Wo liegt die Schwierigkeit?

Check-Liste Sitzungs-vorbereitung

1	2	3
Thema/ Besprechungspunkt	Was muss bei diesem Thema/ Besprechungspunkt behandelt werden?	Warum muss dies behandelt werden?

4	5
Angestrebter Output am Ende des Traktandums	Hauptthema? Informieren Suchen Analysieren Koordinieren Konstruieren Bewirken Diskutieren Beschliessen

Hat er die «zentrale Knacknuss» gefunden, dann folgt der letzte gedankliche Schritt – das Festlegen der notwendigen Unterlagen, Hilfsmittel und Visualierungshilfen.

Check-Liste Sitzungs-vorbereitung

1	2	3
Thema/ Besprechungspunkt	Was muss bei diesem Thema/ Besprechungspunkt behandelt werden?	Warum muss dies behandelt werden?

4	5	6
Angestrebter Output am Ende des Traktandums	Hauptthema? Informieren Suchen Analysieren Koordinieren Konstruieren Bewirken Diskutieren Beschliessen	Unterlagen Hilfsmittel Vorbereitung Visualisierungshilfe

04

Im Falle unseres konkreten Beispiels bezüglich Budgetieren dürfte der Hauptfaktor «Koordinieren» sein. Alle Sitzungsteilnehmer müssen gemäss Zielsetzung Klarheit über den Ablauf und die verschiedenen Termine haben. Welche Budgetunterlagen nötig sind, dürfte klar sein. Die Frage der Vorbereitungsaufträge ist hingegen gut zu überdenken. Kann der Prozess oder die Sitzung effizienter ablaufen, wenn bestimmte Dinge vor der Sitzung bearbeitet werden? Als Visualisierungshilfe könnte ein bereits existierender Ablaufplan aufgehängt werden oder wenn dieser zur Diskussion steht, das «Zeitstrahl-Schema» zum Einsatz kommen.

Check-Liste Sitzungsvorbereitung

1	2	3
Thema/ Besprechungspunkt	Was muss bei diesem Thema/ Besprechungspunkt behandelt werden?	Warum muss dies behandelt werden?
Budgetierung	• Vorgaben über die Abteilungen hinweg • Abgleich • Endtermine	• Damit wir die übergeordneten Termine einhalten und alle hören, wie wir vorgehen müssen. • Damit unser Budget konsistent ist.

4	5	6
Angestrebter Output am Ende des Traktandums	Hauptthema? Informieren Suchen Analysieren Koordinieren Konstruieren Bewirken Diskutieren Beschliessen	Unterlagen Hilfsmittel Vorbereitung Visualisierungshilfe
• Vorgehen allen klar • Termine definiert • Unterlagen verteilt und erläutert • Koordinator bestimmt	• Analysieren • Koordinieren • Beschliessen	• Budgetunterlagen mit Auftrag vor Sitzung verteilt • Vorjahresabschluss • Kennzahlen • Pin-Wand • Zeitstrahl auf Flip-Chart

Mit einer vorstrukturierten Vorgehensweise wird bestmöglich sichergestellt, dass kein wichtiges Element vergessen wird.

ESSENZ

Das Vorgehen bei der Bearbeitung eines Themas beeinflusst Effizienz und Effektivität der Sitzung. Dazu hilft eine klar strukturierte Vorgehensweise, z.B. mit der vorgeschlagenen «Check-Liste Sitzungsvorbereitung». Der Sitzungsleiter muss sich überlegen, wie er die Teilnehmer wirkungsvoll in die einzelnen Themen integriert, so dass sie ihren bestmöglichen Beitrag leisten können. Nebst den oben erwähnten Punkten gibt es weitere Hinweise dazu in den folgenden Kapiteln.

Festlegen des Zeitbedarfs/ Zeitbudgets pro Besprechungspunkt

Als Einstieg in dieses Thema eine kleine Geschichte:

Auf einer Bahnstation in der Ostschweiz wartete ein Zuggast ungeduldig auf den Zug. Der Zug hatte Verspätung. Der wartende Passagier lief unruhig den Bahnsteig hinauf und hinunter. Der Stationsvorsteher stand derweil mit stoischer Ruhe auch auf dem Bahnsteig und wartete scheinbar ungerührt. Der Passagier raunzte ihn schliesslich an: «Wofür habt ihr denn bei der Bahn einen Fahrplan?» Völlig ruhig antwortete ihm der Stationsvorsteher: «Damit wir wissen, wieviel Verspätung der Zug hat!»

Diese kleine Geschichte enthält eine tiefe Wahrheit. Pläne bilden nie die Realität ab, Pläne sind gedankliche Vorwegnahmen, die der Koordination und Kontrolle von Tätigkeiten dienen. Komplexere Vorhaben mit mehreren Beteiligten lassen sich nicht mehr mit reiner Improvisation oder intuitivem Handeln lösen – es braucht helfende Unterlagen oder eben Pläne.

Bei Sitzungen ist es eigentlich nicht anders. Wenn wir uns vor Sitzungsbeginn keine Vorstellung davon machen, wieviel Zeit wir pro Besprechungspunkt brauchen werden oder einsetzen wollen, haben wir keine Anhaltspunkte zur Erkennung des effektiven Verlaufes. Nur wenn wir ein Zeitbudget als Planvorgabe festgelegt haben, sind wir in der Lage, zu steuern.

Viele Führungskräfte machen folgende Einwände geltend:
- Es ist sehr schwierig oder beinahe unmöglich, den Zeitbedarf präzise zu schätzen.
- Erfahrungsgemäss wird sehr oft die budgetierte Zeit überschritten, das führt nur zum dauernden «steuern».

Um der logischen Inkonsistenz dieser Einwände zu begegnen denken wir sie konsequent zu Ende: Die Lösung wäre ganz einfach, den Teilnehmenden vor jeder Sitzung mitzuteilen, dass die Sitzung infolge Unplanbarkeit stets als «open end» zu planen sei. Die Teilnehmenden werden gebeten, an diesem Tag keine weiteren Tätigkeiten vorzusehen. Wie kommt dies bei den Beteiligten an? Irgendwie gemütlich, easy going, theoretisch möglich aber völlig realitätsfremd!

Also bleiben nur zwei weitere Möglichkeiten:

■ Entweder, wir planen oder schätzen die benötigte Zeit pro Besprechungspunkt nach bestem Wissen und gemäss Erfahrung und erhalten dadurch einen «Fahrplan», welcher eine Sitzungssteuerung ermöglicht.

■ Oder wir verzichten darauf und operieren im Modus «free flow» und hoffen es gehe gut. Wenn nicht, greifen wir ad hoc improvisierend ein ...

Der Nutzen einer Zeitplanung ist evident oder logisch – die Gründe, warum es so oft nicht getan wird, psycho-logisch.
Es ist tatsächlich kaum zu glauben, wie häufig weder klare Ziele für Besprechungspunkte festgelegt noch klare Zeitbudgets erstellt werden. Aus unserer Sicht kann dieses «unlogische» Verhalten mehrere Gründe haben, wie zum Beispiel:

■ Falsch verstandenes Chefverständnis

■ Angst vor Blossstellung

■ Schwierigkeiten im Umgang mit Ungewissheit

■ Handlungs- oder Manövrierungsspielraum bewahren

Viele Vorgesetzte haben die irrige Vorstellung, dass sich gute Führungskräfte dadurch auszeichnen, alles jederzeit im Griff zu haben. Wenn sie nun für Sitzungen Richtzeiten für einzelne Besprechungspunkte festlegen, werden sie öfters feststellen, dass sie mit ihrer Schätzung «daneben» lagen und damit die Planung nicht «genau» war. Das «alles im Griff haben» umfasst natürlich auch die grundsätzliche Kenntnis der Materie. Im Verlauf einer Diskussion an einer Sitzung können aber auch Aspekte auftauchen, die dem Sitzungsleiter nicht bekannt waren oder an die er im Vorfeld nicht gedacht hatte. Vielen Chefs ist dies dann peinlich, weil das Nichteinhaltenkönnen des Zeitplanes diesen «Mangel» natürlich aufdeckt.

Viele Vorgesetzte haben die Vorstellung, dass gute Führungskräfte alles immer im Griff haben sollten

Beide Aspekte – das Überziehen oder Unterschreiten des geplanten Zeitbudgets oder das Auftauchen zusätzlicher Aspekte in einer Diskussion – sind aber im Wesen der Arbeitsform Sitzung selber begründet! Die Diskussion wichtiger Dinge mit mehreren Leuten führt zu fundierten oder besser getragenen Entscheidungen.

Zeitschwankungen sind also bei der Bearbeitung komplexer Themen eher die Regel als die Ausnahme und das Festlegen von Richtzeiten dementsprechend ungenau.

Zeitvorstellungen Sollten wir deshalb darauf verzichten? Sicher nicht. Zeitvorstellungen helfen der
helfen bei der Sitzungsteuerung durch den Sitzungsleiter, sie helfen «disziplinierend» bei Viel- und
Sitzungsteuerung Langrednern, sie helfen auch bei der Auswahl der Besprechungspunkte (Vermeidung von Überfrachtung des Sitzungsprogrammes).

Wann im Vorbereitungsprozess sollte der Sitzungsleiter das Zeitbudget schätzen oder festlegen? Unseres Erachtens dann, wenn er die «Check-Liste zur Sitzungsvorbereitung» ausgefüllt hat. Erst dann ist er in der Lage, sich ein realistisches Bild des Zeitbedarfs zu machen. Er sieht, was unter einem Traktandum alles behandelt werden muss und welche Ziele er erreichen will. In unserem Beispiel veranschaulicht:

Check-Liste
Sitzungs-
vorbereitung

1	2	3
Thema/ Besprechungspunkt	Was muss bei diesem Thema/ Besprechungspunkt behandelt werden?	Warum muss dies behandelt werden?
Budgetierung	• Vorgaben über die Abteilungen hinweg • Abgleich • Endtermine	• Damit wir die übergeordneten Termine einhalten und alle hören, wie wir vorgehen müssen • Damit unser Budget konsistent ist

4	5	6	7
Angestrebter Output am Ende des Traktandums	Hauptthema? Informieren Suchen Analysieren Koordinieren Konstruieren Bewirken Diskutieren Beschliessen	Unterlagen Hilfsmittel Vorbereitung Visualisierungshilfe	Zeitbudget
• Vorgehen allen klar • Termine definiert • Unterlagen verteilt und erläutert • Koordinator bestimmt	• Analysieren • Koordinieren • Beschliessen	• Budgetunterlagen mit Auftrag vor Sitzung verteilt • Vorjahresabschluss • Kennzahlen • Pin-Wand • Zeitstrahl auf Flip-Chart	60 Minuten

Eine Schlussbemerkung zur Allokation der Zeit zu den einzelnen Traktanden: Seien Sie eher grosszügig! Unserer Erfahrung nach wird die benötigte Zeit meistens unterschätzt! Es macht nichts, wenn die Sitzung schneller die gewünschten Resultate hervorbringt. Wir haben noch NIE erlebt, dass ein Sitzungsteilnehmer deswegen unzufrieden war, weil die Sitzung früher endete. Teilnehmer, die an diesem Tag noch viel erledigen müssen sind erleichtert und eilen weg, andere können sich noch einen Kaffeeschwatz leisten.

Pläne bilden nie die Realität ab, aber es braucht sie zur Steuerung eines Prozesses, zur Koordination von Tätigkeiten, zu gezieltem Controlling und zur rechtzeitigen Auslösung von Notfallszenarien. Ebenso dienen Zeitpläne bei Sitzungen im Sinne eines «Fahrplanes» zur Sitzungssteuerung. Sie helfen, die geplanten Ziele zu erreichen und nicht in untergeordneten Themen oder gar Plaudereien abzuschweifen.

ESSENZ

Pendenzenliste

Bei Sitzungen werden primär Informationen ausgetauscht, Beschlüsse gefasst und Aktionen ausgelöst. Ein berühmtes «Bonmot» über Kreativität lautet: «Kreativität besteht aus 5 % Inspiration und 95 % Transpiration!» Mit dem Umsetzen von Beschlüssen ist es in der betrieblichen Praxis genauso. Es wird an Sitzungen (auch in der obersten Etage) sehr viel beschlossen – doch in sehr zahlreichen Fällen «kommen die PS nicht auf den Boden», die Beschlüsse werden nicht, nur teilweise oder viel zu spät umgesetzt! Was für Geschäftsstrategien gilt, gilt genauso für ganz kleine «profane» operative Beschlüsse: Die Umsetzung ist das A und O.

In einem kleinen Management-Büchlein lasen wir einmal den so simplen aber umso treffenderen Spruch: «Things that get attention get done!»

Things that Damit Dinge geschehen, muss sichergestellt werden, dass die «Management *get attention* Attention» erhalten bleibt. Das sogenannte «Nachfassen», das «follow-up» muss *get done* für alle Beteiligten so sicher wie das Amen in der Kirche stattfinden! Das üblichste und probateste Hilfsmittel dazu ist die Pendenzenliste.

Es gibt viele Arten von Pendenzenlisten. Grundsätzlich sollten in einer Pendenzenliste die Beschlüsse/ Aufträge der Sitzungen mit mindestens Endtermin und Verantwortlichkeit aufgeführt sein. Protokolle dienen auch noch der Information und enthalten daher – mit Ausnahme der reinen Beschlussprotokolle – noch zusätzliche Informationen, Details und besondere Aspekte.

Teams, welche nur mit Beschlussprotokollen arbeiten, lassen sich hie und da dazu verleiten, die Protokolle als «Pendenzenliste» zu gebrauchen. Das funktioniert aber nur, wenn die Beschlüsse/ Aufträge schon bis zur nächsten Sitzung umgesetzt werden, also sehr kurzfristiger Natur sind. Im anderen Fall findet ein gemeinsames Suchen und wildes Blättern im Protokoll-Ordner statt, was kaum sehr effizient ist!

Halten wir fest: Terminierte und mit Verantwortlichkeiten versehene Beschlüsse/ Aufträge in Sitzungsprotokollen gehören auf eine Pendenzenliste. Diese Übersicht aller Beschlüsse/ Aufträge gehört ihrerseits automatisch und standardmässig z.B. als 2. Traktandum auf die Traktandenliste der nächsten Sitzung.

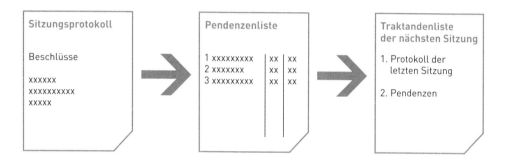

Dieser standardisierte Automatismus führt dann auch dazu, dass «Management Attention» oder das «Nachfassen» erhalten bleibt und die Führungskontrolle automatisiert, transparent und versachlicht wahrgenommen wird.

Um rationell an einer Sitzung mit vielen Pendenzen arbeiten zu können, schlagen wir eine auf die entsprechende Sitzung hin vorbereitete «selektive und reduzierte» Pendenzenliste vor. Darauf erscheinen nur die Pendenzen

■ die seit der letzten Sitzung bis zum Datum der aktuellen Sitzung fällig waren.

■ die in den nächsten 2 Monaten fällig werden.

■ bei denen wichtige Milestones fällig sind.

■ die der Sitzungsleiter oder ein Teilnehmer aus einem bestimmten Grund besprechen möchte (Änderungen oder Ergänzungen infolge veränderter Umstände, «Kontrollgriff» bei einer wichtigen Pendenz, etc.).

Die Kontrolle und Diskussion werden so auf die zurzeit aktuellen Themen fokussiert. Diese selektive Arbeitspendenzenliste könnte wie folgt aussehen:

Pendenzenliste für Sitzung vom ...

Offene Pendenzen

Pendenz Nr.	Datum Aufnahme	Geplantes Enddatum	Thema/ Angestrebtes Endresultat	Verantwortlich	Status/ Bemerkungen

Seit der letzten Sitzung erledigte Pendenzen

Pendenz Nr.	Datum Aufnahme	Geplantes Enddatum	Effektives Enddatum	Thema/ Angestrebtes Endresultat	Verantwortlich	Status/ Bemerkungen

Selbstverständlich existiert neben dieser selektiven Pendenzenliste auch eine Gesamtliste (beim Sekretariat, beim Sitzungsleiter oder bei allen Sitzungsteilnehmern), am besten auf einem «Shared Drive» mit Filtermöglichkeiten. In dieser Gesamtliste werden alle Pendenzen in der Reihenfolge, wie sie entstanden sind, nummeriert aufgeführt. Es kann so jederzeit z.B. bei der Sitzungsvorbereitung oder bei der Vorbereitung von Mitarbeitergesprächen gezielt darauf zurückgegriffen werden.

Ein Hinweis zur Bearbeitung von Pendenzen: Viele Sitzungen laufen bereits bei der Bearbeitung der Pendenzen Gefahr, den Zeitplan nicht mehr einzuhalten. Warum? Pendenzen, die nicht erledigt werden (unverschuldet oder «verschlampt») lösen sehr oft, insbesondere unter Zeitdruck, emotionale Diskussionen aus. Das Gerangel um die gegenseitigen Schuldzuweisungen geht los. Es hat sich eine Methode zur Bearbeitung der Pendenzen ausserordentlich bewährt: Die Methode «Controllers-Window». Diese Methode bewirkt, dass die ganze Diskussion extrem versachlicht wird und stets ziel- und resultatorientiert bleibt. So funktionierts:

Ist eine Pendenz erledigt oder der Teilschritt (milestone) erreicht, entsteht kein Handlungsbedarf. Wurde jedoch das getroffene (Zwischen-) Ziel nicht erreicht, dann findet die Bearbeitung in 4 Schritten statt:

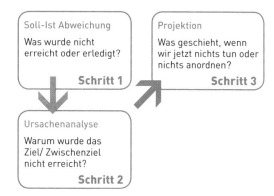

Der erste Schritt besteht darin, dass rein sachlich möglichst präzise beschrieben wird, worin die Abweichung besteht (wie ein «Polizei-Rapport»)

Der zweite Schritt erfordert ein genaues, nüchternes und sachliches Festhalten der Ursache(n), warum das Ziel nicht erreicht wurde. Schuldzuweisungen sind zu vermeiden. *Schuldzuweisungen vermeiden*

Der dritte Schritt, die Projektion, «was geschieht, wenn wir jetzt nichts tun?» bringt sehr oft verblüffende Resultate. Es ist eine Art «Crash Analysis». Es kann sein, dass das Projekt trotzdem auf Kurs bleibt und der Rückstand eingeholt wird oder es zeichnet sich unerwartet eine Veränderung ab.

Der vierte Schritt schliesslich führt zu (Unterstützungs-) Massnahmen, um die Zielerreichung sicher zu stellen oder zu einer Neuorientierung: Es ist möglich, dass ein Ziel oder ein Projekt neu priorisiert, ein Umfang oder die Realisations-geschwindigkeit reduziert oder das Vorhaben ganz aufgegeben werden muss.

Die Methode stellt weitergehend sicher, dass auch diese letzte Variante klar aufs Tapet kommt: Der Entscheid, etwas nicht (mehr) zu tun. Das «Controllers-Window» finden Sie in Kapitel 10 bei den Sitzungs-Templates.

Es kann nicht genügend betont werden, dass durch diesen Automatismus Pendenzen oder Meilensteinen von Projekten immer wieder «aufs Tapet» kommen, was «die halbe Miete» bei der Kontrolltätigkeit ist.

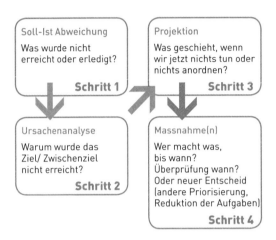

Einige Chefs machen hie und da den Fehler, dass sie individuelle Pendenzen eher in Einzelgesprächen behandeln. Wir raten – wenn nicht zwingende Gründe dafür sprechen – eher davon ab. Im Zweiergespräch können eloquente Mitarbeiter Terminverzögerungen besser «begründen», als vor ihren Kollegen an der Sitzung. Die sogenannte «peer pressure», der Druck der Gruppe, kann auf die Termintreue und Disziplin sehr heilsam oder unterstützend wirken!

ESSENZ Erst die Umsetzung von Beschlüssen zeigt die erwartete Wirkung. Also ist die «Management Attention», das stetige Nachfassen und Kontrollieren der Umsetzung sehr wichtig. Dazu bewährt sich nebst dem Sitzungsprotokoll eine separate Pendenzenliste, deren Überprüfung wiederum in die Traktandenliste der nächsten Sitzung einfliessen soll. Für eine effiziente Bearbeitung an Sitzungen hilft eine gut vorbereitete, selektive und reduzierte Pendenzenliste.

Auswahl der Besprechungspunkte und Festlegen der Behandlungsreihenfolge

Wenn wir bei der Sitzungsvorbereitung auf unserem Vorbereitungsblatt alle beabsichtigten oder wünschenswerten Besprechungspunkte aufgeführt haben und allen Traktanden das geschätzte Zeitbudget zuordnen, dann schlagen wir bei der Addition mit grosser Wahrscheinlichkeit auf dem Boden der Realität auf. Die zur Verfügung stehende Zeit reicht meistens nicht! Nun ist guter Rat teuer.

Es gibt grundsätzlich 3 Arten, dieses Überzeitproblem zu lösen:

Die «Schokoladen-Variante» besteht darin, dass wir die Gesamtdauer der Sitzung einfach dem Zeitbudget-Total anpassen. Leider – oder vielleicht auch glücklicherweise – ist dieses Vorgehen in der Praxis höchst selten anwendbar. *Gesamtzeit dem geschätzten Zeitbudget anpassen*

Die budgetierte Zeit pro Traktandum soweit reduzieren, bis das Total gleich der zur Verfügung stehenden Zeit ist. Diese Vorgehensweise («Herumschrauben»/«Komprimieren») wird oft praktiziert – meistens mit sehr unbefriedigenden Resultaten. Die Sitzung ist überfrachtet, Besprechungspunkte werden «durchgepeitscht», wertvolle Diskussionen «abgeklemmt», gegen Ende der Sitzung herrscht Druck, Hektik, Oberflächlichkeit und Unzufriedenheit. Das Sitzungsende wird obendrein häufig noch überzogen und alle rennen (womöglich noch gestaffelt) zu den nächsten Terminen oder zurück ins Büro. *Zeitbudget auf die vorgesehene Gesamtzeit reduzieren*

Die dritte Variante heisst: Priorisierung und Selektion. Wenn die Sitzungsgesamtdauer gegeben ist (was sehr oft der Fall ist), drängt sich eine Priorisierung auf, welche automatisch zur Elimination von Traktanden führt. *Priorisierung und Selektion*

Wie setzen wir in diesem Kontext die Prioritäten? Das berühmte «Eisenhower-Quadrat» mit seinen 2 Dimensionen «wichtig» und «dringlich» kann helfen:

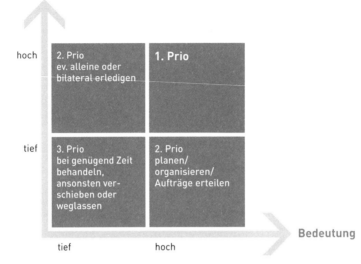

Wir glauben, dass weitere Betrachtungsebenen bedeutungsvoll sind:

▪ Elemente mit grosser Hebelwirkung	versus	grosser Aufwand mit wenig Wirkung
▪ langfristige Auswirkungen	versus	kurzfristige Auswirkungen
▪ das Thema erfordert die Teilnahme aller	versus	(Vor-) Bearbeitung in einer Subgruppe oder Einzelentscheid möglich
▪ Problemstellung/ Inhalt durchdrungen und klar	versus	Klärung der Problemstellung steht noch an

Wichtig ist lediglich, dass der Sitzungsleiter sich im Klaren ist, nach welchen Kriterien er die Selektion vornimmt.

Es gibt noch eine einfachere Art, Prioritäten festzulegen. Stellen Sie sich einfach die Frage: «Was geschieht, wenn wir dieses Thema an der kommenden Sitzung nicht behandeln?» Wenn Sie nicht klipp und klar sagen können, was die Folgen wären hat dieses Thema sicher nicht erste Priorität!

Eine ergänzende Möglichkeit besteht darin, dass die Themen, welche aus der Traktandenliste aus Prioritäts- und Zeitgründen «gekippt» wurden, als «Reserve» beim Sitzungsleiter bleiben. Sollten aller Erwartungen zum Trotz die verschiedenen Besprechungspunkte rascher abgehandelt werden, kann der Sitzungsleiter eines oder mehrere der nicht so wichtigen/ dringlichen «Reservethemen» einspeisen. Ob er das vorgängig in der Einleitung kundtun will oder nicht, muss er unter Berücksichtung verschiedener Aspekte entscheiden.

Vor einem öfters anzutreffenden Fehler möchten wir hier noch warnen: Es gibt Sitzungsleiter, welche die (vermeintlich) zeitlich kurzen Themen zuerst auf die Traktandenliste setzen, damit diese «rasch abgearbeitet» werden und die Sitzung mit Schwung vorankommt. Abgesehen davon, dass dies meistens nicht so abläuft ist es auch sachlich falsch. Die wichtigsten Themen, die grössere Tragweite haben oder sehr dringlich sind, gehören in die vordere Hälfte der Sitzung!

Wichtige Themen gehören in den ersten Teil der Sitzung

ESSENZ

Beim bereits erwähnten Vorbereitungsblatt werden in einer weiteren Kolonne die Zeitbudgets hinzugefügt und zusammengerechnet. Meistens übersteigt der geplante Zeitbedarf die zur Verfügung stehende Zeit. Am besten setzt man dann entsprechend Prioritäten, z.B. nach dem «Eisenhower-Quadrat», nach der Hebelwirkung der Themen oder der Langfristigkeit der Auswirkungen. Am besten fragt man sich auch: «Was geschieht, wenn wir dieses Thema (noch) nicht behandeln?» Ohne klare Antwort muss das Thema (noch) nicht behandelt werden.

Weil es so wichtig ist, sei hier nochmals erwähnt: Wichtiges und Dringendes kommt in die erste Hälfte der Sitzung!

Auswahl der (zusätzlichen) Teilnehmer und Festlegen der zeitlichen Präsenz

Einen wirklich souveränen Sitzungsleiter erkennt man am sparsamen Umgang mit der Zeit anderer Leute – gerade, wenn sie ihm unterstellt oder in der Hierarchie tiefer eingestuft sind. Für regelmässige Sitzungen mit der Führungscrew ist der Teilnehmerkreis und deren Präsenz an der Sitzung in der Regel klar: Alle sind anwesend und alle bleiben während der ganzen Sitzung.

Aber auch während solcher Sitzungen können Besprechungspunkte vorgegeben sein, wo die Präsenz oder ein konkreter Beitrag eines Spezialisten nötig ist. Früher mussten solche zusätzlichen Teilnehmer oft stundenlang vor dem Sitzungszimmer herumsitzen und warten. Dies ist heute sicher an vielen Orten besser geworden – aber noch nicht gut. Wir müssen zwei Arten von «externen Beiträgen» unterscheiden:

- Zu einem Traktandum ist ein konkreter Input eines Spezialisten erforderlich oder

- bei einem Besprechungspunkt könnte es für den Diskussionsverlauf nötig oder hilfreich sein, wenn der Spezialist anwesend ist.

Im ersten Fall kann – vorausgesetzt die Sitzung hat eine klare zeitliche «Marschtabelle» – der Spezialist auf einen bestimmten Zeitpunkt zur Sitzung dazugebeten werden. Sollte sich der Ablauf der Sitzung beschleunigen oder verzögern, dann können solche zusätzlichen Teilnehmer in der Regel mit den heutigen Kommunikationsmitteln problemlos avisiert werden. Ist diese Person nicht erreichbar, dann kann bei rascherem Verlauf der Sitzung entweder ein anderer Besprechungspunkt vorgezogen oder eine kleine Pause eingeschaltet werden. Bei Verzögerung muss der zusätzliche Teilnehmer im schlimmsten Fall nur kurz warten.

Für den Fall, dass die Notwendigkeit der Präsenz eines Spezialisten noch nicht abgeschätzt werden kann, bietet sich die «Stand-by» – Methode an. Der zusätzliche Teilnehmer wird gebeten, während eines bestimmten Zeitraumes an seinem Arbeitsplatz oder in der Nähe des Sitzungsortes jederzeit erreichbar und abrufbar zu sein. Das ermöglicht der betreffenden Person, ungestört zu arbeiten und gibt dem Sitzungsleiter die Flexibilität, sie «ad hoc» an die Sitzung zu rufen. Es versteht sich von selbst, dass sowohl zeitlich vorbestimmte Einsätze als auch «Stand-by»-Lösungen einer guten Sitzungsvorbereitung mit Zeitplan bedürfen. Diese Vorbereitung ist aber die Visitenkarte einer gründlichen Führung und ebenso Ausdruck des Respekts im Umgang mit der Zeit anderer. Respektvoller Umgang mit hierarchisch tiefergestellten ist gelebte Unternehmenskultur!

Respektvoller Umgang mit hierarchisch tiefergestellten ist gelebte Unternehmenskultur

Im Fall von unregelmässigen Sitzungen mit wechselndem Teilnehmerkreis ist die Auswahl der Teilnehmenden natürlich themenorientiert und zielorientiert vorzunehmen. Auch hier ist grundsätzlich abzuwägen, wer während der ganzen Dauer der Sitzung anwesend sein muss und wer nur zu einem bestimmten Thema einen Beitrag beizusteuern hat. Muss eine Person an zwei Besprechungspunkten die zeitlich auseinander liegen (und aus anderen Gründen nicht anschliessend behandelt werden können) anwesend sein, dann ist es sinnvoll, dieser Person das kurzzeitige Verlassen der Sitzung zu ermöglichen.

Zur Frage nach den Teilnehmenden gehört auch die Frage der Stellvertretung. Insbesondere bei regelmässigen Führungssitzungen ist eine lückenlose Präsenz aller Chefs kaum zu bewerkstelligen. Sinnvollerweise nimmt dann ein Stellvertreter an der Sitzung teil. Für viele Nachwuchskräfte ist dies auch eine (spannende oder je nach Sitzungsleitung langweilige) Abwechslung und Herausforderung. Eine Einschränkung ergibt sich vielleicht, wenn Personal-Themen behandelt werden sollten. Hier ist allenfalls eine Stellvertretung durch einen Kollegen aus dem Führungsteam die bessere Lösung.

Die Stellvertretung von Teilnehmenden ist zu regeln

Bei unregelmässig stattfindenden oder themenorientierten Sitzungen ist die Frage nach der Stellvertretung etwas differenzierter zu betrachten. In vielen Unternehmen herrscht die Unsitte, dass gewisse Chefs nur schwer akzeptieren, wenn sich Sitzungsteilnehmer durch rangniedrigere Mitarbeiter vertreten lassen – dies nicht zuletzt aus Statusgründen. Man «hält Hof» und die Unterstellten haben anwesend zu sein. Dies hat natürlich mehr als nur eine Ursache. Die erste ist sicherlich der oft (unausgesprochene) Anspruch von Chefs, mit ihresgleichen oder nahezu ihresgleichen zusammensitzen zu wollen. Sie geben sich viel zu wenig Rechenschaft, was die anwesenden Personen fachlich tatsächlich abdecken müssen oder es ist ihnen schlicht egal. Mit Rangniedrigen wollen sie nicht direkt arbeiten. Die vorgeschobenen «Gründe» sind zahlreich und wohlklingend!

Ein möglicher zweiter Grund ist einmal mehr die mangelnde Vorbereitung und die damit einhergehende mangelnde inhaltliche Transparenz der Sitzung. Eingeladene (oder Aufgebotene) können so nicht oder ungenügend abschätzen, welches Know-how an der Sitzung zusammenkommen muss. Bei bestimmten Themen wäre die Teilnahme eines Spezialisten und nicht die seines Chefs sinnvoll, bei anderen Problemstellungen eventuell sogar die Teilnahme der eingeladenen Führungskraft mit einem seiner Mitarbeitenden effizienter.

Grundsätzlich sollte aber vereinbart sein, ob der Einladende die Teilnehmenden exklusiv und ausschliesslich festlegt oder ob den Eingeladenen die Wahl offen stehe, themenorientiert andere oder zusätzliche Teilnehmer an die Sitzungen zu entsenden (mit oder ohne vorgängigen Antrag oder Information). Wenn Mitdenken und Effizienz erwünscht sind, sollte dies auch bei der Auswahl oder Entsendung von Sitzungsteilnehmern möglich sein!

Zur Auswahl der Teilnehmenden gehört schliesslich auch die Frage nach der Person, die das Protokoll führt (vorausgesetzt, dass wir uns einig sind, dass ein Protokoll nötig wäre).

Es gibt in diesem Fall zwei Lösungen:

- Ein Teilnehmer an der Sitzung führt das Protokoll.
- Eine zusätzliche Person nimmt diese Aufgabe wahr.

Wie immer im Leben gibt es auch hier keine Patentlösung und beide Ansätze haben Vor- und Nachteile.

Bei der Führung des Protokolls durch einen Teilnehmer bestehen die Vorteile darin, dass er von der Materie etwas versteht und am Ende eines Besprechungspunktes mit der entwaffnenden Frage «was soll ich jetzt protokollieren?» oder «was haben wir eigentlich beschlossen?» auch impulsgebend auf die Sitzung einwirken kann. Bei jungen Mitarbeitern/ Führungskräften ist dies zusätzlich ein «on-the-job Training» im Formulieren oder im Reduzieren auf das Wesentliche. Der Hauptnachteil dieser Lösung liegt auf der Hand: Der Protokollführer ist teilweise am Mitmachen verhindert. Seine «Mehrfachfunktion» lässt ihn nicht mit gleicher Präsenz an den Fragestellungen mitarbeiten. Aus diesem Grund sollte diese Aufgabe im Rotationssystem vergeben werden.

Ein weiterer Nachteil ist auch die mangelnde Routine. Ein ungeübter Sitzungsteilnehmer braucht mehr (z.T. teure) Arbeitszeit, um das Protokoll zu verfassen als eine geübte Hilfskraft. Allerdings ist diese Frage oft kein Diskussionspunkt, wenn wie vielerorts schlicht und einfach keine Assistentinnen oder Assistenten mehr zur Verfügung stehen. Das Protokoll wird während der Sitzung gleich in den Laptop «reingehackt»!

Führt eine zusätzliche Person das Protokoll, dann sind die Vorteile evident. Die Teilnehmer können sich auf die Diskussion und die Inhalte konzentrieren und das Protokoll wird (sollte) gleichzeitig hochstehend verfasst und rasch verteilt sein. Allerdings wird nur eine erfahrene Hilfskraft die leicht provokative Frage «was soll ich jetzt protokollieren?» stellen können.

Die Teilnehmenden können sich auf den Inhalt konzentrieren

Die für das Protokoll verantwortliche Person kann aber auch aus anderen Mitarbeitenden der Sitzungsteilnehmer rekrutiert werden. Für Nachwuchsleute kann dies eine spannende Herausforderung sein und mit den heute verfügbaren «Templates» dürfte auch Form und Struktur der Protokolle kein Problem mehr sein. Bei der textlichen Qualität müssen vielleicht kleine Abstriche gemacht werden, doch dürfte dies bei Beschlussprotokollen auch nicht ins Gewicht fallen. Bei zusätzlichen Personen ist die Frage der Vertraulichkeit noch zu bedenken.

Auch wenn Assistentinnen oder Assistenten heute etwas rar geworden sind, befürworten wir ganz klar die separate Protokollführung.

ESSENZ

Souveräne Sitzungsleiter erkennt man am sparsamen Umgang mit der Zeit Anderer. Es sollten demnach nur so viele Personen an Sitzungen teilnehmen, wie unbedingt nötig. Sind teilweise weitere Teilnehmer erforderlich, können diese zu zeitlich vorbestimmten Traktanden oder «Stand-by» eingeladen werden. Je nach Sitzungsthemen ist es sinnvoller, hierarchisch tiefer gestellte Personen mit mehr Fachwissen einzuladen. Ebenso muss die Frage der Stellvertretung durch Untergebene oder gleichrangige Kollegen sorgfältig geregelt werden.

Wichtig ist auch die Wahl des Protokollführers und dass die Art und der Detaillierungsgrad des Protokolls festgelegt wird. Wir befürworten klar die separate Protokollführung (die auch einmal nachfragt: «Was wurde jetzt genau beschlossen?»), damit die Sitzungsteilnehmer jederzeit aktiv mitarbeiten können.

Bestimmung Ort/ Raum/ Technik/ Verpflegung

«Amateurs talk about strategy, professionals talk about logistics!»
(Omar Bradley, US Panzergeneral im 2. Weltkrieg)

Wir gehen (vielleicht irrtümlicherweise) davon aus, dass Sie das Kapitel «Warum sitzt man, wie man sich bettet?» im ersten Teil des Buches gelesen haben. Warum der markige Spruch Bradleys zu Beginn dieses Kapitels? Viele Führungskräfte sind sich sehr wenig bewusst, dass das logistische «Set-up» sehr vieles beeinflusst: Zeitverbrauch (Distanz, Erreichbarkeit), Qualität der Arbeit (Raumbeschaffenheit, Helligkeit, Ruhe, Hilfsmittel) usw. Räume für Sitzungen sind «standard» und deshalb wird oft gar nicht darüber nachgedacht.

Die Wahl eines Ortes oder Raumes ergibt sich eigentlich aus den Zielsetzungen für die Sitzung und von den Teilnehmern her. Die Wegdistanz zum Sitzungsort für die verschiedenen Teilnehmer, die erwünschten Verfügbarkeiten von Personen gibt Hinweis für den Ort. Die Anzahl Teilnehmer, die Wahl der Themen bestimmen die Grösse, Qualität und Ausrüstung des Raums.

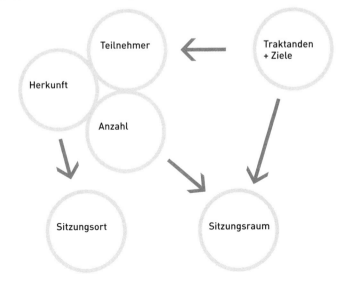

Detaillierte Überlegungen sind für unregelmässige Sitzungen mit wechselndem Teilnehmerkreis zwingend. Bei regelmässigen Sitzungen mit den gleichen Personen lohnt sich eine schrittweise Optimierung – nachher bleibt es standard.

Bei der Technik wird immer noch oft gesündigt. Während früher der Hellraumprojektor das technologische Feld anführte, sind es heute klar PC und Beamer. Das verhängnisvolle ist, dass die Möglichkeiten zwar exponentiell grösser geworden sind – auf dem Hellraumprojektor werden animierte Grafiken kaum zu schaffen sein und ein Protokoll konnte dort auch nicht geführt werden. Aber als «Arbeitsinstrument» an einer Sitzung hat der Hellraumprojektor noch wichtige andere Aspekte ermöglicht.

Auf einer vorbereiteten oder leeren Folie konnte beispielsweise jedermann gemeinsame Gedanken visuell entwickeln oder festhalten! Bei einer PC-Präsentation oder einem Folien-Rodeo kann man Bilder mit viel Effekt einsetzen – aber es bereitet Probleme, wenn bestimmte Bilder für alle präsent sein sollen und gleichzeitig anderes oder neues sichtbar sein muss! Nun werden alte Sitzungshasen einwenden, dafür sei eben der Flip-Chart da. Absolut richtig. Wir möchten hier nur auf ein weit verbreitetes Übel hinweisen: Ob Hellraumprojektion, PC/ Beamer-Präsentationen oder Flip-Chart – alle drei werden in der Regel «umgeblättert» und damit werden Darstellungen unsichtbar! Einzig beim Flip-Chart können die Blätter abgerissen und separat aufgehängt werden. Die Frage stellt sich nun: Darf man an den Wänden etwas anpinnen oder ankleben? Gibt es die entsprechenden Möglichkeiten (Magnet-Schienen, Pin-Wänden, Klebestreifen) im Raum? Die Möglichkeiten perfekter farbiger Darstellungen vorgängig «zu Hause» vorzubereiten verführt dazu, es mit dem PC zu tun und ein wunderschönes farbiges «Fertig-Produkt» an die Sitzung zu bringen. Alle starren dann gebannt auf die Leinwand oder blättern unkoordiniert in den abgegebenen Kopien herum. Mit diesen etwas pointierten Aussagen möchten wir nur darauf hinweisen, dass bei der Sitzungsvorbereitung die technische Ausrüstung im Zusammenhang mit dem geplanten (methodischen) Vorgehen nicht ausser Acht gelassen werden sollte!

Technische Ausrüstungen sollen das methodische Vorgehen unterstützen

Zur Verpflegung haben wir eine nicht minder «altmodische» Meinung. Unseres Wissens ist noch nie jemand an einer Sitzung verhungert! Seit der Einführung von modernen Workshops oder «Flow-Inseln» in Begegnungszentren wurde es vielerorts Mode, Früchte und alles Mögliche an Leckereien für Sitzungen aufzutischen. Das kann man tun. Die Worte eines Diskussionsteilnehmers werden untermalt durch das Knacken von Erdnüssen, das Rascheln von Schokoladenpapier oder das Schlürfen eines reifen Pfirsich. Spass beiseite: Wir vertreten den Standpunkt, eher mehrere kürzere Pausen (Kaffee, Kuchen, Früchte können dann genossen werden) einzuhalten und kohlensäurefreies Wasser ständig vor sich auf dem Tisch zu haben.

Nur in Pausen soll kurz verpflegt werden

In Krisenorganisationen wie der Armee wird klar gepredigt: Arbeiten oder Verpflegen – aber nicht beides zusammen. Keine schlechte Regel. Jeder Chef kann dies ohne weiteres anordnen! Rein physiologisch sind mehrere Kurzpausen leistungsfördernder. Viele Sitzungsleiter fürchten Kurzpausen, weil dann alle Teilnehmer wieder zum Handy greifen und die straffe Führung zerfleddert. Deshalb behalten wir den «wilden Haufen» lieber länger am Sitzungstisch ...

Zur Verpflegung noch zwei wesentliche Aspekte: Wird eine längere Sitzung beispielsweise durch ein Mittagessen unterbrochen, dann lohnt es sich, den Essensablauf und das Menu mit der Planung zu steuern. So beansprucht «Buffet-Organisation» im Selbstbedienungsverfahren wesentlich weniger Zeit als bediente Tische und der zeitliche Ablauf bleibt so vom Sitzungsleiter «steuerbar».

Trennkost-Angebote sind leichter verdaulich und ermüden weniger   Beim Essen selber hat sich gezeigt, dass Trennkost-Angebote, nämlich Kohlehydrate und Gemüse (z.B. Spaghetti und Salat) oder Eiweiss und Gemüse (z.B. Steak und Spinat) wesentlich leichter verdaubar sind und die Teilnehmer durch das Mittagessen weniger ermüden.

ESSENZ   Die logistischen Aspekte haben einen grossen Einfluss auf den Zeitverbrauch und die Qualität einer Sitzung. Die Wahl des Umfeldes beeinflusst die Bearbeitung von Sitzungsthemen (z.B. Strategiethemen), die Wahl des Ortes bestimmt den Aufwand der Anreise. Die Anzahl Teilnehmer und die Besprechungsmethoden bestimmen die Grösse und Ausrüstung des Raumes. Die Wahl der technischen Hilfsmittel muss genau überlegt werden. Moderne Hilfsmittel können die Kreativität und Aufmerksamkeit mindern. Filp-Chartdarstellungen können gemeinsam entwickelt und allesamt aufgehängt werden, weshalb wir sie sehr befürworten.

Während der Arbeit empfehlen wir lediglich kohlensäurefreies Wasser aufzutischen. Am leistungsfähigsten sind wir mit mehreren kurzen Pausen, bei denen Kaffee, Säfte, Früchte etc. angeboten werden. Falls im Fahrplan ganze Mahlzeiten vorgesehen sind, ist die Selbstbedienung am effizientesten. Trennkost ist leicht verdaulich, macht weniger müde und ist daher gut geeignet.

Sitzungs-Templates

Wer kennt das Sprichwort nicht: Ein Bild sagt mehr als 1000 Worte! Wir Menschen sind visuell zu sehr schnellen Auffassungsleistungen fähig. Die Erkenntnisse aus der modernen Lernforschung belegen, dass ein Bild, das gemeinsam entwickelt wurde, viel umfassender und schneller verstanden wird.

Das Resultat einer so geführten Diskussion oder Entscheidung wird in der Folge viel besser verstanden, akzeptiert und mitgetragen. Jeder, der schon selber im aktiven Verkauf an der Kundenfront war weiss, dass «Paper & Pencil-Selling» – das Aufzeichnen eines Lösungsweges für den Kunden im Gespräch vor seinen Augen – eine der stärksten Überzeugungsmethoden ist. Dies sollten wir uns auch in Sitzungen zunutze machen!

Warum wird trotzdem in so vielen Sitzungen so wenig visualisiert? Warum stehen Flip-Charts, Pin-Wände, White-Boards oder ähnliche Hilfsmittel oft ungebraucht herum?

Warum wird trotzdem in so vielen Sitzungen so wenig visualisiert?

Die Gründe sind vielfältig:
- Viele Sitzungsleiter vergessen bei ihrer Sitzungsvorbereitung, dass man mit grossem Vorteil einige Gedanken – für alle sichtbar – niederschreiben oder aufzeichnen sollte.
- Viele glauben, nicht zeichnen zu können oder trauen es sich nicht zu (wer will sich schon blamieren?).
- Viele meinen, dass nur ein perfektes Bild als Visualisierung taugt. Das Gegenteil trifft zu: Gemeinsames Kritzeln genügt in der Regel vollauf zur Verständigung und Erklärung.
- Schliesslich wird der Sitzungsleiter vielleicht vom Verlauf der Diskussion oder von der Problemstellung überrascht und hat keine Idee oder Lösung für eine Visualisierung zur Hand.

Copyboard

An dieser Stelle noch ein paar Worte zu den heute allgegenwärtigen PowerPoint-Präsentationen, die oft mehr Fluch als Segen sind. Beim simplen Instrument einer Wandtafel war allen klar, dass man darauf zeichnete, entwickelte oder schrieb – das war die Visualisierung. Das Nachfolgemodell im Businesskontext war der Flip-Chart mit Papier und mehr oder weniger gleichzeitig kam der Hellraumprojektor auf, später folgte das White-Board und später das Copy-Board. Auch wenn es mit dem Hellraumprojektor hie und da zu Folien-Schlachten (so genannten Folien-Rodeos) kam, so konnte man wenigstens noch gemeinsam auf einer leeren oder im schlimmsten Fall bereits beschrifteten Folie zeichnen und auf diese Weise etwas vor den Augen anderer entwickeln. Mit dem Laptop ist das so gut wie nicht mehr möglich. Der Laptop mit PowerPoint verleitet heute generell dazu, alles vor der Sitzung perfekt und farbenfroh zu erstellen und dann natürlich das «Kunstwerk» so, wie es ist, zu präsentieren und die anderen Sitzungsteilnehmer zu unfreiwilligen Zuschauern einer Dia-Show zu degradieren.

Was ist das entscheidende Problem bei vorbereiteten Informationen oder Bildern in Bezug auf menschliches Denken und einer Diskussion während der Sitzung?

Der Mensch denkt und spricht nicht linear. Der Mensch macht Gedankensprünge, Assoziationen. Während einer Diskussion kommt es zu spontanen Beiträgen. Das Problem mit den Hilfsmitteln (Laptop und PowerPoint), die derzeit so in Mode sind ist, dass wir dieses Denk- und Sprechdurcheinander nicht auffangen können. Sehr geübte Sitzungsleiter oder Moderatoren können dies, indem sie sehr genau zuhören und memorisieren – die meisten Führungskräfte sind aber damit überfordert und deshalb ufern viele Diskussionen bei komplexeren Themen aus.

Sitzungs-Templates Wir schlagen daher vor, an Sitzungen für immer wiederkehrende Themenmuster strukturierte Diskussionshilfen vorzubereiten und bei Bedarf zu benützen.
Was sind Sitzungs-Templates? Templates (der englische Begriff für Schablonen) sind Vorlagen, die mit Inhalt gefüllt werden können und damit die Strukturierung von Daten vereinfachen. Die den meisten Leuten bekannten Templates sind beispielsweise Bestellformulare im Internet oder Protokoll-Vorlagen für Sitzungen. Die durchdachte Vorlage stellt sicher, dass keine wichtigen Aspekte beim Ausfüllen vergessen werden. So ist es auch sinnvoll, ein Protokoll oder ein häufig wiederkehrendes Schriftstück durch eine vorbereitete Vorlage zu bearbeiten. Das ist bei Sitzungen auch möglich! In Sitzungen werden immer wieder Pendenzen bearbeitet, mehr oder weniger komplexe Probleme, Systeme oder Beziehungen analysiert, Ursachen erforscht, Stärken/ Schwächen oder Vor- und Nachteile abgewogen und schliesslich Entscheidungen getroffen. In sehr vielen Sitzungen wird dies mündlich und ohne strukturierte Führung bewältigt – mit den weitum bekannten Folgen. Diese sich wiederholenden Vorgänge lassen sich aber mit vorbereiteten

Strukturierungen viel leichter führen, die Diskussion wird gelenkt und kein wichtiger Gedanke geht verloren. Sitzungs-Templates können hier auf einfachste Art die Arbeit des Sitzungsleiters unterstützen, sie sind «Denk-Prozess-Logiken». Angenommen, ein Sitzungsleiter weiss, dass bei bestimmten Traktanden eine Gap-Analyse, eine Ursachenanalyse oder eine komplexe Entscheidung mit mehreren Kriterien und Varianten ansteht, dann kann er die Sitzungs-Templates vorgängig erstellen und im Sitzungsraum aufhängen lassen. Die Sitzungs-Templates sind beispielsweise auf Flip-Chart (oder doppelte Flip-Chart)-Grösse vorgezeichnete Raster (eine Art Mega-Formular), die der Sitzungsleiter bei Bedarf zur Strukturierung und systematischen Führung der Diskussion einsetzen kann. Ideen oder Gedankensprünge der Teilnehmer können so sofort am richtigen Ort platziert werden, nichts geht verloren und der Verlauf der Diskussion bleibt für alle Teilnehmenden stets sichtbar. Die Gedanken werden auf diese Weise miteinander entwickelt. Am Beispiel einer Problemanalyse kurz gezeigt:

Templates sind «Denk-Prozess-Logiken»

Es dürfte sinnvoll sein, sich zu Beginn 1 einer Problemanalyse kurz über das Ziel, das man damit erreichen will, zu unterhalten und alles stichwortartig aufzuschreiben. In einem zweiten Schritt 2 graphisch visualisierend die Elemente des Problems (z.B. hier eine Mind Map) in der Diskussion zu erarbeiten. Als dritter Schritt 3 ergeben sich Hauptproblem und aktuelle Handlungsprioritäten. Als vierter Schritt 4 könnten beispielsweise Sofortmassnahmen beschlossen werden.

An diesem einfachen Beispiel wird deutlich, dass ohne Vorbereitung eines «Denkrasters» die Sitzung viel schwerer zu führen ist. Wir wiederholen nochmals: Visualisierte «Denkraster» fördern das Denken aller Teilnehmer und erlauben es auch, Ideen sofort «einzufangen» und im Raum «stehen zu lassen»! Es kommt ja oft vor, dass jemand gerade zu Beginn eine Lösung vorschlägt, ohne dass die Gruppe das Problem besprochen hat. «Würgt» man diesen Beitrag als verfrüht ab, kann Frustration oder Resignation dieses Teilnehmers die Folge sein. Nimmt man ihn sofort auf und «parkiert» den Gedanken ins richtige Feld, geht nichts verloren und der Diskussionsprozess kann genau dort fortgesetzt werden, wo er stand.

Sitzungs-Templates in der gewünschten Form vorbereiten Für geplante Themen kann der Sitzungsleiter, wie schon erwähnt, die notwendigen Sitzungs-Templates in der gewünschten Form vorsehen oder vorbereiten lassen. Sitzungen sind aber auch dynamische Prozesse – es geschieht daher auch immer wieder das Unerwartete (nach Wilhelm Busch: «Stets findet Überraschung statt, da, wo man es nicht erwartet hat») – die nötige Sitzungs-Template ist dann nicht vorbereitet. Für solche Fälle lohnt es sich, die Sammlung der Sitzungs-Templates in A-4 Format stets beim Sitzungsleiter oder beim Protokollführer zur Hand zu haben. Eine Vergrösserung auf Flip-Chart ist in der Regel sehr schnell gezeichnet.

Hier können Ihre Erkenntnisse
bezüglich Visualisierungshilfen in
Ihren Sitzungen stehen

Bei der Sitzungsvorbereitung überlegt der Sitzungsleiter das Vorgehen für jedes *Sitzungs-* einzelne Traktandum. Sitzungen zeichnen sich durch immer wiederkehrende *Templates in* Standardsituationen aus. Im Folgenden sind zuerst die Standardsituationen mit den *der Übersicht* aus unserer Sicht praxiserprobten Denkrastern aufgelistet und anschliessend pro Standardsituation die einzelnen Templates erläutert. Jeder Sitzungsleiter kann nach Belieben eigene Templates dazunehmen.

Standardsituationen	Geeignete Denkraster	Seite

Informations-Situation	• PowerPoint-Präsentation
	• Schriftliche Unterlagen
	  (Dies sind keine Denkraster, da sich diese in
	  einer Informations-Situation nicht aufdrängen)	

Such-Situation	• Brainstorming • Brainwriting (635) • Cardwriting	116 117 118
Analyse-Situation	• Fragen-Schema • Problemanalyse • Fishbone-Diagramm • Zeitstrahl-Schema • Was-könnte-geschehen-Schema • Analyse möglicher Störungen	119 120 121 122 123 124
Konstruktions-/ Synthese-Situation	• Morphologie • Stars & Stripes-Methode	125 126
Kontroll-Situation	• Controllers-Window • Gap-Analyse	127 128
Bewertungs-Situation	• Pro/ Contra-Methode • SWOT-Analyse • Paarvergleichsmethode • Nutzwertanalyse • Blitzlicht	129 130 131 132 133
Entschlussfassungs-Situation	• Wer macht was bis wann-Schema	134

BRAINSTORMING

Erfinder
Alex Osborne

Kreative Prozesse leben von Impulsen (die Ideen anderer sind Rohstoff und Nahrung für die eigenen Gedanken).

Die Fragestellung wird aufgeschrieben und Ideen werden durch Zurufen eingebracht und auf einem Flip-Chart notiert. Es entsteht eine Liste (1 bis mehrere Blätter).
4 Regeln sind dabei zwingend einzuhalten.

a) Bewertung ist während der Ideenfindung verboten.
b) Alle Gedanken sind wertvoll auch «sinnlose» oder «verschrobene».
c) Ideen anderer sind aufzugreifen und weiterzuentwickeln.
d) Es sollen so viele Ideen wie möglich geäussert werden. Das Gesetz der grossen Zahl erhöht die Chance, dass eine gute Idee/ Ideenkombination entsteht.

Die Analyse und Bewertung der Ideen erfolgt in einem separaten Schritt.

Fragestellung

TEMPLATE FÜR SUCH-SITUATIONEN
BRAINWRITING

Die Vorgehensweise ist dem Brainstorming ähnlich, nur wird nicht geredet, sondern geschrieben. 6 Teilnehmer schreiben 3 Ideen nebeneinander auf ihr Blatt während 5 Minuten und die Blätter werden anschliessend weitergereicht.

oder
Methode 635

Jeder Teilnehmer erhält so mehrmals ein Blatt mit den Ideen der Vorgänger, liest diese und entwickelt selber neue Ideen. Diese Methode hat den Vorteil, dass ruhigere oder nicht so extrovertierte Teilnehmer sich eher getrauen, Ideen auf Papier zu bringen. Sie ist gut strukturiert und effizient. Die Blätter werden anschliessend ausgewertet (z.B. bestimmt jeder Teilnehmer auf dem Blatt, welches am Schluss bei ihm ist, die 2-3 besten Ideen, schreibt diese auf Pin-Karten und hängt sie auf). Für eine normale Sitzung kann der Zeitbedarf etwas hoch sein.

	Idee 1	Idee 2	Idee 3
1. Teilnehmer			
2. Teilnehmer			
3. Teilnehmer			
4. Teilnehmer			
5. Teilnehmer			
6. Teilnehmer			

TEMPLATE FÜR SUCH-SITUATIONEN
CARDWRITING

oder
«Brainwriting Pool»

Auf dem Sitzungstisch werden Pin-Karten aufgelegt. Auf 2–3 Karten werden Beispiel-Ideen aufgeschrieben. Diese dienen als Ausgangspunkt und Impulsgeber. Nun nimmt sich jeder Teilnehmer leere Karten und schreibt alle seine Ideen auf (so viel er kann). Wichtig: Pro Idee wird nur 1 Karte verwendet.

Anschliessend werden die Karten als «Rohmaterial» auf eine Pinwand gehängt. Es folgt der Schritt des Analysierens und Gliederns (Clustern).

Diese Methode ist dem Brainwriting ähnlich, sie ist aber weniger normiert und schneller.

118

TEMPLATE FÜR ANALYSE-SITUATIONEN
FRAGEN-SCHEMA

Das wichtigste Hilfsmittel bei einer Analyse-Situation sind Fragen. Die W-Fragen *W-Fragen mit* sind weitbekannt, aber vielen Führungskräften ist wenig bewusst, dass es eher *Struktur* «öffnende» und eher «schliessende» oder «fokussierende» W-Fragen gibt:

Wer → «schliessend»   Welcher ← öffnend
                         Wie   ← öffnend
                         Was   ← öffnend

Worum geht es? (Grobbeschrieb Situation/ Problem)	
Was gilt es zu erreichen (herauszu**finden**) **Ziel**	**Wozu?** (Präzisierung des Ziels)
Welche Möglichkeiten gibt es? (Wege, Alternativen)	
Wann/ bis wann? (Zeitraum) **Wie oft?** (Häufigkeit)	**Für wen?** (Empfänger, Nutzer, Kunde)
Wie/ Womit? (Mittel)	**Wo?** (Ort/ Raum)
Wer? (Verantwortung/ Team)	

Dieser «Frage-Template» kann stimulierend für Analysen gebraucht werden. Die entscheidende Frage steht zu Beginn: «Worum geht es eigentlich?» Wird diese Frage gründlich bearbeitet, dann sind die weiteren Schritte sehr oft einfacher.

PROBLEMANALYSE

Mind Map für Problem-Analysen Es dürfte sinnvoll sein, sich zu Beginn einer Problemanalyse kurz über das Ziel, das man erreichen will, zu unterhalten 1 und alles stichwortartig aufzuschreiben. In einem zweiten Schritt 2 grafisch visualisierend die Elemente des Problems (z.B. hier eine Mind Map) in der Diskussion zu erarbeiten. Als dritter Schritt 3 ergeben sich Hauptproblem und aktuelle Handlungsprioritäten. Als vierter Schritt könnten beispielsweise Sofortmassnahmen beschlossen werden 4.

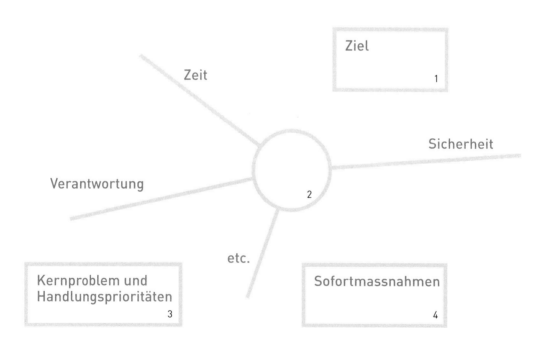

TEMPLATE FÜR ANALYSE-SITUATIONEN
FISHBONE-DIAGRAMM

Ein Fishbone-Diagramm zeigt die Ursachen eines Problems auf (und nicht dessen Symptome).

oder «Fishbone Mapping»

Schlüsselfrage: Welches waren die Faktoren, welche x bewirkt haben? Wie wirken diese zusammen?

Diese Methode ist sehr geeignet zur Erstellung im Team. Es hilft dem Team, sich auf den Inhalt des Problems zu konzentrieren und nicht auf dessen Geschichte oder persönliche Interessen. Aus dieser Analyse können dann mögliche Lösungen abgeleitet werden.

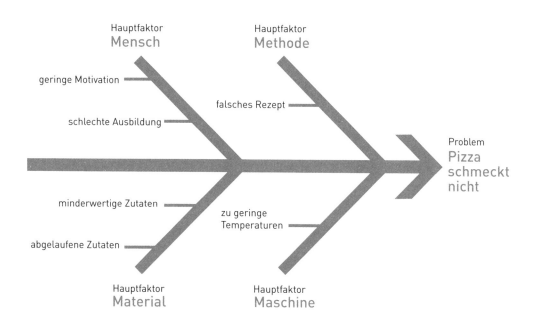

ZEITSTRAHL-SCHEMA

Analyse der Eine ganz einfache «Auslegeordnung» oder Darstellung einer bestehenden oder
Ereignisse im möglichen Entwicklung im Zeitablauf gibt einem Problem eine Raum-Zeit-
Zeitablauf Dimension. Diese lässt sich viel besser erfassen und hilft bei der Suche nach
möglichen Lösungen.

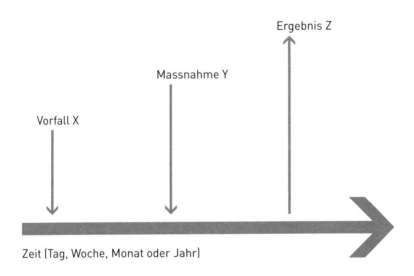

TEMPLATE FÜR ANALYSE-SITUATIONEN
WAS-KÖNNTE-GESCHEHEN-SCHEMA

Im «Was-könnte-geschehen-Schema» entwickelt man im Team mögliche *Visualisierung* Alternativen inklusive deren Folgen und Auswirkungen. Diese Visualisierung hilft, *möglicher* Entwicklungen im möglichen Zeitablauf zu durchdenken und so eine bessere *Entwicklungen* Entscheidungsgrundlage zu erhalten. Ein komplexes Thema wird so transparenter.

Alternativen
mögliche Schritte
mögliche Entwicklungen
Ereignisse

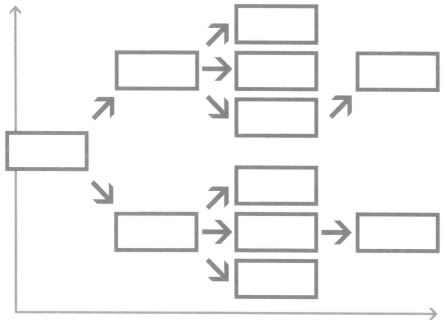

Zeit
Reihenfolge
möglicher Ablauf

ANALYSE MÖGLICHER STÖRUNGEN

oder analysis
of potential
problems

Die Analysen möglicher Störungen kann für die Umsetzung wichtiger Entscheidungen, für Projekte oder Risikoüberlagerungen angewendet werden.

In Schritt 1 werden alle möglichen negative Szenarien festgehalten. Der Schritt 2 ist der wichtigste: Nur wenn wir uns über die möglichen Ursachen im klaren sind, können wir im Schritt 3 die präventiven Massnahmen entwickeln. Diese sind meistens die billigsten und verhindern das Eintreten der negativen Ereignisse. Im Schritt 4 werden die einschränkenden Massnahmen ermittelt und im Schritt 5 wird die Frage der Risikoüberwälzung erarbeitet.

---

1 Negative Szenarien
Was kann schiefgehen? Welches Ereignis könnte unserem Vorhaben zuwider laufen? Was könnte im schlimmsten Fall passieren?

• Beispiel: Brandausbruch

---

2 Mögliche Ursachen
Warum könnte dies geschehen? Welches wären die möglichen Ursachen?

• Beispiel: Weggeworfene Zigarette

---

3 Präventive Massnahmen	4 Einschränkende Massnahmen	5 Risikoüberwälzung
Was können wir präventiv tun, damit das Problem/ Ereignis gar nicht eintritt?	Was könnten wir einschränkend tun, damit die Auswirkungen bei Eintritt des Ereignisses so gering als möglich ausfallen?	Können wir das Risiko bei Problemeintritt überwälzen?
• Beispiel: Striktes Rauchverbot verfügen und anschreiben	• Beispiel: Feuerlöscher aufstellen und Mitarbeiter instruieren	• Beispiel: Versicherungspolice

TEMPLATE FÜR KONSTRUKTIONS- ODER SYNTHESE-SITUATIONEN: **MORPHOLOGIE**

Morphologie beschäftigt sich mit der Gestalt und der Struktur von Problemfeldern und will die Gesamtheit der Lösungen des vorliegenden Problems methodisch und systematisch herbeiführen!

oder Morphologischer Kasten (Zwicky)

Die morphologische Methode ist ein Verfahren der
• Identifizierung
• Kennzeichnung
• Abzählung
• parametrischen Erfassung der Menge aller möglichen Mittel,
  die für eine bestimmte Funktionalität in Frage kommen.

Der erste Schritt 1 besteht darin, die allgemeinen Elemente zu definieren (z.B. Auto: Antrieb/ Fahrgestell/ Raum für Gepäck/ Sichtmöglichkeit/ Steuerung etc. Oder für ein Menu: Vorspeise/ Hauptgang/ Nachspeise/ Getränke/ etc.)
Im zweiten Schritt 2 werden zu den Hauptelementen konkrete Ideen (aus Erfahrung) oder neue Ideen (kreativ) festgehalten. In einem dritten Schritt 3 werden konstruierend neue Kombinationen erstellt. Alle Elemente bleiben aber stets sichtbar! Für eine Sitzung ist diese Methode etwas zeitaufwändig.

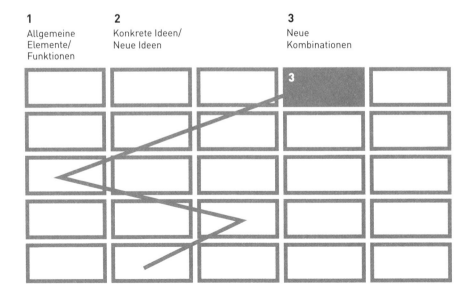

1
Allgemeine
Elemente/
Funktionen

2
Konkrete Ideen/
Neue Ideen

3
Neue
Kombinationen

TEMPLATE FÜR KONSTRUKTIONS- ODER
SYNTHESE-SITUATIONEN: **STARS & STRIPES**

Grobentwurf einer Diese Methode eignet sich besonders für den Grobentwurf einer Projekt- oder
Projektierung Ablaufplanung. Sie erfolgt in drei Schritten:

Schritt 1
Brainstorming mit Karten «Welche Tätigkeiten und/ oder Funktionen sind für das
Projekt x nötig?» (Schriftlich, ohne Diskussion).
Schritt 2
Die Karten werden auf Pin-Wänden in eine zeitliche Grobstruktur gebracht
(Diskussion, Verständnisfragen).

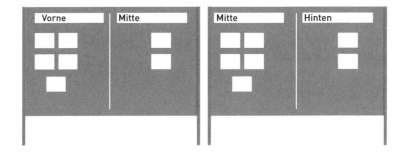

Schritt 3
Bestimmen der Kernteam-Mitglieder oder Key-People (Stars). Die grobsortierten
Karten a) werden den Kernteam-Mitgliedern zugeordnet und b) im Zeitablauf
(Stripes) eingezeichnet/ angepinnt. Schliesslich werden die Abhängigkeiten visua-
lisiert.
Diese Methode eignet sich besonders gut für Workshops, kann aber für einen
Erstentwurf auch in den Sitzungen angewandt werden.

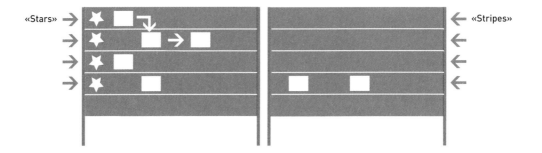

TEMPLATE FÜR KONTROLL-SITUATIONEN
CONTROLLERS-WINDOW

Pendenzen oder andere Kontrolltätigkeiten können sehr zielgerichtet und resultat- *Sachliche*
orientiert durchgeführt werden, wenn man beispielsweise das «Controllers- *Kontrollmethodik*
Window» mit seinen 4 Schritten einsetzt. Dies bewirkt, dass die ganze Diskussion
nicht auf Nebengeleise gerät oder in «Suche nach dem Schuldigen» ausartet. Die
4 Schritte sind genau in dieser Reihenfolge für jedes Thema einzeln durchzuziehen.
Die Punkte 3 und 4 können – da sich die Ausgangslage auch geändert haben kann
– eine Neubeurteilung oder Neuausrichtung bewirken.

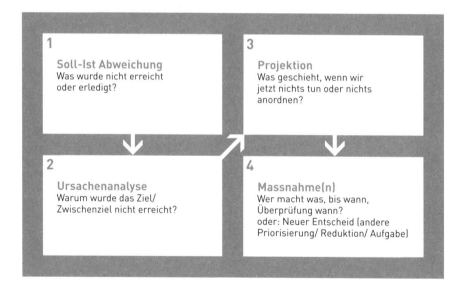

TEMPLATE FÜR KONTROLL-SITUATIONEN
GAP-ANALYSE

oder Soll/Ist-Vergleich

Eine verkürzte Version des «Controllers-Windows» ist die Gap-Analyse. Das schriftliche Erfassen von Soll-Ist-Abweichungen in sichtbarer Form für alle hat eine stark versachlichende Wirkung (da negative Abweichungen sehr oft mit Schuldzuweisungen und Emotionen verbunden sind). Die Sitzungsteilnehmer fokussieren sich eher auf eine Lösung.

IST		SOLL
Aktueller Zustand	GAP	Gewünschter Zustand End-Zielzustand

Thema/ Bereich	Ist	Soll	Differenz	Massnahme

TEMPLATE FÜR BEWERTUNGS-SITUATIONEN
PRO/ CONTRA-METHODE

Argumente für oder gegen eine Idee oder ein Vorhaben werden durch Zuruf gesam- *Sichtbare*
melt oder auf Karten aufgeschrieben und aufgehängt. Diese Methode hat den *Gegensätze*
Vorteil, dass alle Argumente erfasst werden und stets sichtbar bleiben. Sie kann
dadurch Vorurteile abbauen oder verhindern. Die Argumente können in der Folge
gesichtet oder gewichtet werden. Zum Schluss lässt sich eine Pro-Contra-Bilanz
ziehen.

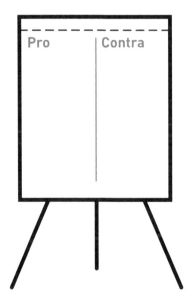

TEMPLATE FÜR BEWERTUNGS-SITUATIONEN
SWOT-ANALYSE

Denken in
Abhängigkeiten

Die SWOT (Strengths/ Weaknesses, Opportunities/ Threats)-Methode ist eigentlich ein erweiterter Pro/ Contra-Ansatz. Mit Chancen und Gefahren werden künftige Entwicklungen miteinbezogen. Die Methode hilft den Teilnehmern, sachlich völlig verschiedene Aspekte einzubringen und erweitert das Denken.

Mit der klassischen SWOT-Analyse stellt man den Chancen und Risiken der Unternehmensumwelt die eigenen Stärken und Schwächen gegenüber und zieht daraus Schlüsse. Sie eignet sich besonders für Teams, die eine Problemsituation zum ersten Mal bearbeiten. Als Grundlage zur Überarbeitung von Strategien und Entscheidungen ist sie unerlässlich, weil die Qualität der festgehaltenen Elemente oder Annahmen später überprüft werden können.

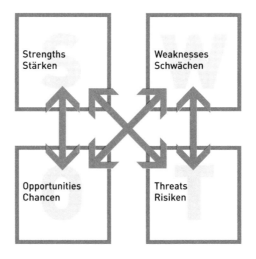

TEMPLATE FÜR BEWERTUNGS-SITUATIONEN
PAARVERGLEICHSMETHODE

Das menschliche Gehirn hat eine sehr gut entwickelte Fähigkeit, zwischen 2 mög- *Einfache*
lichen Lösungen in Form einer «Gesamtbeurteilung» zu wählen. Diese Fähigkeit *Bewertungsmatrix*
macht man sich zu Nutzen, indem systematisch jede Option oder Lösung einzeln
mit jeder anderen global verglichen wird. Diejenige Lösung, welche am häufigsten
bevorzugt wird, kommt in der Reihenfolge auf Platz 1. Die Methode ist natürlich
etwas «grobkörnig», aber sie liefert schnell eine gute Basis. Bedingung ist, dass
nicht allzuviele Varianten zum Vergleich stehen.

	A	B	C	D	E
A					
B	B				
C	A	B			
D	A	B	C		
E	A	B	C	D	

Anzahl Nennungen

	A	B	C	D	
Rang	**2.**	**1.**	**3.**	**4.**	

TEMPLATE FÜR BEWERTUNGS-SITUATIONEN
NUTZWERTANALYSE

Gewichteter Vergleich von Varianten

Steht eine Bewertung von verschiedenen Lösungen anhand mehrerer Kriterien an, dann kann die Nutzwertanalyse hilfreich sein.

Zuerst werden die Kriterien für die Entscheidung festgelegt und nach ihrer Bedeutung gewichtet (z.B. 1–3).

Anschliessend wird der Erfüllungsgrad eines Kriteriums für alle Varianten bestimmt (z.B. 1–10). Dieses Vorgehen wird für alle Kriterien wiederholt. Am Schluss werden die Gewichtungen der Kriterien mit den Erfüllungsgraden multipliziert und die Gesamtsumme addiert. Diese Methode kann komplexe Entscheidungssituationen transparenter machen und versachlichen. Die verliehenen Punkte (Gewichtung oder Erfüllungsgrad) sind natürlich subjektive Richtwerte. Viel wichtiger sind die Argumente, die bei der Punktevergabe vorgebracht werden.

E-Kriterien	Gewichtung	Erfüllungsgrad **Variante 1**		Erfüllungsgrad **Variante 2**		Erfüllungsgrad **Variante 3**		Erfüllungsgrad **Variante X**	
Kriterium A									
Kriterium B	1	7	7	3	3	2	2	10	10
Kriterium C	3	2	6	5	15	4	12	8	24
Kriterium D									
Kriterium E									
Kriterium F									
Summe			13		18		14		34
Rang			4.		2.		3.		1.

TEMPLATE FÜR BEWERTUNGS-SITUATIONEN
BLITZLICHT

Jeder Teilnehmer erhält einen Klebepunkt und klebt ihn gemäss seiner Bewertung *oder Einpunkte-* ins Schema ein. Anschliessen begründet jeder Teilnehmer mit einem Satz seine *Abfrage* Punktabgabe: «Ich habe meinen Punkt dort hingetan, weil ...». Diese Methode eignet sich sehr gut für das Feedback am Ende einer Sitzung.

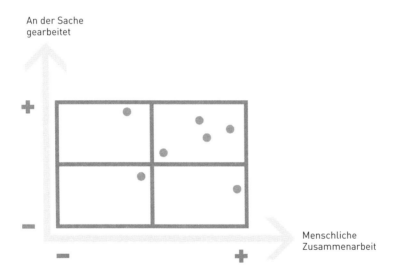

TEMPLATE FÜR
ENTSCHLUSSFASSUNGS-SITUATIONEN:
WER MACHT WAS BIS WANN-SCHEMA

Festlegen Dieses Schema ist weit verbreitet. Es lohnt sich immer, diese Fragen zu Handen
der Handlungs- des Protokolls vollständig zu beantworten. Das WAS sollte möglichst präzis und
schritten unmissverständlich formuliert werden (eventuell in Form eines zu erreichenden
Resultates). Empfehlenswert ist ebenfalls das Festlegen des ersten Kontrollpunktes,
damit der Umsetzungsprozess in Schwung bleibt.

Wer	macht was (präzise)	bis wann	mit welcher Unterstützung von wem	Erster Kontrollpunkt

Bei Entscheidungsprozessen sollten immer zwei Fragen auch beantwortet werden:

1. **Was passiert, wenn wir nicht entscheiden?**
2. **Auf was verzichten wir bewusst, wenn wir entscheiden?**
   (Welche Optionen fallen dann weg?)

Ein Bild sagt mehr als 1000 Worte! Die Erkenntnisse aus der Lernforschung belegen, dass ein Bild, das gemeinsam entwickelt wurde, viel umfassender und schneller verstanden wird. Daraus entstandene Resultate werden auch besser akzeptiert und mitgetragen. Der Mensch denkt nicht linear, sondern macht Gedankensprünge, Assoziationen und spontane Beiträge. Das kann mit modernen, elektronischen Hilfsmitteln nicht aufgefangen werden. Deswegen eignen sich «Sitzungs-Templates» (Schablonen) als systematische Vorlagen, die laufend alle Gedanken (auch sprunghafte) strukturiert erfassen und für alle nachvollziehbar machen. Vorlagen solcher Templates können Sie kostenlos herunterladen unter www.executive-coach.ch. Der Sitzungsleiter kann in Kürze z.B. auf Flip-Charts die benötigten Templates zeichnen und (als Vorbereitung) im Sitzungszimmer als Moderationshilfe aufhängen.

ESSENZ

Hier könnten Ihre persönlichen
Templates aufgezeichnet werden!

Entwurf und Versand der Einladung inkl. Vorbereitungsaufträge und Vorbereitungsunterlagen

Der Entwurf einer Einladung ist eigentlich nur noch der Zusammenzug aller Vorbereitungen. Sie haben die Traktanden bereits ausgewählt und in eine Reihenfolge gebracht, Sie haben ein Zeitbudget pro Traktandum festgelegt und pro Besprechungspunkt die Zielsetzung formuliert.

Auf jeder Einladung sollten folgende Daten aufgeführt sein:

- Titel der Sitzung   (z. B. Management-Team Abt xy)
- Tag/ Datum   (z.B. Montag, ... Juni, 20..)
- Zeit/ Dauer   (z.B. 09.00 – 11.00 Uhr)
- Teilnehmende   (Namen, z.B. alphabetisch)
- Leitung   (Name)
- Protokoll   (Name)
- Ort/ Raum   (Ortschaft/ Adresse/ Gebäude/ Zimmerbezeichnung)
- Anreise/ Parkplatz   (Lageplan/ Routenplan)
- Auskunft   (Person/ Tel.Nr. für Kontakt/ Auskunft)
- Traktanden

Nr.	Thema Besprechungspunkt	Angestrebter Output/ Ziel	Verantwortliche Leitung	Zeitbudget

Es lohnt sich für Sitzungseinladungen/ Traktandenlisten ein Template zu erstellen. So wird mit der Struktur des Formulars sichergestellt, dass keine wichtigen Angaben vergessen werden. Bei repetitiven Sitzungen (z.B. Management-Team) sind natürlich Angaben wie Ortschaft/ Adresse, Anreise, Parkplätze oder Auskunft nicht von Bedeutung. Für besondere Sitzungen, bei welcher Teilnehmer beispielsweise erstmals anreisen müssen, sind diese Angaben sehr wichtig. Insbesondere die Angabe einer Telefonnummer, für den Fall, dass etwas schief geht oder sich jemand verspätet, erspart oftmals Ärger, unnötige Verzögerungen oder Hektik.

Die Vorbereitungsunterlagen (Texte/ Präsentationen etc.) werden am Besten als Attachement zur Traktandenliste mitgeliefert (vgl. Kapitel über «Nützliche Regeln»). Ob ein spezieller Vorbereitungsauftrag nötig ist, hängt oft von der Führungskultur ab (beispielsweise dann, wenn es aufgrund der Zielsetzung in der Traktandenliste und der Sitzungsführungspraxis eine Selbstverständlichkeit ist, dass die Unterlagen vor der Sitzung gründlich studiert werden).
Es kann aber trotzdem nötig sein, besondere Vorbereitungshinweise zu geben.

Bei der Auftragsvergabe für vorbereitende Lektüre oder Vorarbeiten wird oft die Gelegenheit verpasst, die Gedankenarbeit der Sitzungsteilnehmer zu aktivieren und zu fokussieren. Ein Vorbereitungsauftrag im Stile von «Bitte die beigelegten Unterlagen auf die Sitzung vom x.y.20xx studieren» nützt in der Regel wenig. Es lohnt sich, die Vorbereitungsaufträge inhaltlich mit wenigen Worten zu strukturieren. Wir empfehlen folgende Struktur:

Aufträge im Vorfeld der Sitzung an die Teilnehmer

■ **Hintergrund der Themen**
Kurze Info über Ursprung/ Zusammenhang/ Auswirkungen hilft den Teilnehmern, das Problem im Kontext zu verstehen.

■ **Problemlage**
Um was geht es eigentlich? Kurze Beschreibung der generellen Problemlage (entweder allgemein oder aus dem Hintergrund resultierend).

■ **Ist-Situation und Ziel-Situation**
Diese Differenz gilt es an der Sitzung zu lösen.

■ **Kernproblem(e)**
Aus der Ist-Ziel-Differenz ergeben sich eine oder mehrere Problemstellungen.

■ **Offene Fragen**
Die Teilnehmer werden gebeten, die offenen Fragen zu ergänzen und aus ihrem unterschiedlichen Background heraus zu durchdenken.

Die Skizzierung der Problemstellung durch die 5 Punkte mag durchaus unvollständig sein – das macht nichts. Bei der Behandlung des Traktandums kann (oder besser sollte) der Sitzungsleiter die zusätzlichen Informationen oder Ideen der Teilnehmer zuerst abrufen. Bei einem dergestalt strukturierten Vorbereitungsauftrag sind die Chancen viel höher, dass bei der Bearbeitung an der Sitzung eine bessere und zielführendere Diskussion stattfindet.

Die heutigen Medien erleichtern uns hier die Arbeit: Ein kleines E-Mail mit Traktandenliste und Vorbereitungsdokument als Attachment und dem strukturierten Vorbereitungsauftrag reicht bereits aus.

Elektronische Medien haben aber auch ihre Tücken Elektronische Medien haben aber auch ihre Tücken. So kann nicht immer mit 100% Sicherheit angenommen werden, dass alle Unterlagen alle Adressaten rechtzeitig erreichen.

Bei normalen Führungssitzungen ist es daher zweckmässig, einen Termin-Standard festzulegen, der allen Beteiligten bekannt ist (z.B. Einladung/ Traktandenliste/ Vorbereitungsunterlagen werden immer spätestens 2 Kalendertage vor der Sitzung versandt).

Es kann dann von den Teilnehmenden erwartet werden, dass sie selber aktiv werden, wenn diese Unterlagen nicht rechtzeitig vorliegen («Holschuld»).

Bei speziellen Sitzungen (z.B. mit zusätzlichen Teilnehmern) sollte sinnvollerweise eine Erhaltensbestätigung verlangt werden.

ESSENZ

- Einladung und Beilagen rechtzeitig verschicken, so dass gründliche Vorbereitungen möglich sind (und verlangt werden können).
- Für die Traktandenliste ein entsprechendes Template erstellen.
- IMMER Ziele und Zeitbudgets pro Traktandum festlegen.
- Vorbereitungsunterlagen als Attachement/ Hardcopy mitschicken.
- Spezielle Instruktionen/ Aufträge zusammen mit der Einladung verschicken.

12

Vorbereitende Gedanken zum Start und Abschluss einer Sitzung

Vom Theater her wissen wir, dass die «Dramaturgie» oder der dramatische «Spannungsbogen» für den Erfolg eines Stückes mitentscheidend ist. Für Vorträge oder Präsentationen gilt dies auch: Ein gelungener Einstieg und ein passender Abgang können die Wirkung und damit den Erfolg eines Vortrages oder einer Präsentation stark beeinflussen.

Für Sitzungen gilt dies ebenso! Es geht bei Sitzungen allerdings nicht primär darum, eine besondere Dramaturgie zu entwerfen. Die Pflege zweier wichtiger «Eckpunkte» an einer Sitzung – nämlich Start und Abschluss – setzt Akzente, bestimmt den Rahmen und ist ein Teil der Sitzungs-, Führungs- oder auch Unternehmenskultur!

Viele von uns kennen Situationen, wo Leute schon früher am Sitzungstisch sitzen und etwas zusammen besprechen, während andere später dazu stossen und die ersten wieder aufstehen und vor dem Sitzungszimmer etwas besprechen. Wenn die Sitzung beginnen sollte, sind die Teilnehmer noch nicht vollzählig anwesend, weil just jemand noch einen Kaffee holt oder zur Toilette geht. Auch haben viele von uns schon erlebt, dass einzelne Teilnehmer vor dem offiziellen Sitzungsende den Raum verlassen.

Diese Eckpunkte oder Uebergänge – nämlich Start , Pause und Restart oder Ende – können wir als Sitzungsleiter auch mit einem Ritual belegen. Ritualisierte Vorgehensweisen haben den Vorteil, dass sie für alle ein klares Signal senden. Beim Fliegen beispielsweise sind Start und Landung klar geregelt und auf ihre Art «ritualisiert»: Bevor ein Flugzeug startet, müssen alle Platz nehmen und sich anschnallen. Jedes Gepäckstück muss verstaut, die Sitzlehne gerade gestellt sein. Die Instruktionen für Notfälle werden verlesen und der Flugkapitän gibt kurz vor dem Start bekannt, dass es nun definitiv losgeht. Beim Landen findet ein ähnliches

Ritualisierte Vorgehensweisen senden für alle gleich ein klares Signal

Prozedere statt. Diese ritualisierten Prozesse sind schliesslich sehr effizient. Aber keine Angst: Wir sind nun nicht der Ansicht, dass bei Sitzungen noch auf das richtige Verhalten bei Brandausbruch oder etwas ähnliches hingewiesen werden muss. Ein konkretes Ritual könnte aber sein: Der Sitzungsleiter betritt den Raum und macht alle Fenster auf. Er wartet, bis sich alle gesetzt haben. Dann schliesst er Fenster und Türe, setzt sich, begrüsst die Teilnehmer und weist darauf hin, dass die Sitzung beginnt. Ähnliche Rituale sind bei Pausen oder am Ende der Sitzung möglich. Sie erleichtern den Teilnehmern die Orientierung und haben eine «disziplinierende» Wirkung ohne störend oder autoritär zu wirken.

Was gehört nun vor dem eigentlichen Einstieg in die Besprechungspunkte zum Start?

**Begrüssung** Die einen Sitzungsleiter kommen wenige Minuten vor Sitzungsbeginn und nutzen die kurze Zeit, um alle Teilnehmenden kurz persönlich zu begrüssen.

Andere Sitzungsleiter kommen «just in time» und setzen sich an ihren Platz. Die Begrüssung ist in diesem Fall «teilformalisiert» (z.B. kein Händeschütteln) und findet sitzend von seinem Platz aus statt.

Die Begrüssung sollte eine persönliche und freundliche Note haben Ein guter Sitzungsleiter wird bestrebt sein, der Begrüssung eine persönliche und freundliche Note zu geben. Ein besonderes Augenmerk sollte in der Begrüssung auf individuelle Aspekte gelegt werden

- Wer ist für die Sitzung weit angereist?
- Wer ist neu oder aus einem speziellen Anlass an der Sitzung?
- Wer wird an einem bestimmten Traktandum zur Sitzung stossen?
- Wer hat persönlich Besonderes erlebt (Geburtstag/ besondere Ereignisse etc.)?

Wir haben schon einmal einen Sitzungsleiter erlebt, der zum Start einfach reihum wortlos mit jedem Teilnehmer Blickkontakt hergestellt und ihn freundlich angesehen hat. Das war authentisch seine Art, sie wirkte aber sehr freundlich und führte auch rasch zu Ruhe und Konzentration.

Die Berücksichtigung solcher Aspekte gibt dem Sitzungslauf eine menschliche Note und ein Gefühl des Willkommenseins.

Zum Start und der Begrüssung gehören auch (wenn nötig) administrative Mitteilungen wie z.B. die Ankündigung von Pausen/ Essenspausen, vereinbarte oder noch zu vereinbarende Regeln (wie z.B. Abschalten von Handys, Zuklappen von PC's), Hinweise über Mitglieder, welche die Sitzung früher verlassen müssen, Festlegen bestimmter Rollen (z.B. Protokollführer, Sitzungsbeobachter etc.).

Beim Einstieg in bestimmte Traktanden kann ebenfalls eine kleine Startphase nötig oder möglich sein.

In vielen Unternehmen hat sich die Unsitte des «abbröckelnden Endes» eingebürgert. Weil viele Sitzungen mangels Führung oder Disziplin zeitlich überzogen werden, «schleichen» einzelne Teilnehmer ab – ein echter Abschluss ist gar nicht möglich. Der Sitzungsleiter gibt so das Heft aus der Hand , das Ganze fördert eine Unkultur der Unverbindlichkeit. Wir empfehlen einen geordneten und klar erkenntlichen Abschluss.

Abschluss

Der Sitzungsleiter

- leitet die Feedback-Runde ein (wenn möglich durch einen beauftragten Teilnehmer/ Beobachter, zieht Konklusionen, formuliert ggf. Vorgaben für die nächste Sitzung ins Protokoll).

- fasst die erreichten Ziele (global) zusammen und hebt vielleicht ein Ergebnis besonders hervor (gibt den Teilnehmenden ein gutes Gefühl, etwas erreicht zu haben/ die Zeit sinnvoll genutzt zu haben).

- hält noch 1–2 Punkten des weiteren Vorgehens/ der Nacharbeit fest (stellt Fortsetzung sicher).

- erinnert vielleicht noch an den nächsten Termin (allfällige Engpässe/ Probleme werden frühzeitig erkannt).

- dankt den Teilnehmenden für ihre Vorarbeit/ Arbeit an der Sitzung (Akt der Höflichkeit und Führungskultur).

- erklärt die Sitzung für beendet.

ESSENZ Wann mit der Sitzungsarbeit begonnen und wann die Sitzung beendet wird, soll immer klar bezeichnet werden. Das klingt banal, wird aber in der heutigen Zeit oft nicht so gelebt, oft gibt es fliessende und unbefriedigende Übergänge. Dabei helfen sinnvolle, einfache Rituale, die auf natürliche Weise dem Sitzungsleiter entsprechen sollen. Damit gibt man der Sitzung die notwendige Bedeutung, schafft Klarheit, fördert Effizienz und diszipliniertes Verhalten, ohne übertrieben autoritär zu wirken.

13

Nützliche Regeln zur Sitzungsführung

Regeln erleichtern die Zusammenarbeit unter Menschen. Sie helfen wie im Strassenverkehr, dass man mehr oder weniger reibungslos aneinander vorbeikommt. Früher waren viele dieser Regeln dank der homogeneren Wertevorstellungen in der Gesellschaft weitgehend selbstverständlich, sie gehörten zur «guten Kinderstube». Es war auch insofern leichter, als Grosseltern, Eltern, Lehrer, der Pfarrer oder der Lehrmeister die gleichen Verhaltensweisen einforderten. Heute ist dies aus vielen Gründen nicht mehr so gegeben. Chefs sind daher gefordert, in ihrem Umfeld Verhaltens- oder Zusammenarbeitsregeln zu setzen und einzufordern. Grenzen müssen gesetzt werden, damit wir eine bestimmte Kultur pflegen können. Diese können und sollen durchaus auch mit allen Beteiligten gemeinsam erarbeitet und vereinbart werden.

Wir sind der Ansicht, dass es weitgehend Ermessenssache ist, was ein Chef fordern und was er aushandeln soll. Als Grundsatz gilt: Was ein Chef (berechtigterweise) will, soll er begründen und einfordern und nicht verhandeln (z.B. Pünktlichkeit, Verpflegungen an Sitzungen etc.). Wo Regeln subtiler helfen (Kommunikationsregeln, Umgangston etc.) ist der Einbezug aller Beteiligten wirkungsvoller, solche «Spielregeln» sollten eher vereinbart werden. In der Folge sind einige Regeln aufgeführt, welche die Zusammenarbeit erleichtern und die Effizienz steigern. Es ist immer vorteilhaft, wenn die Regeln gleich zu Beginn einer Zusammenarbeit vereinbart oder festgehalten werden (feed-forward) und nicht im Nachhinein «moniert» werden müssen (feed-back)!

142

Sitzungen immer pünktlich beginnen!

Die wichtigsten Gründe sind:

■ Disziplin: Was vereinbart wird, gilt!

■ Anstand: Es ist ein Affront den pünktlich erscheinenden Sitzungsteilnehmern gegenüber, wenn sie auf diejenigen, die zu spät kommen, warten müssen.

■ Zeiteffizienz: Da meistens Zeit überall knapp ist, ist Warten reine Zeitverschwendung.

Hinweise: Pünktlichkeit explizit einfordern. Sollte für das erste Traktandum die entscheidende Person fehlen, einfach mit einem anderen Traktandum beginnen. Zu spät Eintreffende «en passant» begrüssen und die inhaltlichen Diskussionen deswegen nicht unterbrechen (das übt eine gewisse erzieherische Signalwirkung aus).

Arbeiten und Verpflegen grundsätzlich trennen (davon sind Getränke ausgenommen)!

Die wichtigsten Gründe sind:

■ Disziplin: Klare Unterscheidung zwischen Arbeit und Nahrungsaufnahme ermöglicht Ordnung und Konzentration.

■ Anstand/ Konzentration: Keine Nebengeräusche, Schmatzen etc. und ungeteilte Aufmerksamkeit den Sprechern gegenüber.

■ Energieeffizienz: Es ist besser, mehrere kleine Pausen (für Verpflegung oder Bio-Pause) zu machen, als eine Marathonsitzung mit laufendem «Nachfüllen» des Kohlehydrat-Tanks.

Elektronische Kommunkationsmittel sind während der Sitzungsarbeit nicht in Gebrauch!

Die wichtigsten Gründe sind:

■ Anstand: Es geht nicht an, dass die einen engagiert an einem Thema arbeiten, während andere mit anderen Tätigkeiten beschäftigt sind.

- **Effizienz/ Qualität:** Nur, wenn alle präsent mitarbeiten, kann in der kürzest möglichen Zeit das beste Teamergebnis erreicht werden.

- **Organisation:** Wer sich gut organisiert, ist sehr wohl für einige Stunden abkömmlich. Zudem können vereinbarte Pausen in wichtigen Fällen für externe Kommunikation genutzt werden. Besser aber ist, die Pausen im Sitzungsteam für den oft so wertvollen, informellen Austausch zu nutzen.

4. Voraus-Unterlagen für Antrags- oder Entscheidungs-traktanden

Vorbereitungsunterlagen immer unter Einhaltung einer vereinbarten Minimalfrist versenden

Traktanden, für die Aufträge formuliert sind oder Entscheidungen gefällt werden, sollten a) immer Voraus-Unterlagen zur Vorbereitung verteilt werden und b) immer unter Einhaltung einer vereinbarten Minimalvorlaufzeit (z.B. spätestens 2 Tage vor Sitzungsbeginn) den Sitzungsteilnehmern zugestellt werden. Das ist heute via E-Mail problemlos möglich und jeder Teilnehmer ist heute auch praktisch überall erreichbar. Die Teilnehmer reservieren sich ab diesem Zeitpunkt eine Zeitspanne zur Sitzungsvorbereitung (oder legen eine Nachtschicht ein ...).

Die wichtigsten Gründe sind:
- **Qualität:** Diskussionen und Entscheidungen basieren auf besserem und breiterem Wissen.

- **Effizienz:** Alle Sitzungsteilnehmer oder Administrativkräfte wissen, wann sie die Dokumente für die Sitzungsvorbereitung zur Verfügung haben und können so ihre Vorbereitungszeit auch planen. Diskussionen an den Sitzungen können von Beginn weg gehaltvoll und zielführend sein.

- **Disziplin:** Sitzungsleiter oder Themenführer werden gezwungen, ihre Vorbereitung nicht «last minute» zu machen und einen klaren Führungsrhythmus einzuhalten.

5. Einführung in ein Traktandum

Vorversandte Unterlagen/ Präsentationen zur Einleitung in ein Traktandum nicht mehr zeigen und vorlesen

Eine weit verbreitete Unart ist es, mit PowerPoint-Präsentationen in ein Traktandum einzuführen oder ein zuständiger Spezialist liest die vorversandten Unterlagen nochmals vor.

Die wichtigsten Gründe sind:

■ Disziplin: Wenn materiell sofort in die Diskussion eingestiegen wird, können unvorbereitete Teilnehmenden sich nicht mehr anhand der Präsentation informieren oder «einlaufen». Es zwingt alle Teilnehmer zur Vorbereitungs- arbeit.

■ Effizienz: Durch diese Vorgaben wird die Zeit gespart, welche die Sitzungs- teilnehmer viel dringender für die inhaltliche Diskussion zur Verfügung haben sollten. Ein Spezialist für das Thema kann aber sehr wohl für Fragen an der Sitzung anwesend sein. Wertvolle gemeinsame Zeit wird nicht für «Erklärungen» aufgebraucht. Vor der Diskussion sollten Fragen zugelassen sein.

■ Ernsthaftigkeit: Die Teilnehmer werden für voll genommen. Sie müssen nicht sinnlos Dinge anhören, welche sie in der Vorbereitungsarbeit schon gelesen haben.

Immer regelmässig Pausen machen. Intervalle nicht zu lange wählen, wenn möglich **6. Pausen** einplanen.

Die wichtigsten Gründe sind:

■ Konzentration & Leistung: Es gibt eine interessante Studie über den Pausenrhythmus. Es wurde ein Versuch mit drei Schulklassen durchgeführt. Eine Schulklasse erhielt alle zwei Stunden eine Pause, die andere Klasse alle 50 Minuten, und die dritte alle 15 Minuten kurze Pausen. Die dritte Klasse hat mit Abstand die beste und grösste Leistung erbracht. Der durchschnittli- che Mensch kann höchstens 7 Minuten konzentriert zuhören, ohne gedanklich abzuschweifen. Testen Sie das am besten bei sich selbst.

■ Biologische Bedürfnisse: Bekanntlich ist das Trinken von Wasser oder Tee für die geistige Leistung förderlich. Frische Luft und etwas Bewegung tun gut.

■ Geschäftliche Erreichbarkeit: Obschon niemand (für wenige Stunden sowieso nicht) unersetzlich ist, können kurze Telefonate oder Mails sehr nützlich sein. Geplante Pausen erlauben zudem, die Erreichbarkeit im Voraus zu organisieren.

7. Ende der Sitzung Grundsätzlich Sitzungen spätestens zum in der Einladung angegebenen Zeitpunkt abschliessen.

Die wichtigsten Gründe sind:
- **Disziplin:** Klare Führung ermöglicht das Einhalten von Zeitbudgets. Das Einhalten fördert die Gesprächsdisziplin (Langredner werden «eingedämmt»). Pünktlich beginnen und pünktlich enden!

- **Zeiteffizienz, Planungssicherheit:** Die Teilnehmer wissen, dass sie über ihre Zeit nach der Sitzung verfügen können.

- **Anstand:** Der Sitzungsleiter respektiert die Zeit der anderen Teilnehmer.

8. Störende Hilfsmittel, Störungen von aussen Grundsätzlich Mobiltelefone/ Laptops/ Blackberries abstellen oder auf lautlos stellen und nicht im Sichtbereich ablegen!

Die wichtigsten Gründe sind:
- **Anstand/ Respekt/ Disziplin/ Ernsthaftigkeit:** Die Teilnehmer konzentrieren sich vollständig auf die Beiträge anderer und auf das Arbeiten an der Sitzung.

- **Konzentration/ Leistung:** Keine Ablenkung, kein «an etwas anderes denken», keine Störungen.

9. Art der Verpflegung Bei längeren Sitzungen sollte die verfügbare Verpflegung (insbesondere Lunch etc.) leicht verdaulich sein.

Die wichtigsten Gründe sind:
- **Ermüdung:** Trennkost hat sich hier als sehr effizient erwiesen. Geistige Arbeit braucht primär Kohlehydrate. Enthält die Nahrung Kohlehydrate und Eiweiss (z.B. Schnitzel und Kartoffelstock), ist eine starke Ermüdung nach dem Essen die Folge. Sandwiches mit Fleisch (Kohlehydrate und Eiweiss) haben die gleiche ermüdende Wirkung. Wir empfehlen deshalb ein Menue, das primär aus Kohlehydraten und Gemüse besteht.

- **Konzentration und Leistungsfähigkeit:** Hungergefühle oder ein zu tiefer Blutzuckerspiegel sind störend für Konzentration und Leistung.

Alle Teilnehmenden sollten an einer Sitzung ihr Bestes geben, den Sitzungsleiter und andere Teilnehmer unterstützen.

Die wichtigsten Gründe sind:

- ▪ Anstand/ Respekt Disziplin/ Ernsthaftigkeit: Die Teilnehmer sind Mitgestalter der gemeinsamen Sitzung. Sie leisten ihre Beiträge und gehen sachlich auf die Beiträge anderer ein.

- ▪ Effizienz: Durch dieses gemeinsame, konzentrierte Arbeiten wird zielgerichteter gearbeitet und die Resultate werden schneller erreicht.

- ▪ Bekennung: Beschlüsse, die gemeinsam engagiert erarbeitet wurden, werden besser von allen mitgetragen.

Viele gut funktionierende Teams folgen sehr oft den hier aufgeführten Kommunikationsregeln:

a) Begründe deine Meinungsäusserung knapp und klar.
b) Begründe deine Frage an andere (ich frage, weil ...).
c) Ich spreche mit ich und nicht mit man.
d) Bevor ich widerspreche, wiederhole ich die Aussagen des anderen mit eigenen Worten und beschreibe, was ich verstanden habe.
e) Einander beim Sprechen nicht unterbrechen.

Die wichtigsten Gründe sind:

- ▪ Klarheit: Meinungsäusserungen und Fragen zu begründen führt zu Klarheit, Sachlichkeit und Transparenz.

- ▪ Respekt: Die Aussage des anderen zu wiederholen ist ein Zeichen des Respektes und führt zu einer besseren Diskussionskultur.

- ▪ Offenheit: Wenn jeder seine Fragen begründet, sind keine «hidden agendas» möglich. Die Ich-Form verpflichtet.

Erst klare Regeln ermöglichen eine respektvolle und effiziente Zusammenarbeit. Da heute aus verschiedenen Gründen Grundwerte und die genossene Erziehung sehr unterschiedlich sind, lohnt es sich, vorab Sitzungsregeln zu definieren. Wir sind der Ansicht, dass es sinnvoll ist, diese unter Einbezug aller Sitzungsteilnehmer zu definieren und schriftlich festzuhalten.

ESSENZ

Arbeits-Ordnung
1870

1.

Frömmigkeit, Sauberkeit und Pünktlichkeit sind die Vorbedingungen eines geordneten Geschäfts.

1. Frömmigkeit, Sauberkeit und Pünktlichkeit sind die Vorbedingungen eines geordneten Geschäfts.

2.

Bedingt durch massive Verkürzung der Arbeitszeit hat das Personal nur noch an Wochentagen zwischen 6 Uhr vormittags und 6 Uhr nachmittags anwesend zu sein. Der Sonntag dient dem Kirchgang.

2. Bedingt durch massive Verkürzung der Arbeitszeit hat das Personal nur noch an Wochentagen zwischen 6 Uhr vormittags und 6 Uhr nachmittags anwesend zu sein. Der Sonntag dient dem Kirchgang.

3.

Dem täglichen Gebet im Hauptbüro wohnt das ganze Personal bei.

3. Dem täglichen Gebet im Hauptbüro wohnt das ganze Personal bei.

4.

Täglich nach dem Gebet sind die Arbeitsräume gründlich zu reinigen.

4. Täglich nach dem Gebet sind die Arbeitsräume gründlich zu reinigen.

5.

Zum Besten des Personals steht ein Ofen zur Verfügung. Im Winter wird empfohlen, dass jedes Mitglied des Personals täglich Anfeuerholz und 4 Pfund Kohle mitbringt.

5. Zum Besten des Personals steht ein Ofen zur Verfügung. Im Winter wird empfohlen, dass jedes Mitglied des Personals täglich Anfeuerholz und 4 Pfund Kohle mitbringt.

6.

Privatunterhaltungen während der Dienstzeit sind grundsätzlich nicht gestattet.

6. Privatunterhaltungen während der Dienstzeit sind grundsätzlich nicht gestattet.

7.

Einfache Kleidung ist Vorschrift. Es dürfen keine Kleider mit hellschimmernden Farben getragen werden. Die Strümpfe müssen ordentlich sein. Das Tragen von Hüten und Mänteln während der Dienstzeit ist nicht gestattet.

7. Einfache Kleidung ist Vorschrift. Es dürfen keine Kleider mit hellschimmernden Farben getragen werden. Die Strümpfe müssen ordentlich sein. Das Tragen von Hüten und Mänteln während der Dienstzeit ist nicht gestattet.

8.

Das Verlangen nach Tabak, Wein und geistigen Getränken ist eine Schwäche des Fleisches und ist untersagt.

9.

Der Besuch von politischen Lokalen, Versammlungen und von Billardsälen gibt Anlass, an der Ehre, Gesinnung, Rechtschaffenheit und Redlichkeit des Angestellten zu zweifeln.

10.

Die Einnahme von Nahrung ohne geistige Getränke ist zwischen 12 Uhr und 12.30 Uhr erlaubt. Jedoch darf die Arbeit nicht unterbrochen werden.

11.

Den Damen, der Kundschaft und hochgestellten Persönlichkeiten ist mit Ehrerbietung und Bescheidenheit zu begegnen.

12.

Weibliche Angestellte haben sich eines frommen Lebenswandels zu befleissen. Das Karisieren wird bestraft.

13.

Ferien gibt es nur in dringenden Fällen. Lohn wird in dieser Zeit nicht bezahlt.

8. Das Verlangen nach Tabak, Wein und geistigen Getränken ist eine Schwäche des Fleisches und ist untersagt.

9. Der Besuch von politischen Lokalen, Versammlungen und von Billardsälen gibt Anlass, an der Ehre, Gesinnung, Rechtschaffenheit und Redlichkeit des Angestellten zu zweifeln.

10. Die Einnahme von Nahrung ohne geistige Getränke ist zwischen 12 Uhr und 12.30 Uhr erlaubt. Jedoch darf die Arbeit nicht unterbrochen werden.

11. Den Damen, der Kundschaft und hochgestellten Persönlichkeiten ist mit Ehrerbietung und Bescheidenheit zu begegnen.

12. Weibliche Angestellte haben sich eines frommen Lebenswandels zu befleissen. Das Karisieren wird bestraft.

13. Ferien gibt es nur in dringenden Fällen. Lohn wird in dieser Zeit nicht bezahlt.

Durchführung einer Sitzung
Einleitung

In der Eiskunstlauf-Sprache ausgedrückt ist die Vorbereitung einer Sitzung der «Pflicht-Teil», die Durchführung der Sitzung hingegen die «Kür». Warum ist das so?

Etwas plakativ gesagt kann die Vorbereitung einer Sitzung intellektuell gelernt und checklistmässig durchgearbeitet werden. Das ist keineswegs herabmindernd gemeint. Denn schliesslich werden die Vorbereitungsarbeiten für einen Flug vom Piloten und Copiloten genauso durchgeführt: Sehr genau, gründlich, nichts dem Zufall überlassend.

Viele Chefs sparen sich grossen Aufwand im Pflichtteil (Vorbereitung) und glauben, sie könnten mit Eloquenz und Flexibilität, einer gut improvisierten Kür die fehlende Vorarbeit camouflieren oder kompensieren. Dem ist aber erfahrungsgemäss selten so! Es besteht kein Zweifel, dass

die Vorbereitung einer Sitzung das Fundament für eine gute Sitzungsdurchführung ist!

Wieso sprechen wir trotzdem von Kür? Während die Sitzungsvorbereitung sozusagen «im stillen Kämmerlein» und im selbstgewählten zeitlichen Rhythmus schwergewichtig unter Inanspruchnahme des Intellektes vollzogen werden kann, findet Sitzungsleitung immer «live», «in vivo», «auf der Bühne» oder «auf der Matte» statt! Sitzungsleitung verlangt Multitasking seitens des Sitzungsleiters im Hier und Jetzt. Während eine Sitzungsvorbereitung auf mehrere Tage verteilt werden und man sich auch «gedankliche Pausen» gönnen kann, findet eine Sitzung als Ganzes mehr oder weniger an einem Stück statt. Die Sitzungsvorbereitung kann individuell einfacher gelernt werden, die Sitzungsdurchführung beinhaltet immer den dynamischen Austausch mit anderen, das Engagement der eigenen Person und eine Präsenz auf drei Ebenen:

- Prozessebene
(wie wird die Sitzung strukturiert, gesteuert und gestaltet?)

- Sachebene
(welches sind die sachlichen Fragestellungen, die inhaltlichen
Beiträge/ Informationen, die Beschlüsse?)

- Beziehungsebene
(was geht zwischen den an der Sitzung beteiligten Menschen ab?)

Selbstverständlich können gewisse Fähigkeiten und Fertigkeiten auf allen drei
Ebenen ebenfalls (z.B. an Seminaren) gelernt werden. Um aber ein bestimmtes
Niveau in der Sitzungsleitung zu erlangen, bedarf es der Praxis, des Anwendens in
der realen Situation (Eiskunstlauf lernt man auch nicht aus Büchern!). Das ist auch
einer der Hauptgründe, warum wir der Ansicht sind, dass jüngere oder noch uner-
fahrene Sitzungsleiter anlässlich realer Sitzungen mit grosser Lernwirkung ge-
coacht werden sollten (deshalb entstand dieses Buch!). Übung macht den Meister
und «begleitetes Üben» beschleunigt den Lernprozess.

Wenn wir nun alle möglichen Aspekte der Führung einer Sitzung – von einer
Eröffnung bis zum Extremfall eines Sitzungsabbruches wegen eskalierenden
Konflikten – in diesem Buch abhandeln möchten, so würde dies jeglichen Rahmen
sprengen. Wir konzentrieren uns daher nach der guten alten 80:20-Regel auf
nützliche oder nötige Verfahrensschritte, auf Tipps und Erfahrungen für immer
wiederkehrende Situationen.

ESSENZ Im Gegensatz zur Vorbereitung einer Sitzung findet die Sitzung selber «live» statt.
Deren Durchführung ist also durchaus mit zeichnen ohne Radiergummi vergleich-
bar. Damit die Sitzung gut gelingt, ist die Vorbereitung auf der Prozessebene, der
Sachebene sowie auf der Beziehungsebene von grosser Bedeutung. So führt der
Weg nicht unnötig über dünnes Eis. Schliesslich gilt auch hier: Übung macht den
Meister – am besten mit konkreten Anregungen und Feedbacks, also mit
Sitzungscoaching (siehe Teil 3 dieses Buches).

Start einer Sitzung

Es gibt verschiedene Vergleiche, aber die Botschaft ist dieselbe: Der Start prägt vieles! Die Ouvertüre in einer Oper ist ein entscheidendes Musikstück zur Einstimmung. Der Start an einem Formel-1-Rennen oder 100-m Sprint kann über Erfolg oder Misserfolg entscheiden – die Vergleiche können beliebig erweitert werden.

Doch fragen wir uns, warum ein gekonnter Start bei einer Sitzung so wichtig ist?

Der Start beeinflusst den Energielevel und die Atmosphäre einer Sitzung

Eine freundliche Begrüssung mit vielleicht persönlicher Note setzt einen emotionalen Rahmen. Menschen möchten empfangen werden und sich wohlfühlen können. In einer freudigen Atmosphäre arbeitet sich leichter. Ein (oft wenig beachtetes) Hauptziel beim Start besteht darin, die Energie der Teilnehmer zu aktivieren. Nur wenn die Teilnehmer sich voll einbringen, sind gute Resultate möglich. Der emotionale Rahmen ist der Schlüssel für die Freisetzung der Energie. Irgendwann am Anfang entscheiden wir unbewusst, ob ein Anlass (hier die Sitzung) gut oder schlecht ist.

Der Start beeinflusst die Sitzungsdisziplin

Ein pünktlicher Start setzt ein klares Zeichen bezüglich Führungskultur. Sitzungen sind gelebte Führungskultur und der Start ein wichtiges Element: Sind wir konsequent? Sind alle wie vereinbart pünktlich und bereit? Ist alles vorbereitet? Muss man die Sitzung ernst nehmen?

Der Start beeinflusst die gedankliche Ausrichtung

Jeder Teilnehmer kann sich natürlich vorgängig anhand der Traktandenliste inhaltlich orientieren. Was wir hier meinen, ist etwas Anderes oder Zusätzliches. Menschen müssen «ankommen», sich ein- und ausrichten. Beim Start sollte der

Sitzungsleiter nach der Begrüssung selber etwas über die Zielsetzung, die Schwergewichte, die Sitzungspunkte und den vorgesehenen Ablauf sagen. Dies ermöglicht es den Teilnehmern, sich zu orientieren, auszurichten und fokussiert einzusteigen.

Was sollte nun bei einem Sitzungsstart beachtet werden? Während bei einer Sitzung von politischen Gremien oder eines Vereins unter der Leitung eines überengagierten Präsidenten beispielsweise die Einstiegsformalitäten oft volkstheaterähnliche Züge annehmen können, stellen wir fest, dass bei vielen Business-Sitzungen das Umgekehrte vorherrscht: Zu wenig Formalität. Die «Formlosigkeit» trägt immer auch den Keim des Unverbindlichen in sich. Wir plädieren daher für einen zwar unverkrampft vorgetragenen aber inhaltlich klar formell strukturierten Start.

Der formelle Start orientiert sich an der Traktandenliste:
- ◼ Begrüssung der teilnehmenden/ anwesenden Personen
  - – Information über Entschuldigte oder später dazustossende Mitglieder

- ◼ Hauptziele der Sitzung

- ◼ Fahrplan der Sitzung und Vorgehensweise
  - – Allenfalls Änderungen in der Reihenfolge der Traktanden
  - – Arbeitsschritte/ Pausen/ Verpflegung

- ◼ Verteilung der Spezialchargen
  - – Protokollführer/ Feedbackgeber/ Visualisierer/ Regelüberwacher etc.

- ◼ Besondere Infos/ Fragen/ Anliegen
  - – Einsatz Technik
  - – Fragen der Teilnehmer, die den Verlauf der Sitzung beeinflussen könnten
  - – Erinnern an Arbeitsregeln/ Umgangsregeln (wenn diese nicht schon erstellt sind, sollten sie gleich bei Beginn festgelegt werden)

Es empfiehlt sich, diese formellen Startpunkte etwas straff geführt durchzuziehen – der Start gibt den Rhythmus vor. Volle Aufmerksamkeit und Augenkontakt sollten gewährleistet sein und das Ganze darf nicht in ein emotionsloses «Herabspulen» der Formalitäten münden. Selbstverständlich muss der Start einer Sitzung auch mit dem persönlichen Stil des Sitzungsleiters im Einklang stehen.

Der Start einer Sitzung beeinflusst massgeblich den weiteren Verlauf. Ihm ist grosse Aufmerksamkeit beizumessen. Nach pünktlichem Beginn und der Begrüssung sollte sich der Sitzungsleiter über die Ziele, den Fahrplan, die Vorgehensweise und ev. besondere Regeln äussern, Spezialaufgaben verteilen und allenfalls auf Fragen eingehen.

ESSENZ

Regeln der Zusammenarbeit in Sitzungen

Regeln des Zusammenlebens gibt es in jeder menschlichen Gemeinschaft. Sie werden nirgends 100 %ig eingehalten, sind aber für das Zusammenleben förderlich.

In Management-Büchern, Seminaren und Workshops werden sie beschrieben, angewendet oder trainiert – doch was sind sie in der Sitzungs-Praxis wert? Die Antwort ist einfach: Sehr viel oder gar nichts! Im Unterschied zu Seminaren und Workshops, die sehr oft Ausnahmesituationen sind, ausserhalb des betrieblichen Alltags stattfinden und in der Regel von einem professionellen externen Leiter begleitet oder geführt werden, sind Sitzungen «real-time» und «live» Kultur unter der Leitung des Chefs oder Projektleiters.

Damit ist die Ausgangslage klar: Will ein Sitzungsleiter, dass bestimmte Regeln oder Verhaltensweisen an einer Sitzung befolgt werden, dann muss er zuerst selber bereit sein, diese für sich zu akzeptieren und auch selber anzuwenden. Die Regeln für das Verhalten an Sitzungen sind absolut wertlos, wenn sie nicht im Einklang zu den sonst im Alltag gezeigten Verhaltensweisen dieses Chefs stehen. Alles andere ist künstlich, «Show-time» und ungefähr so wirksam (oder kontraproduktiv) wie die Hochglanzbroschüre einer Firma über nicht gelebte Werte oder Unternehmenskultur! «It starts at the top, or it doesn't!». Regeln der Zusammenarbeit können – wenn sie unter richtigen Voraussetzungen beschlossen oder angeordnet werden – eine sehr förderliche Wirkung auf die Zusammenarbeit und Kommunikation an Sitzungen haben. Vielen Chefs ist es auch heute zu wenig bewusst, dass die vorherrschende Normenvielfalt in unserer Gesellschaft eine explizite Vereinbarung von Spielregeln der Zusammenarbeit oder des Verhaltens an Sitzungen erfordert. Es lohnt sich, gleich zu Beginn die Erwartungen zu formulieren oder zu vereinbaren. Klare Spielregeln werden dann auch meistens eingehalten und erleichtern die Führung und Zusammenarbeit!

Die Normenvielfalt unserer Gesellschaft verlangt klare Sitzungsregeln

Erstens stammen gewisse gängige Regeln der Zusammenarbeit von Ausserhalb wie beispielsweise externen Seminaren. Dort können Regeln wie «Wir sind alle gleich und vertreten völlig offen unsere Meinung» funktionieren und nützlich sein. Im Betrieb drinnen sind aber de facto nicht alle gleich und es muss jedem einzelnen überlassen bleiben, wie offen oder vorsichtig er (je nach Kultur) in seiner Meinungsäusserung sein will!

Zweitens muss die Anzahl der Regeln möglichst klein gehalten werden. Nur Regeln, die auch respektiert/ moniert/ kontrolliert/ eingefordert/ reflektiert werden, entfalten Wirkung und Nutzen. Wenn für Sitzungen «Unsere 10 Gebote» gelten sollen, dann ist dies wahrscheinlich zu viel. Wir empfehlen ungefähr 3 Regeln.

Drittens müssen wir auseinanderhalten, ob Regeln angeordnet bzw. «befohlen» oder ob sie als Konsens von der Sitzungsgruppe beschlossen werden. Selbstverständlich ist uns klar, dass Konsens grundsätzlich eine tragfähige Basis darstellt. Wir verfallen aber trotzdem nicht einem Zeitgeist, wonach für alles ein Konsens hergestellt werden muss, es muss vor allem Klarheit herrschen und nachvollziehbar sein! Wir vertreten die Ansicht, dass bestimmte Regeln vom Sitzungsleiter oder Chef auch schlicht und einfach vorgegeben und verordnet werden sollten (vgl. auch Kapitel «Nützliche Regeln»): *Vor allem muss Klarheit herrschen*

Pünktlichkeit, Handys abgestellt, keine E-Mail-Verarbeitung während der Sitzung – dies sollte vom Leiter vorab klargestellt und eingefordert werden. Für andere Regeln, welche den Umgang miteinander oder die Art der Kommunikation betreffen, ist es sicher sinnvoll und wertvoll, wenn darüber eine Diskussion stattfindet und ein Konsens erarbeitet wird. Dies ist bei Teams, die regelmässig miteinander an Sitzungen zusammenarbeiten, weiterführend. Solche Regeln – wie zum Beispiel die Regel: «Ich spreche mit «ich» statt mit «man» um meine Meinung eindeutig als solche zu zeigen» – sind natürlich Lernfelder eines Teams. Wenn sie geübt und gepflegt werden, entwickelt sich die Kommunikationskultur des ganzen Teams. Als Orientierungshilfe führen wir nachfolgend (ohne Anspruch auf Vollständigkeit, Bewertung der Nützlichkeit oder Widersprüchlichkeit) einige solcher Regeln an:

■ Wir begründen jede Meinungsäusserung knapp und auf das Wesentliche reduziert.

■ Wir begründen Fragen an andere Teilnehmer kurz («Ich frage, weil...», damit vermeiden wir Abwehrreaktionen).

■ Wir beschränken jeden Redebeitrag auf maximal 1 Minute.

- Bevor wir jemandem widersprechen, wiederholen wir mit eigenen Worten, was wir verstanden haben.

- Anstatt die Meinung eines anderen einfach abzulehnen («Das ist ja schon gut, aber...») nehmen wir seine Äusserungen auf und führen sie positiv weiter («Du sagst dies und das, gleichzeitig ...»).

- Wir äussern klar, ob wir etwas wissen und belegen können oder etwas gehört haben oder annehmen.

Wenn ein Team eine bestimmte Regel über einen bestimmten Zeitraum befolgt hat, wird das Verhalten oft automatisch angepasst, die Regel wird verinnerlicht.

Regeln, welche während der Sitzung bei Nichteinhalten nicht sofort (vom Leiter oder einem anderen Teilnehmer) moniert werden, sind wirkungslos. Der Sitzungs-teilnehmer, der die Rolle des «Feedback-Gebers» überommen hat, kann beispiels-weise auch «Regelhüter» sein und am Ende der Sitzung – nebst anderen Punkten – diese auch zum Thema seines Feedbacks machen.

Grundsätzlich ist weniger mehr! Weniger Regeln mit Nachdruck gepflegt, gestalten und verändern die Sitzungs- und Kommunikationskultur!

ESSENZ

Für ein erfolgreiches Zusammenarbeiten braucht es Regeln, die gerade in der heutigen Normenvielfalt klar definiert werden müssen.
Wichtig ist:

- **Nur Regeln beschliessen, die im Einklang zur gelebten Führungskultur der Firma stehen.**
- **«Anstandsregeln» wie Pünktlichkeit und Verzicht auf elektronische Kommunikation sollten vorgegeben, besondere Verhaltens- und Kommunikationsregeln gemeinsam beschlossen werden.**
- **Wenige Regeln bestimmen, diese aber konsequent einfordern und mit gutem Beispiel vorangehen.**

Führung einer Sitzung: Prozessebene

Der Start einer Sitzung wechselt nahtlos in die Durchführung über. Die Durchführung besteht aus der inhaltlichen Behandlung jedes einzelnen Traktandums. Wir möchten uns im Kapitel «Führen einer Sitzung» zwei Dingen widmen: Erstens einmal der formalen Steuerung jedes einzelnen Traktandums auf der Prozessebene und zweitens im nächsten Kapitel den besonderen Aspekten der Kommunikation oder Sitzungsführung auf der Beziehungsebene.

Zunächst zur Prozessebene:
Nach dem formellen Start der Sitzung empfehlen wir eine formalisierte Standard-Routine bei jedem Traktandum einzuhalten. Viele Sitzungsleiter sind sich zu wenig bewusst, dass jedes Traktandum für sich wie eine «Mini-Sitzung» behandelt werden sollte: Start/ Einführung – Durchführung – Zusammenfassung der Resultate und Abschluss. Wir empfehlen daher bei jedem Traktandum folgendes Vorgehen:

- Die Zielsetzung kurz wiederholen/ mit Bemerkungen ergänzen/ erläutern.
- Je nach Komplexität die (geplante) Vorgehensweise darlegen oder zur Diskussion stellen und sich auf ein Vorgehen einigen.
- Materiell der Zielsetzung entsprechend in die Behandlung einsteigen.
- Im Verlauf der Behandlung des Traktandums fallweise das bisher Erörterte zusammenfassen, in Relation zum Ziel setzen, den zeitlichen Aspekt ins Bewusstsein holen und weiterbearbeiten.
- Das erreichte End- oder Zwischenresultat festhalten und zur Zielsetzung in Relation setzen.
- Allfällige Folgemassnahmen/ Beschlüsse/ Aufträge formulieren und festhalten.
- Das Traktandum abschliessen.

Behandlung eines Traktandums

Diese formalisierten Sitzungselemente erlauben es dem Sitzungsleiter auf der Prozessebene transparent, einfach und sehr wirkungsvoll zu steuern. Dieses formelle Vorgehen stellt auch sicher, dass Wesentliches nicht vergessen geht und dass auch unterwegs ein gutes Gefühl für das Erreichte entsteht. Ein erfolgreich abgeschlossenes Traktandum macht den Geist wieder wach und gibt Energie für den nächsten Besprechungspunkt.

Die Prozessebene umfasst aber natürlich noch mehr als nur das Einhalten einer Standard-Routine. Der Sitzungsleiter ist ja auch zuständig für:
- Time-Management
- Steuerung der Kommunikation
- Worterteilung
- Fragen stellen (wer fragt, der führt)
- Zusammenfassen
- Visualisieren
- Sicherstellen der Klarheit von Entscheidungen
- (Zwischen-)Pausen anordnen
- Sicherstellen der Protokollführung

Wie im Teil 1 dieses Buches (Kapitel 10 «Warum ist der Sitzungsleiter ein armes Schwein?») erläutert, sollte der Sitzungsleiter sich sinnvollerweise für einzelne Elemente der Prozessebene Gehilfen organisieren (z.B. Protokollführer, Zeitüberwacher ...), aber letztlich bleibt die Steuerung der Sitzung seine Aufgabe und seine Verantwortung. Dies verlangt vom Sitzungsleiter enorme Präsenz und Überblick. Viele Steuerungsimpulse sind nicht planbar, sondern ergeben sich aus den jeweiligen Situationen heraus.

ESSENZ

Der Sitzungsleiter sollte sich für einzelne Elemente der Prozessebene Gehilfen wie Protokollführer, Zeitüberwacher, etc. organisieren (Teil 1, Kapitel 10). Die Verantwortung der Sitzungssteuerung aber bleibt immer bei ihm.

Nach der Begrüssung werden die Traktanden durchgearbeitet. Dabei sollte jedes Traktandum wie eine einzelne Minisitzung mit Einführung, Zielsetzung, Durchführung, Zusammenfassung behandelt werden. Dies schafft Klarheit, ist effektiv und motiviert.

18

Führung einer Sitzung: Beziehungsebene und Kommunikationsprobleme

«Es gibt keine grössere Illusion als die Meinung, Sprache sei ein Mittel der Kommunikation zwischen Menschen!» Elias Canetti

Das Zitat von Canetti ist aus unserer Erfahrung leider sehr oft wahr. Schon im Austausch zwischen zwei Personen sind Missverständnisse keine Seltenheit, mit mehreren Personen multiplizieren oder potenzieren sich die Möglichkeiten, sich nicht zu verstehen. Dieselben Worte haben für verschiedene Leute eine unterschiedliche Bedeutung. Erschwerend kommt noch dazu, dass wir ein weiteres Phänomen beachten müssen: Wird etwas an einer Sitzung gesagt und kommt akustisch auch bei allen Anwesenden an, so heisst dies noch lange nicht, dass alle es gehört haben! Unser Ohr nimmt je nach Konzentration oder Gedankentätigkeit des Hirns selektiv auf. Ewas wurde zwar gesagt, aber wir haben es nicht gehört. Neben diesen zwei Hauptproblemen – unterschiedliche Bedeutung und unterschiedlicher Empfang der Botschaft – gibt es noch weitere Störmöglichkeiten im mündlichen Austausch. Wir haben uns im Folgenden auf die an Sitzungen häufig auftretenden Probleme konzentriert.

Es ist uns völlig bewusst, dass wir niemals alle Sonderfälle von möglichen Verhaltensweisen von komplizierten oder renitenten Sitzungsteilnehmern behandeln können. Wir konzentrieren uns daher auf wichtige Aspekte und auf mögliche Vorgehensweisen, um gute Resultate zu erzielen.

Es ist sehr schwierig, sich wirklich richtig zu verstehen. Die Worte haben bei allen Menschen eine subjektive Bedeutung und konstantes, aufmerksames Zuhören ist kaum möglich. Dazu kommen viele weitere Störungsmöglichkeiten in der Kommunikation. Für einige der häufigsten Probleme bieten wir im Folgenden Lösungsmöglichkeiten an.

ESSENZ

Wenn man etwas anderes hört oder fühlt, als ein Sitzungsteilnehmer gemeint hat

Dem berühmten Kommunikationsforscher Schulz von Thun verdanken wir die Einsicht, dass wir alle beim Sprechen sehr oft «Multipack-Botschaften» mit diversen Attachments versenden. Im Gegensatz zum E-Mail können wir beim Zuhören nicht einfach ein Attachment nach dem anderen öffnen und lesen. Die Chance oder die Gefahr, dass eine «Multipack-Botschaft» anders verstanden wird, als es der Sender gemeint hat, ist sehr gross. Sie ist deshalb auch so gross, weil jeder von uns «4 Ohren» hat, mit denen wir das Gesagte hören können. Wir können einerseits präzis mit dem «richtigen» Ohr das «richtige» Attachment hören, wir können aber andererseits ebenso gut mit einem «falschen» Ohr hingehört haben und für den Gesprächspartner unerwartet oder unverständlich reagieren. Deshalb ist die zwischenmenschliche Kommunikation so schwierig aber auch so spannend – was die Sache aber für Sitzungsleiter nicht unbedingt einfacher macht!

Schauen wir uns doch einmal das klassische Beispiel von Schulz von Thun an: Ein Ehepaar sitzt im Auto – die Ehefrau am Steuer – vor einer Verkehrsampel, die auf rot steht. Diese wechselt auf grün. Der Ehemann sagt einfach: «Du, da vorne ist grün.» Was könnte nun wohl die Antwort der Ehefrau sein? Aus Erfahrung springt unsere Fantasie sofort an. Wird sie wohl wortlos anfahren oder «Danke» sagen und anfahren? Oder ist ein Kommentar wie «Du, ich bin auch nicht blind» wahrscheinlicher? Eine Antwort wie «Fährst Du oder ich?» ist ebenfalls nicht auszuschliessen.

Um das Schulzsche Modell kurz zu erklären, stellen wir dieses Mini-Gespräch *Was läuft hier* graphisch dar. Eine Nachricht – z.B. ein gesprochener Satz – zwischen einem Sender *eigentlich ab?* und einem Empfänger beinhaltet meistens mehr als nur ein Element. In unserem geschriebenen Falle des Ehepaares vor der Ampel ist einmal der Sachinhalt, das was eine Person (der Sender) sagt, wenn sie den Wortlaut einfach aufschreiben würde.

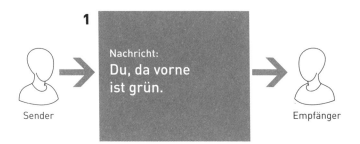

Wenn nun die Reaktion der Frau anders als sachlich ausfällt, können wir mit Sicherheit davon ausgehen, dass sie etwas anderes «empfangen» oder mit einem anderen Ohr «gehört» hat, als die nüchterne Sachinformation «Du, da vorne ist grün». Antwortet sie «Fährst Du oder fahre ich?» dann sind mehrere Möglichkeiten offen. Es könnte sein, dass sie sich gegen eine Bevormundung zur Wehr setzt. Ihr Ehemann ist vielleicht der Ansicht, er fahre besser als Frauen und daher auch besser als seine Frau. Er findet, er müsste ihr etwas helfend unter die Arme greifen. In diesem Falle wäre in seiner Botschaft auf der Beziehungsebene folgende Information eingepackt: «Mädel, Du bist noch etwas unerfahren, ich schau für Dich!» Graphisch dargestellt:

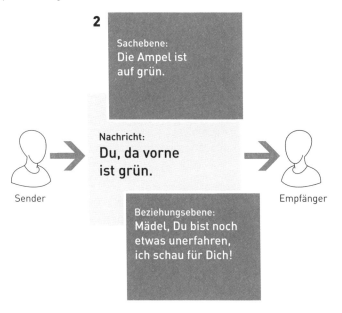

163

Es kann nun sein, dass – aus der gemeinsamen Vergangenheit – die «unterschwellige» Botschaft von Anfang an vom Sender so beabsichtigt und somit auch für die Empfängerin klar war. Die Reaktion lässt nicht auf sich warten. Es ist aber genauso gut möglich, dass der Beifahrer lediglich ohne «Bevormundungsabsicht» helfen wollte, die Frau die Botschaft aber mit dem «Beziehungsohr» gehört hat, weil sie nicht gerne Anweisungen entgegen nimmt. Der Beifahrer wird von der Reaktion überrascht.

Eine weitere Möglichkeit ist die, dass der Mann etwas bewirken will. Er will, dass seine Frau (endlich) losfährt, statt herumzutrödeln. In der Kommunikationssprache wäre dies ein Appell. Wiederum graphisch dargestellt:

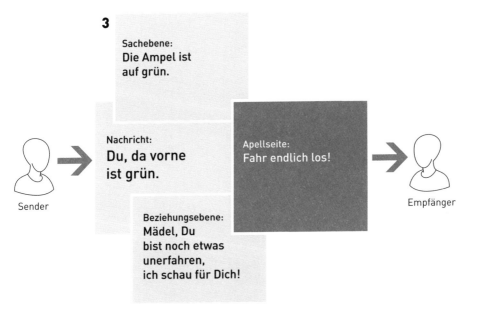

3

Sachebene:
Die Ampel ist auf grün.

Nachricht:
Du, da vorne ist grün.

Apellseite:
Fahr endlich los!

Beziehungsebene:
Mädel, Du bist noch etwas unerfahren, ich schau für Dich!

Sender

Empfänger

Die Appell-Seite einer Botschaft kann ebenfalls ein- oder mehrdeutig, gewollt oder ungewollt sein. Will der Sender etwas bewirken, dann könnte bei Unterordnung der Frau die Sachbotschaft klar und gebieterisch daherkommen: «Du, da vorne ist grün!!!!» Es ist aber auch möglich, dass die Frau lediglich mit ihrem «Appell-Ohr» zugehört hat und deshalb die Aussage ihres Mannes als verdeckten «Befehl» empfindet.

Um die menschliche Kommunikation noch komplizierter zu machen, beinhaltet nach Schulz von Thun eine Nachricht fast immer auch eine Selbstoffenbarung des Senders. Der Sender sagt auch etwas über seine Einstellungen oder seine Gemütslage aus.

Im sachlichen Fall «Du, da vorne ist grün» sagt der Mann dies, weil er glaubt, seine Frau hätte den Wechsel auf grün nicht bemerkt. Er will als Beifahrer einfach Unterstützung in Form von zwei weiteren Augen bieten. Im Falle «Mädel, Du bist noch etwas unerfahren» bringt er zum Ausdruck, dass er sich seiner Frau, was Autofahren anbelangt, überlegen fühlt und deshalb eingreift. Im Fall: «Fahr (endlich) los!» sind mehrere Ursachen möglich: Der Ehemann ist beispielsweise gestresst, weil er Angst hat, seinen Flug zu verpassen. Oder: Es nervt ihn schlicht und einfach, dass seine Frau nicht ruck-zuck losfährt, weil er grundsätzlich eher ungeduldig ist. Oder: Es ist ihm unangenehm, weil die anderen Verkehrsteilnehmer hinter seiner Frau an ihrer Langsamkeit Anstoss nehmen könnten. Wieder als Graphik:

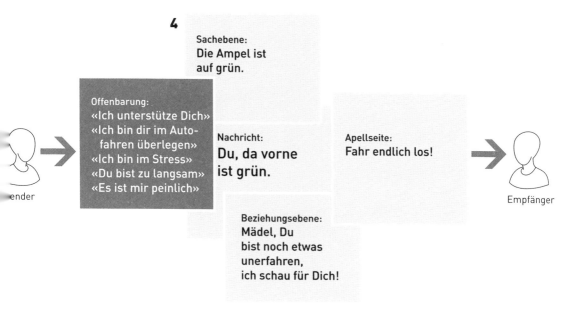

Wenn wir uns alle aufgeführten Möglichkeiten vor Augen halten, wird uns klar, warum menschliche Kommunikation (und dann noch mit mehreren Leuten an einer Sitzung) gelinde gesagt nicht immer sehr einfach ist. Es besteht die Möglichkeit, dass der Sender eine Nachricht «verklausuliert» mitteilen will, es ist aber ebenso gut möglich, dass dem Empfänger eine stinknormale Botschaft in den «falschen Hals» (oder besser ins «falsche Ohr») gerät. So können auch mehrere Empfänger bei der gleichen Botschaft nicht «das gleiche» hören!

Als Sitzungsleiter wird man sich nun etwas bange fragen, wie man dies alles erfassen und richtig reagieren soll? Die Antwort ist ernüchternd: Es ist schlicht und einfach nicht möglich!

Glücklicherweise kommt uns aber ein Umstand zu Hilfe. Bekanntlich kommunizieren wir zu rund 75 % über den Körper. Das Gesagte ist manchmal beinahe zweitrangig. In den meisten Fällen wird der Tonfall («c'est le ton qui fait la musique») und/ oder die Mimik den «wahren» Inhalt der Botschaft klar übermitteln. Völlig unbewusst erfassen die meisten Leute die «wahre Botschaft» recht präzis, wir können uns meist gut auf unser Gefühl verlassen.

Es sind hier allerdings Einschränkungen anzufügen: Erstens ist jeder Mensch (somit auch der Sitzungsleiter) an einer anderen Stelle «empfindlich» und je nach Situation kann diese «Empfindlichkeit» ändern. Wir laufen bis zu einem gewissen Grad Gefahr, aus einer Empfindlichkeit heraus mit dem «falschen Ohr» hinzuhören. Zweitens gibt es Menschen, die von ihrer individuellen Prägung her sehr oft «indirekt» kommunizieren, sie sagen selten geradeheraus, was sie denken oder wollen. Die Zuhörer haben dann die nicht sehr leichte Aufgabe, die Botschaft zu «entschlüsseln».

Dafür gibt es ein sehr nützliches und relativ sicheres Rezept: Wie gehen wir nun als Sitzungsleiter (oder Teilnehmer) mit dieser Komplexität in der menschlichen Kommunikation um? Wie hilft uns das theoretische Wissen «im Feld» oder auf «freier Wildbahn»?

Wenn eine Äusserung (= Botschaft) einer anderen Person (z.B. Sitzungsteilnehmer) von uns als Zuhörer als emotional geäussert/ gefärbt gehört oder empfunden wird – sei es durch Tonfall, Lautstärke, Sprechgeschwindigkeit, Mimik oder Gestik – sollten wir immer nachfragen und darauf nie sofort eine Antwort geben.

Wenn eine Äusserung einer anderen Person (z.B. Sitzungsteilnehmer) bei uns als Zuhörer/ Empfänger eine negative emotionale Empfindung auslöst (Ärger, Wut, Verunsicherung, Ängstlichkeit), sollten wir immer nachfragen und darauf nie sofort eine Antwort geben.

Dieses Nachfragen kann auf verschiedene Art und Weise geschehen. Ohne Anspruch auf Vollständigkeit seien hier einige Methoden aufgeführt:

- ■ Aktives Zuhören/ Paraphrasieren/ Wiederholen: «Wenn ich Sie richtig verstanden habe, sagen Sie....?»

- ■ Direktes Nachfragen/ Verständnisfragen: «Was meinen Sie genau, wenn Sie von einer unbrauchbaren Lösung sprechen?»

- Wahrgenommenes Gefühl des anderen formulieren (Abholen auf der emotionalen Ebene): «Diese Situation scheint Sie zu verärgern/ zu deprimieren/ aufzuregen?»

- Gegenfrage stellen: «Was schlagen Sie denn für eine Alternative/ Lösung/ Vorgehensweise vor?»

- Nachfragen im «Columbo-Stil» (der berühmte TV-Kommissar Columbo stellt immer etwas vage Fragen): «Ich habe nicht ganz verstanden, was Sie meinen» oder «Sorry, ich habe nicht genau hingehört. Könnten Sie das nochmals wiederholen?»

Die drei wichtigsten Vorteile des Nachfragens bei emotional aufgeladenen Äusserungen sind folgende:

1. Sie erfahren mehr, Sie kommen zu mehr oder detaillierteren Informationen. Diese zusätzlichen Informationen ermöglichen es Ihnen, situationsgerechter zu agieren oder zu reagieren. Es besteht in vielen Fällen die Chance, dass Sie den Inhalt der Aussage differenzierter wahrnehmen und so verstehen können. Sie geraten nicht in die Falle, etwas mit dem «falschen Ohr» gehört zu haben. Das gleiche wird den anderen Sitzungsteilnehmern durch Ihre Rückfrage ermöglicht.

2. Sie gewinnen etwas Zeit, um Ihre Gedanken zu sortieren und Ihre Reaktion/ Antwort zu überlegen. Das ist insbesondere dann wichtig, wenn Sie als Sitzungsleiter bei sich selbst eine emotionale Reaktion aufgrund der Aussage des anderen empfinden.

3. Der Gesprächspartner muss präziser, konkreter und somit sachlicher werden.

Da nicht in allen Sitzungen «Friede, Freude, Eierkuchen-Stimmung» herrscht und auch nicht alle Sitzungsteilnehmer Engel sind, möchten wir noch auf eine schwierige Spezies von Sitzungsteilnehmern hinweisen: Die Meister der «verdeckten Provokation». Eine verdecke Provokation kommt meistens sehr sachlich daher (auch mit ruhiger Stimme, eventuell leicht süffisante Miene), aber es bohrt sich der Pfeil mit «Widerhaken» ins Fleisch des Angesprochenen. Das humoristische Beispiel von Dr. Karl Kälin mag dies veranschaulichen:

Ein Ehepaar sitzt am Tisch beim Essen. Er fragt Sie: «Was war das, bevor du es gekocht hast?»

Wiederum könnte Tonalität und Mimik die Botschaft klar entzifferbar machen. Die echten verdeckten Botschaften oder Provokationen kommen aber entweder verkleidet in purer Sachlichkeit daher oder sind mit etwas Zynismus oder Humor gewürzt. Die versteckte Botschaft in unserem Fall lautet wohl: «Was ist das wieder für ein Saufrass!» Spielt das Gegenüber absichtlich (oder unabsichtlich) mit verdeckten Botschaften negativen Inhaltes, dann sind folgende Reaktionsmöglichkeiten erfahrungsgemäss sehr wirksam und hilfreich:

- Die Frage haargenau und nur sachlich beantworten (wenn Sie wirklich nicht wissen, ob die Frage erst gemeint ist oder nicht) (im Falle unseres Ehepaares wäre die Antwort vielleicht «Kartoffeln und Karotten»)

- Die Frage nach der Frage stellen «Warum fragen Sie das?»

- Die verdeckte Botschaft aufdecken (wenn Sie sicher sind, dass es eine ist) «Was wollen Sie mir/ uns damit sagen?»

Bei der ersten Reaktion (rein sachliche Antwort) kann nicht viel Porzellan zerschlagen werden, aber das «Spiel» könnte noch nicht fertig sein. Der Ball springt bildlich gesprochen wie bei einem Tennisspiel lediglich wieder auf der Seite des Gegenspielers auf. Bei der zweiten und dritten Reaktion wird dem Gegenüber (und auch den anderen Zuhörern) augenblicklich klar, dass die Herausforderung gekonnt aufgenommen wurde. Das «Spiel» dürfte beendet sein.

ESSENZ Die Wahrscheinlichkeit, dass eine (Multipack-)Botschaft anders verstanden wird, als sie gemeint war, ist sehr gross. Zu ca. 75 % kommunizieren wir über die Körpersprache. Wird eine Äusserung oder eine Geste als emotional geladen wahrgenommen oder löst sie beim Sitzungsteilnehmer negative Gefühle aus, muss immer nachgefragt werden, bevor darauf reagiert wird.

Umgang mit Vielrednern, weitschweifigen Rednern oder stillen Teilnehmern

Jeder Sitzungsleiter hat im Verlauf seiner Karriere immer wieder Kontakt mit Vielrednern, Langrednern oder stillen Teilnehmern. Könnte man das Verhalten dieser Teilnehmer einfach einordnen, dann wäre der Umgang mit ihnen leichter. Warum ist jemand ein Vielredner?

Zum ersten gibt es einfach Leute, die sich gerne reden hören und die Bühne für sich beanspruchen. Diese Vielredner sind meistens harmlos, grundsätzlich eher positiv, aber sie brauchen zu viel Zeit. Sie müssen im Zaum gehalten werden. Zum zweiten gibt es aber Vielredner, die durch ihre Aussagen das zu besprechende Problem endlos verkomplizieren mit dem Ziel, Änderungen von sich fern zu halten oder selber nichts tun zu müssen. Sie erhöhen mit ihren Aussagen die Komplexität des zu besprechenden Problems bis in die letzte Verästelung oder schildern immer neue Probleme. Diese Vielredner gilt es gekonnt in Schach zu halten, sie schaden einer Problemlösung. Zum dritten gibt es die weitschweifigen Redner. Diese zeichnen sich dadurch aus, dass sie nicht die Bühne betreten oder den Prozess behindern wollen, sondern einfach unsäglich lange brauchen, bis sie zum Punkt kommen und ihre Botschaft klar wird. Werden solche umständlichen Teilnehmer unter Druck gesetzt, ihre Botschaft kurz und knapp zu formulieren, dann besteht die Gefahr, dass sie «zumachen» und sich nicht mehr melden. Schliesslich gibt es die schweigsamen Teilnehmer. Auch hier gibt es mindestens drei Typen: Erstens die Unsicheren oder Scheuen. Sie getrauen sich nicht, das Wort zu ergreifen oder sie finden ihre Gedanken nicht so wichtig – dabei sind diese meistens sehr wertvoll. Zweitens die Bescheidenen: Sie sagen nichts, weil sie zum Problem nichts beizutragen haben oder glauben, nichts beitragen zu können (Vielredner würden auch in diesem Falle weitersprechen). Drittens die Verärgerten oder «Abgehängten»: Aus irgendwelchen Gründen verweigern diese ihre aktive Teilnahme.

Je nach Typus des Viel-, Langredners, umständlichen Redners oder Schwätzers stehen dem Sitzungsleiter verschiedene Steuerungsmöglichkeiten offen. Die obersten Ziele bei seiner Intervention bleiben aber

- Das Besprechungsziel muss erreicht werden.
- Die Zeitvorgaben sollten eingehalten werden.

und ganz wichtig:

- Die Sitzungsteilnehmer sollten nicht «abgestellt» oder mundtot gemacht, sondern möglichst alle sollen involviert bleiben.

Der Sitzungsleiter ist nicht nur auf den Beitrag jedes Teilnehmers angewiesen, sondern die Art der Behandlung der Teilnehmer prägt auch die Sitzungskultur und somit die Wirksamkeit von Sitzungen generell.

Straffe Zügel: «Gänseblümchen-Methode» Eine gängige Methode ist das Arbeiten mit der «Gänseblümchen-Methode». Der Sitzungsleiter erteilt das Wort einem Teilnehmer. Sollte dieser zu weitschweifig oder langfädig werden, dann unterbricht der Leiter ihn, fasst das Gesagte kurz zusammen (z.B. mit der Aussage: «Wenn ich Sie richtig verstanden habe, meinen Sie ... ja?») Dabei ist es entscheidend, nach der Bestätigung durch den Sitzungsteilnehmer diesen nicht nochmals reden zu lassen, sondern das Wort sofort an den nächsten weiter zu leiten (z.B.: «Danke Herr Müller! Frau Siegrist, was ist Ihre Meinung dazu?»).

Dieses straffe (und etwas autoritäre) Erteilen und Zurücknehmen der Redeerlaubnis führt graphisch dargestellt zum Gänseblümchen:

Diese Methode ist für gute Leiter von beispielsweise Vereinsversammlungen unerlässlich. Sie ist auch bei Sitzungen mit zahlreichen Teilnehmern sehr effizient, der Sitzungsleiter behält stets die Zügel in der Hand und gibt auch die Kadenz vor, er «taktet» die Beiträge. Diese Methode erlaubt es dem Sitzungsleiter auch, die Reihenfolge der Beiträge zu steuern. Wenn er seine «Pappenheimer» kennt, kann er vielleicht zuerst einem erfahrungsgemäss sachlichen Teilnehmer das Wort erteilen, anschliessend einen eher stilleren Teilnehmer einbeziehen etc.

Stille Abfrage: Kartenabfrage-Methode

Die Kartenabfrage-Methode aus der Moderation von Workshops bekannt, eignet sich für Sitzungen ebenfalls hervorragend. Sie eignet sich nicht nur für die Steuerung von Vielrednern, sondern auch, um schnell die Gedanken aller Teilnehmer zu einer Fragestellung unbeeinflusst durch vorangehende Äusserungen anderer abzuholen. Voraussetzungen dafür sind geeignete Hilfsmittel: Entweder Pin-Karten mit Filzstifte, Pin-Wand oder Klebestreifen oder selbstklebende Post-it Zettel im A5-Format. Alle Teilnehmer werden so gezwungen, sich selber Gedanken zu machen und diese aufzuschreiben. Jeder Teilnehmer haftet oder klebt anschliessend seine Karten an die Wand und erläutert in kurzen Worten, was er mit den Stichworten meint. So wird in kurzer Zeit sehr viel Information gesammelt. Die Informationen können sogleich auch themenmässig angeordnet («geclustert») werden. Der Sitzungsleiter tut gut daran, seine eigenen Karten erst gegen Schluss zu erläutern und auch Weitschweifige oder Vielredner erst gegen Ende aufzufordern, ihre Karten zu zeigen und zu erläutern.

Mitvisualisieren: Aufschreiben oder Zeichnen

Flip-Chart und Filzstifte sind hervorragende Instrumente zur Steuerung einer Diskussion oder Meinungsbildung. In Abwandlung des Spruches «Wer fragt, der führt!» könnte man sagen «Wer schreibt oder zeichnet, der führt!». Wieso ist schreiben oder zeichnen so wirksam? Wie in anderen Kapiteln dieses Buches in anderen Zusammenhängen erläutert, bleibt das geschriebene Wort oder die Zeichnung/ das Bild «im Raum», sie wirken weiterhin ordnend oder richtungsweisend auf die weitere Diskussion. Im Gegensatz dazu «verschwindet» das gesprochene und nur gehörte Wort und wird durch nachfolgende Aussagen «überdeckt» oder «ausradiert»». Das Geschriebene bleibt sichtbar wie ein Leuchtturm an der Küste und entfaltet dadurch Wirkung als Fixpunkt.

Bei Viel- oder Langrednern kann mit Visualisierung der Redeschwall kanalisiert, konkretisiert oder auch unterbrochen werden: «Was soll ich aufschreiben?» «Wie soll ich das festhalten?» «Hat noch jemand anders zu diesem Punkt einen Gedanken?»

Ein nicht zu unterschätzender Nebeneffekt besteht darin, dass sich die visuelle Aufmerksamkeit der anderen Teilnehmer vom Vielredner abwendet und sich dem Flip-Chart oder Sitzungsleiter (der ja dann daneben steht) zuwendet. Der von vielen Vielrednern gewünschte Effekt des «im Zentrum der Aufmerksamkeit stehen» geht verloren, die Aufmerksamkeit richtet sich auf die «materialisierten» Gedanken des

(Viel-) Redners. Ist der Gehalt der Aussagen etwas seicht, dann wird dies wortwört-lich rasch ersichtlich.

Arbeitet ein Sitzungsleiter mit einer graphischen Darstellung (z.B. Mind Map), dann hat er zudem die Möglichkeit, andere Teilnehmer aufzufordern, ihre Gedanken oder Ergänzungen gleich selber einzutragen. Diese Art des dynamischen Informations-sammelns führt fast automatisch zu höherem Energielevel und Engagement.

Mit Visualisierung (Aufschreiben oder Bild) kann ein Sitzungsleiter auch das Gegenteil der «Bändigung» der Vielredner erreichen: Ermuntern der stillen oder scheuen Sitzungsteilnehmer. Oft kommen sehr wertvolle Inputs von Teilnehmern nicht, weil sie sich nicht getrauen, ihre Meinung vor anderen zu äussern, sie sind zu bescheiden oder zu scheu. Ermuntert nun ein Sitzungsleiter einen solchen wert-vollen, aber zurückhaltenden Teilnehmer als erstes zur Wortmeldung und schreibt oder visualisiert er dessen Beitrag umgehend auf dem Flip-Chart, dann erzielt er gleich zwei Effekte auf einen Schlag: Erstens ist der zurückhaltende Teilnehmer positiv bestärkt worden. Die Chancen stehen gut, dass er sich in Zukunft mehr zutraut. Seine Gedanken wurden so visualisiert wirklich ernst genommen. Zweitens dürften diese Gedanken – wenn sie sachlich gehaltvoll sind – eine qualitative Benchmark in den Raum setzen. Auch ein Vielredner wird sich dann eher hüten, oberflächliche Platitüden von sich zu geben.

Schiedsrichter aus den eigenen Reihen Sitzungsleiter können Gehilfen einsetzen. Zwei Rollen sollten immer bestimmt und besetzt sein: Der Protokollführer und der Feedback-Geber am Ende der Sitzung. Dem Feedback-Geber kann auch transparent der Auftrag erteilt werden, die Beiträge der einzelnen Sitzungsteilnehmer in sein Feedback miteinzubeziehen: Sind die Beiträge zielführend, knapp gehalten und klar? Solche «Lernschlaufen» eignen sich insbesondere für Teams, die immer wieder zusammen an Sitzungen arbeiten und ihre Effizienz erhöhen möchten. Selbstverständlich werden bei gut eingespielten Teams Feedback-Geber ziemlich direkt reagieren, wenn ein Teil-nehmer durch seinen Diskurs zu viel Raum beansprucht.

ESSENZ Mit verschiedenen Methoden wie Zusammenfassen und bestätigen lassen (wäh-rend des Wortschwalls eines Vielredners), weitere Meinungen einholen, Meinungsabfrage über Karten, geschickte personelle Reihenfolge bei Abfragen, gezieltes Einholen von Feedback kann man Vielredner in den Griff bekommen. Durch geschicktes Abfragen, Visualisieren des Gesagten und durch Wertschätzung können stille Teilnehmer «abgeholt» und motiviert werden.

21

Umgang mit Killerphrasen

Killerphrasen sind Behauptungen in einem Wortwechsel, die

- vom Sprecher nicht begründet werden.
- kaum auf die Schnelle zu widerlegen sind.
- immer wieder auch einen wahren Kern beinhalten können.
- häufig emotional aufgeladen sind.
- Ihre inhaltlichen Ausführungen total in Frage stellen oder als unsinnig, naiv, blauäugig, praxisfremd wirken lassen.
- Sie als Person in Frage stellen können.
- dem Sprecher in der Position des Überlegenen das letzte Wort lassen sollen.[1]

Killerphrasen kennen wir alle: «Das hat noch nie funktioniert», «Das wird die GL nie bewilligen», «Das haben wir immer so gemacht», «Da machen Sie es sich schon sehr einfach» etc. Der Umgang mit Killerphrasen ist aus verschiedenen Gründen schwierig. Sehr oft sind uns einmal die wahren Beweggründe des Sprechers nicht bekannt und Killerphrasen bremsen oder fordern uns als Sitzungsleiter oder Teilnehmer heraus. Eine (unsere) Meinungsäusserung wird in Frage gestellt. Dieses «Infrage-Stellen» kann beim Chef/ Sitzungsleiter/ Sitzungsteilnehmer eine emotionale Gegenreaktion auslösen: «Dir werd' ich es zeigen!» – der «Infight» des gegenseitigen Beweisens geht los!

Killerphrasen können von notorischen Besserwissern oder von Hütern des Bewährten und Althergebrachten geäussert werden. Killerphrasen können (wie bei Vielrednern) eingesetzt werden, um nichts (zusätzliches) tun zu müssen. Killerphrasen können eine verdeckte oder offene Provokation darstellen. Mit einer

[1] Hartmann/ Röpmack/ Baumann, *Immer diese Meetings*, Weinheim 2002, S. 129

Killerphrase wird der Chef oder Sitzungsleiter herausgefordert oder in einen Konflikt hineingezogen.

Wie in Kapitel 19 «Wenn man etwas anderes hört ...» beschrieben, lautet die erste Frage bei Killerphrasen:
■ Verspüre ich (negative) Emotionen oder lässt mich das völlig kalt?

Wenn Sie als Sitzungsleiter Emotionen verspüren, stehen Ihnen zwei Reaktionsweisen offen:
■ Sie tun nichts, Sie gehen gar nicht darauf ein.
   Dieses aktive Überhören kann angebracht sein, wenn der Äusserer immer
   wieder solche Dinge sagt, als «Brummbär», notorischer «Nörgeler» oder
   «negativ Eingestellter» gilt und Ihr Überhören von den anderen Teilnehmern
   eher geschätzt wird, weil auch sie keine fruchtlose Endlosdiskussionen
   wollen. Ist aber die Killerphrase Ausdruck eines (verdeckten) Konfliktes
   oder von Widerstand, dann wird ein Überhören als ein Zeichen von Schwäche
   oder mangelnder Souveränität gedeutet. Sie müssen darauf eingehen.

Hier lohnt es sich noch, sich eine Aussage des berühmten Doyen der Deutschen Coachingszene Wolfgang Loos zu Herzen zu nehmen. Er sagte uns einmal in einer Ausbildung:

«Im Widerspruch oder Widerstand liegt mehr Erkenntnis»

Mit dieser Einstellung gehen wir positiver an Widerstand oder Widerspruch heran. Wir gehen sozusagen in den «Forscher-Modus». Wenn ein Teilnehmer Widerstand leistet, dann hat dies mit Sicherheit Gründe. Diese können in der Sache selber, in einer Person oder in der Beziehung zum Sitzungsleiter (oder zu anderen Sitzungsteilnehmern) liegen. Gehen wir über ein Widerspruchs- oder Widerstandssignal einfach hinweg, weil wir das Austragen eines potentiellen Konfliktes scheuen, wischen wir ihn einfach beiseite oder walzen ihn flach, dann stehen wir als Chef oder Sitzungsleiter nicht sehr souverän da und das Problem und der Widerstand bleibt. Der andere Sitzungsteilnehmer schweigt dann vielleicht, wird aber nie hinter einem Beschluss stehen oder diesen unterstützen. Er wird auch schlecht über den Sitzungsleiter sprechen. «Wer gegen seinen Willen überzeugt wird, bleibt bei seiner Meinung».

Wir spüren also Emotionen und müssen handeln. Wir müssen auch mehr erfahren – im Widerstand liegt mehr Erkenntnis. Wir wissen (meistens) nicht, warum jemand sich «querlegt». Wenn wir Emotionen verspüren, greifen wir am besten zu den Fragen aus dem Kapitel 19 «Wenn man etwas anderes hört ...» zurück:

- Nachfragen im «Columbo-Stil» (der berühmte TV-Kommissar Columbo stellt immer etwas vage Fragen): «Ich habe nicht ganz verstanden, was Sie meinen»

- Aktives Zuhören/ Paraphrasieren/ Wiederholen: «Wenn ich Sie richtig verstanden habe, sagen Sie ...?»

- Direktes Nachfragen/ Verständnisfragen: «Was meinen Sie genau, wenn Sie von einer unbrauchbaren Lösung sprechen?»

- Gegenfrage stellen: «Was schlagen Sie denn für eine Alternative/ Lösungsweg/ Vorgehensweise vor?»

Die Chance ist gross, dass wir etwas mehr über die Motivation zum Widerstand erfahren und sich dadurch unsere Emotionen legen. Wir sind so besser in der Lage, konstruktiv weiter zu machen. Der «Querleger» fühlt sich vielleicht auch ernst genommen und bietet Hand zu einer konstruktiveren Diskussion.

Hören Sie als Sitzungsleiter aus der Killerphrase eine Emotion (Ärger, Frustration) beim Sender, dann können Sie diese auch ansprechen:

- Wahrgenommenes Gefühl des anderen formulieren (Abholen auf der emotionalen Ebene): «Diese Situation scheint Sie zu verärgern/ zu deprimieren/ aufzuregen?»

Es ist aber auch möglich, dass der andere Sie wirklich herausfordern will, er will den «Schlagabtausch» vor anderen. Wir sind grundsätzlich nicht für «Spiele», aber Sie sollten doch einen oder zwei Pfeile im Köcher haben.

Auf der sachlichen Ebene können wir die Gegenfrage «verschärft» stellen: «Was schlagen Sie denn für eine Alternative/ Lösung/ Vorgehensweise vor, anstatt nur Negatives zu liefern?»

Beim aktiven Zuhören können wir schärfer formulieren: «Wenn ich Sie richtig verstanden habe, sagen Sie, dass mein Vorschlag völliger Unsinn sei?»

In beiden Fällen signalisieren Sie klar und deutlich: «Nicht mit mir!»

Wenn Sie bei einer Killerphrase keinerlei Emotionen verspüren, ist Ihr Handlungs- oder Reaktionsspielraum nicht eingeengt. Wir empfehlen aber auch da, eher eine (potentiell) konstruktive Variante zu wählen und nach «mehr Erkenntnis» zu suchen.

Wenn Sie vermeiden, dass der Sender der Killerphrase das Gesicht verliert, haben Sie viel in Richtung Lösung getan.

Es lohnt sich vielleicht auch, den «wahren Kern» der Killerphrase auszuloten oder als Angelpunkt zu nehmen. Ein Beispiel [1]

Killerphrase: «Hier in der netten Besprechungsrunde klingt das ja schön und gut. Aber draussen, in der Praxis bei unseren Kunden, da klappt das nie und nimmer.»

→ Reaktion 1 (das Positive in der Killerphrase aufgreifend)
«Sie sprechen die Vorteile unseres Vorschlags an. Was klingt Ihrer Meinung nach positiv? Was noch?»

→ Reaktion 2 (das Negative in der Killerphrase aufgreifend)
«Sie meinen, dass der Verkauf von ... nicht so leicht verlaufen wird. Wo sehen Sie Schwierigkeiten? Wenn Sie einmal die drei grössten Probleme aus Ihrer Sicht skizzieren, ich schreibe am Flip-Chart mit. Ich möchte anschliessend mit der Gruppe zusammen erste Ideen entwickeln, wie wir mit diesen Schwierigkeiten am besten umgehen.»

Eine weitere Möglichkeit besteht darin, dass der Sitzungsleiter die Killerphrasen gar nicht selber aufnimmt, sondern wie ein Moderator gleich an die anderen Teilnehmer weiterleitet:
«Was meinen die anderen dazu?»

Killerphrasen sind Ausdruck von Widerstand – im Widerstand liegt mehr Erkenntnis! Wir sollten uns von einer möglichst konstruktiven und positiven Vorgehensweise leiten lassen.

ESSENZ Killerphrasen wie etwa «Das hat noch nie funktioniert» können verschiedene Ursachen haben. Als Reaktion sollten wir uns von einer positiven Vorgehensweise leiten lassen, oft liegt im Widerstand mehr Erkenntnis. Auch hier ist zunächst gezieltes, sachliches Nachfragen zum Verständnis und zur Sachlichkeit angesagt. Dann können z.B. Lösungsvorschläge vom «Killer» oder der Gruppe abgefragt werden.

[1] Hartmann/ Röpmack/ Baumann, *Immer diese Meetings*, Weinheim 2002, S. 130

Die Sitzung ist festgefahren

«Etliche schrien so, etliche ein anderes, und die Gemeinde war irre, und die meisten wussten nicht, warum sie zusammengekommen waren.» Apostelgeschichte, Kap. 19, Vers 32

Es kann in Sitzungen Momente geben, wo alles verstrickt ist und vor lauter Meinungsäusserungen und Komplexität keiner mehr durchsieht – die Sitzung oder das Traktandum ist festgefahren.

Die Sitzung kann sachlich festgefahren oder emotional blockiert sein. Emotional blockiert ist sie, wenn zwei oder mehr Lager ihren Standpunkt verteidigen, die Meinungen der anderen angreifen, nicht gelten lassen oder gar nicht darauf eingehen.

Bei beiden Situationen ist sehr oft eine kurze Pause hilfreich: Fenster auf, frische Luft, Beine vertreten und vielleicht etwas trinken.

Der Sitzungsleiter kann entweder während der Pause mit einem Teilnehmer (z.B. seinem Stellvertreter) das Vorgehen nach der Pause vorbesprechen oder das weitere Vorgehen mit allen Teilnehmern bei Wiederaufnahme der Sitzung behandeln.

Wir schlagen folgende Vorgehensweise vor:

- Zusammenfassen des bisher Besprochenen/ Erreichten
- Festhalten der Punkte, wo Einigkeit herrscht
- Festhalten der Punkte, wo keine Einigkeit herrscht
- Festhalten, was an dieser Sitzung noch erreicht werden soll
- Alles visualisieren (Flip-Chart)
- Weiteres Vorgehen diskutieren

■ Durchziehen

oder

■ Vertagen auf einen anderen Zeitpunkt/ eine andere Sitzung
ev. verbunden mit Aufgaben zum weiteren Vorankommen

Bei festgefahrenen Sitzungen stellt sich auch oft das Problem des Zeitrahmens. Entscheidet sich der Sitzungsleiter oder die Runde zum weitermachen, dann kann dies Auswirkungen auf andere Traktanden haben. Dies zu besprechen und zu regeln gehört ebenfalls zur Diskussion des weiteren Vorgehens.

Ein Vertagen kann durchaus auch sinnvoll sein, wenn nicht genügend Informationen zur Verfügung stehen, wenn zusätzliche Abklärungen notwendig sind, wenn die Zeit nicht mehr reicht oder die Teilnehmer zu müde oder verärgert etc. sind und ein positives Resultat nicht mehr möglich scheint. Es kann auch hilfreich sein, etwas Zeit verstreichen zu lassen, damit sich alles etwas «setzen» kann.

Entscheidet sich der Sitzungsleiter hingegen für das Weitermachen, dann geht er wie oben beschrieben vor: Zusammenfassen des bisher Besprochenen und Erreichten, erläutern der Punkte mit Einigkeit oder Dissenz.

Ziel und Rahmen-
bedingungen
nochmals klären

Dann stellt der Sitzungsleiter die Frage nach der übergeordneten Zielsetzung: «Wir haben nun verschiedene Standpunkte und Meinungen gehört. Können wir uns vielleicht nochmals der Zielsetzung der Diskussion zuwenden: Worum geht es oder was streben wir an? Was wollen wir konkret erreichen? Was ist das Ziel und welchen Rahmenbedingungen muss das Ziel genügen?»

Die Fragenstellung lenkt die Diskussion auf die sogenannte Meta-Ebene, auf die darüberliegende Ebene. Vielleicht stellt sich heraus, dass die Zielsetzung oder die Rahmenbedingungen nicht klar genug waren. Wenn sich die Sitzungsteilnehmer auf die Zielsetzung einigen können, kann nach dieser Einigung meistens viel besser und ohne Gesichtsverlust vom eigenen Standpunkt etwas abgerückt werden. Grundsätzlich ist die Frage nach dem Ziel einer Diskussion oder Besprechung eine Intervention mit unglaublich klärender oder beruhigender Wirkung.

Eine weitere Methode aus dem Bereich der Meta-Ebene besteht zum Beispiel darin, dass der Sitzungsleiter die Teilnehmer auffordert, aufzustehen und sich an den Rand des Sitzungszimmers zu stellen. Dann bittet er sie aus der Sicht eines Beobachters zu reflektieren, was sie «gesehen» haben und was an diesem Tisch oder zwischen den am Tisch sitzenden Personen sachlich oder emotional abgelaufen ist. Diese «distanzierte» Betrachtung wird ausgetauscht und kann sehr rasch zur Klärung oder Versachlichung führen.

22

Bei festgefahrenen Situationen in Sitzungen empfehlen wir:

- Pause machen
- Aufstehen und aus Distanz reflektieren, was abgelaufen ist
- Das Erreichte festhalten
- Übereinstimmungen festhalten
- Divergenzen definieren
- Übergeordnete Ziele und ev. Rahmenbedingungen klären
- Alles visualisieren
- Das weitere Vorgehen besprechen, ev. Traktandum vertagen
  (möglicherweise verbunden mit klärenden Aufgaben)

23

Umgang mit offenen Aggressionen

Es kommt durchaus vor, dass es in Sitzungen zum Eklat kommt. Die Emotionen gehen derart hoch, dass sogar die Interventionen des Sitzungsleiters oder anderer Sitzungsteilnehmer kaum mehr gehört werden. Die Sitzung gerät ausser Kontrolle! Es sind zwei Hauptfälle möglich: Zwei oder mehr Sitzungsteilnehmer «geraten sich in die Haare» oder der Sitzungsleiter selber wird von einem Sitzungsteilnehmer offen angegriffen.

Wenn in diesen (glücklicherweise sehr seltenen) Situationen klärende, schlichtende oder beruhigende Worte des Sitzungsleiters nichts mehr nützen oder nicht möglich sind (was fast immer der Fall ist, wenn der Sitzungsleiter selber angegriffen wird), dann ist folgendes Verfahren angebracht:

- Sitzung sofort unterbrechen, «Time-out»

- Mit den Streitenden individuell ein kurzes Einzelgespräch unter vier Augen führen, die Situation beruhigen («cool-down») und ausloten, sich auf ein sozialverträgliches Verhalten einigen oder zu einem brauchbaren Kompromiss kommen.

- Weiteres Vorgehen eventuell mit einer Vertrauensperson (z.B. Stellvertreter) besprechen.

- Eine Meta-Betrachtung ähnlich wie bei den festgefahrenen Sitzungen durchführen.

- Sitzung weiterführen, abbrechen oder vertagen.

Bei der Weiterführung kann es (je nach Art und Intensität des Konfliktes) hilfreich sein, etwas Positives zur Situation zu sagen wie z.B.: «Wir wissen, dass wir alle stark unter Druck sind» oder «Es ist gut, dass wir sehr offen und hart diskutieren». Es ist aber unerlässlich, dass der Sitzungsleiter ebenfalls die Grenze markiert und explizit ermahnt: «... aber wir wollen bestimmte Umgangsformen trotz allem wahren». Nach dieser kurzen Einleitung sollte ohne Schuldzuweisung zum «courant normal» übergegangen und wieder in die Sachdiskussion eingestiegen werden.

Beruhigen und ohne Schuldzuweisungen sachlich weiterdiskutieren

Eine mögliche Form der Meta-Betrachtung wäre beispielsweise, dass der Sitzungsleiter nach der ersten Beruhigung zuerst die Frage stellt: «Könnten wir uns fragen, inwiefern dieser Konflikt uns weitergebracht hat?» Nach Besprechung dieses Punktes die zweite Frage anführt: «Inwiefern hat uns das geschadet?» Diese Bearbeitungsart stellt auch sicher, dass Konflikte nicht «unter den Teppich gekehrt», sondern offen angegangen werden. Konfliktfreies Leben ist Illusion, aber ein konstruktiver Umgang mit Konflikten kann auch von Teams auf diese Art gelernt werden.

Sowohl im Fall der Weiterführung der Sitzung als auch im Fall der Vertagung muss, je nach Intensität, Ursachen und Auswirkungen des Konfliktes natürlich nach der Sitzung eine Nachbearbeitung stattfinden. Wenn sich ein Konflikt wie ein Gewitter (aus heiterem Himmel) an einer Sitzung entlädt, dann hat sich der Konflikt schon vorher «zusammengebraut». Diese Entwicklung wurde entweder übersehen oder negiert.

Nachbearbeitung der Sitzung

Es ist aber auch möglich, dass ein Teilnehmer an einem bestimmten Punkt ausfällig wird, der Sitzungsleiter aber die Situation gerade noch unter Kontrolle hält. In diesem Fall ist die Nachbearbeitung mit diesem Teilnehmer nach der Sitzung ein Muss.

Gerät eine Sitzung total ausser Kontrolle, muss die Sitzung sofort unterbrochen und die Situation mit Einzelgesprächen beruhigt werden. Kann die Sitzung dann unter normalen Bedingungen weitergeführt werden, muss mit geschickten Fragestellungen wie z.B. «Könnten wir uns fragen, inwiefern uns dieser Konflikt weitergebracht und inwiefern er uns geschadet hat?» die Situation verarbeitet werden. In jedem Fall soll eine Nachbearbeitung mit den Betroffenen stattfinden.

ESSENZ

24

Die Sitzordnung

Es mag erstaunen, dass wir die Sitzordnung unter dem Kapitel Kommunikationsprobleme/ Beziehungsebene einreihen. Der Ort des Stuhls ist doch eine physische oder technische Angelegenheit. Das stimmt für den Stuhl, aber nicht für die Person, welche auf dem Stuhl sitzt.

Bei formellen oder politischen Grossveranstaltungen spricht man auch vom Protokoll. Der Ablauf eines Anlasses und insbesondere auch die Sitzordnung der Teilnehmenden ist von grosser Bedeutung. Es ist nicht egal, wer wo platziert wird. Bei Sitzungen kann dies bewusst organisiert sein (der Sitzungsleiter bestimmt wer wo sitzt, das ist heute eher die Ausnahme) oder sich zufällig ergeben. Bei gut funktionierenden Teams mit lockerem Umgang wird dies auch so sein: First come – first seated, jeder schnappt sich einfach einen freien Stuhl. Der übliche Sitzplatz des Sitzungsleiters bleibt aber auch bei diesen Teams meistens für diesen frei bis er kommt. Bei Teams mit nicht ganz so lockerem Umgang kann man in der Regel feststellen, dass die Sitzordnung fix ist. Die Sitzordnung ergibt sich einmal und bleibt dann über längere Zeit stabil. Es lohnt sich auf alle Fälle, der Sitzordnung Beachtung zu schenken. Wer sitzt neben dem Chef? Wer sitzt vis-à-vis vom Leiter? Wer sitzt möglichst weit weg vom Leiter? Wer sitzt neben wem? Jede einzelne Position kann, aber muss nicht etwas bedeuten. Wenn man die gleichen Leute mehr als einmal an einer Sitzung arbeiten sieht, kann die Sitzordnung auch Aufschlüsse über die Teamhierarchie oder die Teamdynamik geben. Als Sitzungsleiter gilt es Folgendes zu beachten:

- Der Sitzplatz des Leiters sollte so gewählt werden, dass er die Runde gut im Gesichtsfeld und die Hilfsmittel in seiner Nähe hat. Er muss den Platz wählen, den er haben will. Nötigenfalls muss er ihn auch einfordern!

- Der Sitzungsleiter kann auch offiziell deklarieren, dass er keine fixe Sitzordnung wünscht (wenn es passt, kann er durch Wechsel seines Platzes die Runde neu mischen).

- Personen, welche miteinander Spannungen oder Konflikte haben, sollten nach Möglichkeit nicht frontal zueinander sitzen.

- Der Sitzungsleiter kann (wenn die Möglichkeit gegeben ist) auch durch Wechsel des Sitzungszimmers das Setting oder eingefahrene Muster verändern.

Auf alle Fälle lohnt es sich, über die Sitzordnung nachzudenken. Diese Reflexion kann auch im Team geschehen.

Die Sitzordnung hat immer eine (gewisse) Bedeutung, der man Beachtung schenken soll. In jedem Fall soll der Sitzungsleiter seinen Platz so wählen, dass er alle Teilnehmer gut im Blickfeld, allfällige Helfer in seiner Nähe und guten Zugriff auf die Hilfsmittel hat. Personen, welche in einem Konflikt stehen, sollten sich nicht frontal gegenüber sitzen. Um festgefahrene Muster aufzulösen, kann eine fixe Sitzordnung einmal bewusst aufgelöst werden.

ESSENZ

25

Teamdynamik

In diesem Buch wollen wir uns nicht näher mit Gruppendynamik oder Teamentwicklung auseinandersetzen, da dies den Rahmen sprengen würde. Auf einen Aspekt wollen wir Sitzungsleiter aber aufmerksam machen, wenn sie in Sitzungen schwierige oder kontroverse Diskussionen und Entscheidungsfindungen moderieren müssen. In Führungs- und anderen Teams sind nicht alle Teilnehmer gleich, einige sind «gleicher».

Es gibt in jeder Gruppe Meinungsführer, Zögerer oder Unentschlossene, Uninteressierte, bei bestimmten Themen unter Umständen auch erbitterte Gegner. Ein Sitzungsleiter tut gut daran, in heikleren Situationen die Konstellation der Teamdynamik zu überdenken. So kann es hilfreich sein, einen informellen Meinungsführer vor der Sitzung einzubeziehen und mit ihm das Thema oder das Vorgehen zu besprechen. Eine andere Möglichkeit besteht darin, dass man mit gezielter Worterteilung zuerst den akzeptierten, Besonnenen des Teams oder die Befürworter zu Wort kommen lässt. Manch einer hält mit seiner Meinung zurück, wenn er sieht, dass die Mehrheit der anderen Teilnehmer eine bestimmte Sichtweise unterstützt oder mehrere gleicher Meinung sind. Wir plädieren hier nicht für ein «Lobbying» vor der Sitzung, wie dies hie und da in Grosskonzernen oder in der Politik anzutreffen ist – die Sitzungen sind dann nur noch Theater, alles wurde vorher besprochen und beschlossen. Es gilt auch stets zu bedenken, dass man einzelne Teammitglieder wohl überstimmen kann, aber es gilt der Satz: »Niemand lässt sich gegen seinen eigenen Willen überzeugen!« Auf ein Überstimmen (was vielleicht in einer besonderen Situation nötig sein kann) folgt dann immer die Nachbearbeitung der überstimmten Teilnehmer.

Die Teamdynamik kann unerwartete Reaktionen hervorrufen, alle Fälle lassen sich nie vorhersagen. Was aber jedem Sitzungsleiter hier hilft, ist eine klare Zielsetzung pro Traktandum. Dies schliesst nicht aus, dass einzelne Teilnehmer gleich zu Beginn die Zielsetzung kritisch in Frage stellen. Der Sitzungsleiter weiss dann immerhin, woran er ist. Sollte die Teamdynamik dazu führen, dass die Diskussion bei einem Traktandum dem Sitzungsleiter zu entgleiten droht, dann empfehlen wir nicht lange zuzuwarten, sondern sofort das Thema zu vertagen und (je nach Situation nach einer kleinen Pause) zum nächsten Besprechungspunkt überzugehen.

In heiklen Situationen sollte man die Teamdynamik vorgängig überdenken. Es besteht z.B. die Möglichkeit, Meinungsführer vorgängig einzubeziehen (hier besteht allerdings immer die Gefahr, dass Querulanten so bevorzugt und für ihr Verhalten belohnt werden) oder akzeptierte, besonnene Befürworter als erste zu Wort kommen zu lassen. Klare Zielsetzungen pro Traktandum helfen auch hier. Mit überstimmten Teilnehmern sollte immer eine Nachbearbeitung stattfinden.

ESSENZ

26

Hierarchie und Rollen

An dieser Stelle ist es angebracht, auch einige Gedanken zum Einfluss von Hierarchie, Hierarchieverständnis und Rollen zu äussern. In vielen Unternehmungen – mögen sie noch so trendig oder modern erscheinen oder sein – hat die Struktur und die Hierarchie einen viel stärkeren Einfluss auf das Verhalten der Mitarbeitenden, als manche Chefs annehmen oder sich überhaupt vorstellen können.

Die Chefs denken und handeln nach dem Motto «Wir sind erwachsene Leute, orientieren uns an der Sache und sagen gerade heraus, was wir denken!» – falsch! Hierarchie heisst immer auch Abhängigkeit, Unterordnung, Mitarbeiterbeurteilung, Salärfestlegung – es ist daher eine Illusion zu erwarten, dass alle Teammitglieder an einer Sitzung frank und frei ihre Meinung sagen (nota bene: Wenn man die Gelegenheit hat, Chefs, die diese Offenheit gegen unten einfordern, in der Zusammenarbeit mit ihren eigenen Chefs oder mit noch Ranghöheren zu sehen, verpuffen alle Illusionen!). Das Problem stellt sich insbesondere dann, wenn der Sitzungsleiter der eigene Chef ist (was sehr oft vorkommt) und wenn er seine eigene Meinung zu einem Thema selbst geäussert hat. In solchen Fällen werden abweichende Standpunkte von vielen Sitzungsteilnehmern verklausuliert, indirekt oder gar nicht geäussert.

Warum ist das so? Da gibt es eine Vielzahl von Gründen. Angefangen bei der anthropologischen Psychologie oder Biologie, wonach der Mensch als Säugetier (wie viele andere Tiere auch) ein gruppenorientiertes Ein- und Unterordnungsverhalten genetisch mitbringt, über die Erziehungswissenschaften, wonach die frühkindliche *Abhängigkeiten* Erziehung bezüglich Verhalten in Hierarchiesituationen prägend sein kann bis hin *prägen von Natur* zur Realität des Marktes, wo kein Job mehr sicher ist – alle sagen das gleiche aus: *aus das Verhalten* Hierarchie und Abhängigkeit prägt das Verhalten der Menschen in Organisationen sehr stark. Die Ranghöheren empfinden oder sehen dies in der Regel weniger, weil sie a) vielleicht Ranghöhere auch wegen ihres höheren Dominanzpotentials sind und b) mehr an der Macht teilhaben und sich somit weniger ohnmächtig fühlen.

Für Sitzungsleiter heisst dies klipp und klar: Bei heikleren oder kontroversen Themen kann nicht automatisch mit Offenheit gerechnet werden.

Ein Wort noch zum Einfluss von Rollen. Der Mensch wächst auf und lernt verschiedene Rollen zu «spielen». Er ist während seiner Jugend in der Rolle des Kindes, des Schülers, vielleicht des jungen Fussballers. Später kommen weitere Rollen dazu: Sachbearbeiter, junge Mutter oder junger Vater, junge Führungskraft etc. Wichtig ist dabei zu sehen, dass Menschen mit dem Erlernen oder Übernehmen von Rollen auch vieles übernehmen, das sie selber nicht aktiv reflektiert haben, was «einfach zur Rolle gehört». Viele dieser Verhaltensweisen oder Attribute wirken zum Teil chlichéhaft oder entsprechen vielleicht auch nicht der lebbaren oder ge- *In übernommenen* staltbaren Realität. Viele Menschen akzeptieren sie aber als gegebene Rahmen- *Rollen werden* bedingungen oder Verhaltensweisen, weil sie es so mit dem Rollenbild verbinden *gewisse Verhaltens-* (von einem Chef kann man das erwarten, eine Sekretärin hat sich so zu verhalten *weisen meist* etc.). Es lohnt sich daher mit Teams, welche regelmässig (an Sitzungen) zusammen *einfach akzeptiert* arbeiten, die Rollenerwartungen zu klären. Da der Mensch in seinem Leben hintereinander und parallel unzählige verschiedene Rollen einnehmen oder «spielen» kann, kann eine gemeinsame Klärung das Handlungsspektrum erweitern.

Hierarchien haben einen viel stärkeren Einfluss auf das Verhalten der Mitarbeitenden, als sich das die meisten Vorgesetzten überhaupt vorstellen können. Abhängigkeiten, Unterordnung, Macht (und Ohn(e)macht), Ängste, Rollenmuster etc. prägen das Verhalten der Menschen (auch) in Organisationen. Zu heiklen Themen kann man also nicht (automatisch) mit Offenheit rechnen. Eine gemeinsame Rollenklärung kann dabei helfen.

ESSENZ

Systemische Aspekte

Viele Sitzungsleiter werden von Diskussionen oder Konflikten über-rascht, die eigentlich vorhersehbar sind. Analog zum Einfluss der Hierarchie von bestehenden Rollen, haben Funktionen (im Sinne von «Firmen-Rollen») auch Einfluss auf das Verhalten der Inhaber dieser Funktionen. In allen Unternehmungen auf der ganzen Welt kann man Konflikte, die systemischen Ursprungs sind, feststellen. Nachfolgend einige Klassiker:

- Der Verkauf findet, dass die Produktion zu langsam, zu unflexibel ist oder zu teuer produziert.

- Die Produktion empfindet, dass der Verkauf kein Verständnis für die betrieblich notwendigen Abläufe oder Qualitätserfordernisse hat. Zudem will der Verkauf immer Preisnachlässe, weil er nicht genügend für den richtigen Preis kämpfen will.

- Die Administration wird von beiden Seiten (Verkauf und Produktion) als Hindernis für effizientes und flexibles Arbeiten empfunden. Zudem ist die Administration in ihren Augen ein Kostenfaktor, der nichts einbringt.

- Der Hauptsitz verursacht nur Aufwand und beschäftigt Stäbe auf dem Buckel der Filialen.

Die Liste solcher Konflikte liesse sich beliebig verlängern.

Was heisst dies für Sitzungsleiter? Je nach Zusammensetzung der Teilnehmer oder je nach Art der Traktanden ist mit kontroversen Diskussionen oder Reibereien zwischen Inhabern von «Firmen-Rollen» automatisch zu rechnen.

Sind die persönlichen Beziehungen zwischen einzelnen Exponenten obendrein nicht die besten, dann ist eine wohldurchdachte, gründliche Planung des Vorgehens in einzelnen Traktanden nötig. Ein Ziel des gewählten Vorgehens muss es sein, dass die «systemischen Widerstände» gemeinsam zum Konsens hingeführt werden können. Die potentiellen Konfliktursachen beginnen nicht primär bei den Einzelpersonen, sondern ergeben sich aus ihrer Funktion.

Teams oder Gruppen haben generell auch noch eine eigene Identität – z.B. «wir vom Verkauf» versus «die anderen». Während das Zugehörigkeitsgefühl (das sogenannte «Wir-Gefühl») die Identität, den Zusammenhalt und die Zusammenarbeit innerhalb einer Einheit stärkt, verursacht es im Gegenzug in der Zusammenarbeit mit anderen Einheiten Schwierigkeiten («die dort»).

Eine Fussballmannschaft hat es diesbezüglich leichter: Es gibt nur wir – die anderen sind alle Gegner, die es zu schlagen gilt. Deshalb sind auch die Rezepte erfolgreicher Sporttrainer nur bedingt in die Wirtschaft übertragbar: Teams oder Bereiche in Unternehmungen sollten zwar eine eigene Identität haben, aber gleichzeitig konstruktiv mit anderen Teams auch aus anderen Bereichen kooperieren. Diese gruppendynamischen oder soziologischen Gesetzmässigkeiten können verschärft werden, wenn die anderen zudem zu einer «Reizgruppe» (Verkauf vs. Produktion) gehören.

Gewisse firmeninterne Feindseeligkeiten aufgrund von Funktionen treffen wir überall in ähnlicher Weise an. Der Sitzungsleiter sollte gegenseitiges Interesse/ Verständnis fördern und die gesamte Organisation als Einheit im gleichen Boot mit «Wir-Botschaften» erlebbar machen. Am besten gelingt das, wenn man grosse Gefahren von aussen bildhaft aufzeigt (Gruppenpsychologie lässt grüssen).

ESSENZ

28

Abschluss einer Sitzung

Was wir über den Start einer Sitzung geschrieben haben, gilt abgewandelt auch für deren Abschluss. Im Sport spricht man vom (eindrücklichen) Schlussspurt, bei einem Musikstück ist es vielleicht ein Allegro furioso, beim Film ist es z.B. das Happy End und beim Feuerwerk das Schlussbouquet.

Bei einer Sitzung ist nicht ein «Finale furioso» gefragt, aber ein guter Schluss. Das Ende bleibt als letzter Eindruck oft in Erinnerung (in guter oder schlechter). Wir plädieren auch hier für einen «abgerundeten» Ausstieg. Wie beim Start gilt es auch hier, bestimmte Formen zu wahren, denn Formlosigkeit führt zu Beliebigkeit.
Welches sind nun die Abschlussaktivitäten? Wenn das vorletzte Traktandum noch ein Sammeltopf namens «Varia» war, dann sollte das letzte Traktandum «Sitzungs-Review» lauten. Alle Sitzungsteilnehmer lassen gemeinsam die Sitzung kurz Revue passieren. Eine zentrale Rolle spielt hier der Feedback-Beauftragte, der seine Beobachtungen mit den anderen teilt. Es werden vielleicht Lehren für die nächste Sitzung gezogen. Das letzte Wort gehört dann dem Sitzungsleiter.

Der formelle Schluss umfasst:
- Die Frage an den Protokollführer, ob aus seiner Sicht noch etwas offen ist.
- Eine (wenn möglich) positive Würdigung des Ablaufs und der erreichten Ziele.
- Ein Dank an die Teilnehmenden für ihr aktives und konstruktives Mitmachen.
- Vielleicht separaten Dank an auswärtige Spezialisten, die einen Beitrag geleistet haben.
- Einen Dank an den Protokollführer und andere Chargen-Inhaber (Visualisierer, Regelüberwacher, Organisator, etc.).
- Gute Wünsche für die Heimreise, wenn Teilnehmer von auswärts anreisen.
- Allenfalls eine Erinnerung an den Termin der nächsten Sitzung.
- Last but not least der formelle Schlusspunkt der Sitzung: «Die Sitzung ist beendet».

Das formelle Ende prägt die Führungs- und Sitzungskultur. Für den Sitzungsleiter folgt noch die Reflexion über seine Führungstätigkeit, über den Ablauf und über das Erreichte. Wenn ihm an der Sitzung bestimmte Erkenntnisse oder Gedanken wichtig sind, dann sollte er diese in Hinblick auf die nächste Sitzung oder für Einzelbesprechungen mit Teilnehmern an der Sitzung notieren.

Schematisch können wir die Sitzungsführung auf der Prozessebene wie folgt darstellen:

Formelle Führungsprozess-Struktur einer Sitzung   *Start*
- Begrüssung der Teilnehmenden
- Hauptziele der Sitzung
- Dauer der Sitzung und Vorgehensweise
- Verteilung der Spezialchargen
- Besondere Infos/ Fragen/ Anträge

- Zielsetzung des Traktandums   *Traktanden*
- Vorgehensweise   *1-x (für jedes*
- Materielle Behandlung   *Traktandum*
- Zusammenfassung und Zielerreichung   *wiederholen)*
- Beschlüsse/ Aufträge/ Folgeaktivitäten
- Abschluss des Traktandums

- Frage an den Protokollführer   *Schluss*
- Würdigung des Ablaufes und der erreichten Resultate
- Dank an die Teilnehmenden
- Dank an auswärtige Teilnehmer
- Dank an Protokollführer, Organisator, andere Chargeninhaber
- Wünsche für die Heimreise
- Erinnerung an den nächsten Termin
- Formeller Abschluss der ganzen Sitzung

Wie der Start einer Sitzung soll auch der Schluss der Sitzung in einer klaren Form offiziell abgeschlossen werden und nicht beliebig zerfleddern. Ein Sitzungsrückblick, Würdigungen des Einsatzes und des Erreichten, eine freundliche Verabschiedung können solche Schlussgedanken bilden und letztlich klare Worte, die den Schluss der Sitzung bezeichnen, z.B.: «Die Sitzung ist geschlossen».

ESSENZ

Nachbearbeitung einer Sitzung
Funktion der Nachbearbeitung

«No job is finished until the paperwork is done»

Dieses humoristische Bonmot enthält im Kern viel Wahrheit. Die Nachbearbeitung einer Sitzung hat einen nicht zu unterschätzenden Stellenwert. Sie ist schliesslich auch ein Garant dafür, dass Beschlüsse, Arbeiten oder Aufträge auch umgesetzt werden. Sie prägt auf ihre Art auch die Führungskultur: Zuverlässigkeit, Präzision und Glaubwürdigkeit. Werden Protokolle nach Belieben irgendwann nach der Sitzung versandt, dann spricht dies nicht für einen klaren Führungswillen oder für klare Führungsprinzipien. Viele Führungsteams beschliessen daher fixe Regeln wie z.B.: Das Protokoll wird spätestens 48 Stunden nach der Sitzung versandt. Wir stehen auch für eine derartige Regelung ein. Damit ist der Sitzungsleiter oder Chef in der Pflicht, aber das wirksame Vorbild kommt schliesslich auch von oben.

Die Nachbearbeitung einer Sitzung basiert auf den Vorbereitungen und dem Sitzungsresultat. Der Sitzungsleiter muss für folgendes sorgen:
- Lektüre/ Kontrolle des Protokolls mit anschliessendem Versand
- Lektüre/ Kontrolle der nachgeführten Pendenzenliste (mit anschliessendem Versand)

Damit wird das Wichtigste getan. Ein weiterer Aspekt ist für die Wirksamkeit der Führung und Sitzungsführung jedoch entscheidend:
- Der Umgang mit Kontrollen

An Sitzungen werden viele Dinge besprochen und anschliessend Beschlüsse gefasst und Aufträge erteilt. An der nächsten Sitzung wird dann wie üblich die Pendenzenliste kontrolliert und die erreichten (oder vielleicht eben nicht erreichten) Resultate festgestellt und kommentiert.

Vielen Sitzungsleitern ist bei solchen Aufträgen, die an Sitzungen mit klarer Verantwortlichkeit und Termin erteilt werden, nicht wohl. Wenn die Sitzungsintervalle zudem noch lange sind (z.B. 1x pro Monat), befürchten wir (sehr oft nicht zu unrecht) dass die Dinge nicht so laufen werden, wie sie sollten. Ihnen fehlt so der zuverlässige Kontrollmechanismus, aber andererseits wollen sie ihre Mitarbeiter nicht mit Mikromanagement demotivieren. Was ist hier zu tun?

Der Sitzungsleiter sollte sich erstens die Frage stellen, welche Beschlüsse oder Aufträge besonders wichtig, von grösserer Tragweite oder Komplexität sind. Es kann unter Umständen bei solchen Aufträgen bis zur nächsten Sitzung zu viel wertvolle Zeit verstreichen, die nicht ungenutzt oder falsch genutzt verstreichen darf. Wenn der Sitzungsleiter solche Themen erkennt , dann muss er dafür sorgen, dass an der Sitzung nicht einfach Beschlüsse gefasst oder Aufträge erteilt werden. Bei bestimmten Themen drängt sich ein «zweiteiliger» Auftrag auf. Der erste Teil besteht beispielsweise darin, dass vom Beauftragten ein einseitiges Dokument eingefordert wird, in welchem er das Ziel des Auftrages genau formuliert und *Aufträge in* nachfolgend die 5–7 wichtigsten Teilschritte, welche er als Auftragsausführender *Teilschritte mit* vorsehen würde, mit Zwischenterminen aufführt. Die Vorlage dieses einseitigen *Zwischenterminen* Absichts-Dokumentes muss (natürlich in Relation zur Komplexität des Problems, *aufteilen* zur Erfahrung des Ausführenden und zum Endtermin) eher kurzfristig terminiert sein (3–5 Tage nach der Sitzung). Der Sitzungsleiter erreicht damit zwei Dinge gleichzeitig: Einmal erhält er Gewissheit, ob der Beauftragte das Problem oder die Aufgabe durchschaut hat und einen adäquaten Lösungsweg einschlägt. Hat er die Aufgabenstellung falsch oder ungenügend verstanden, dann wird dies dem Sitzungsleiter sofort klar und er kann rechtzeitig intervenieren.

Zum Zweiten verfügt er nun über einen Grobterminplan, der es ihm erlaubt, parallel zu den Sitzungsterminen bei wichtigen Zwischenterminen bilateral nachzufassen um so den Gang der Dinge besser zu überwachen und zu beeinflussen. Diese Methode eignet sich natürlich grundsätzlich bei jeder Auftragserteilung oder Delegation. Sie gibt sowohl dem Auftraggeber als auch der mit der Ausführung beauftragten Person eine Planungsgrundlage und Sicherheit.

Bitte nicht vergessen: Ein Huhn legt ein Ei und gackert vor Freude = Beschlussfassung an einer Sitzung. Das Spiegelei ist aber noch lange nicht auf dem Tisch!

ESSENZ Um sicherzustellen, dass Beschlüsse umgesetzt und Aufträge ausgeführt werden, kann die Nachbearbeitung einer Sitzung einen sehr hohen Stellenwert haben. Dabei ist der Umgang mit Kontrollen bedeutungsvoll. Bei Beschlüssen und Aufträgen besonderer Tragweite oder Komplexität kann vom Beauftragten ein Fahrplan mit Zwischenzielen verlangt werden. Dadurch erkennt man, ob die Erfüllung der Aufgabe auf dem rechten Weg ist und kann dementsprechend rechtzeitig klären, unterstützen und «zwischenkontrollieren», damit die Umsetzung erfolgreich verläuft.

Besondere Sitzungsformen
Einleitung

Die zunehmende Dynamik, die Entwicklung elektronischer Hilfsmittel und die Internationalisierung oder Globalisierung vieler Unternehmungen bringen es mit sich, dass neben der «normalen» oder traditionellen Sitzungsform auch andere Formen der Arbeits-Zusammenkunft entstanden sind. Häufige Kurzreisen durch die Zeitzonen werden zunehmend als Belastung empfunden und das Reisen ist mit steigenden Kosten und zunehmenden Problemen (Verspätungen, verschärfte Sicherheitskontrollen an den Flughäfen etc.) verbunden. Dies führt zum teilweisen Ersatz der traditionellen Sitzungen. Grundsätzlich gelten die Regeln für die Vorbereitung und die Durchführprinzipien der «normalen» Sitzung auch für die neuen Formen. Sie sollten aber den speziellen Umständen und Bedürfnissen entsprechend angepasst, gestrafft oder ergänzt werden.

Zwei Aspekte, welche bei der «normalen» Sitzung gegeben sind und für die Vorbereitung oder Durchführung einer Sitzung entscheidend sein können, wollen wir noch hervorheben:

- Sehen sich die Teilnehmer jederzeit ganz?
- Sieht man nur das Gesicht oder nur das Gesicht des Sprechenden?
- Sieht man die Teilnehmer gar nicht?

1. Sichtkontakt bei elektronischen Hilfsmittein

Bei vollem Sichtkontakt bleiben zwei Vorteile der traditionellen Sitzung erhalten: Die Körpersprache ist je nach Medium noch gut zu erfassen und die Teilnahmequalität oder Disziplin (konzentriertes Zuhören, Blickkontakt, keine Nebenbeschäftigungen) ist gewährleistet.

Sieht man nur noch die sprechende Person, dann geht ein Teil dieses Aspektes verloren. Sieht man nur noch das Gesicht der Teilnehmer, dann können die Einflüsse des Arbeitsumfeldes der einzelnen Teilnehmer nicht beurteilt werden.

Sieht man schliesslich die Teilnehmer gar nicht (klassische Telefonkonferenz), dann erfordert dies von allen Teilnehmern eine hohe Konzentration, Präsenz und Disziplin. Es bleibt nur noch (durch die Übermittlung sehr eingeschränkt) die Stimmlage oder Modulation als zusätzliche Informationsquelle im Kommunikationsprozess.

2. Spezieller ▪ Sind die Teilnehmer (gemeinsam) in einem speziellen Raum?
Raum oder ▪ Sitzen die Teilnehmer an einem individuellen, frei gewählten Ort (Büro,
individuelle Laptop mit Internetanschluss irgendwo?)
Work-Station

Bei traditionellen Videokonferenzen sitzen die Teilnehmer – zwar örtlich getrennt, aber meistens nicht alleine – in einem dafür vorgesehenen, speziellen Raum. Dies erhöht die Fokussierung auf das zu Besprechende. Sitzt jeder Teilnehmer hingegen irgendwo mit seinem Laptop oder seiner Work-Station, dann sind alle völlig unterschiedlichen Umwelteinflüssen ausgesetzt (die sie bewusst gewählt haben oder nicht). Für Konzentration oder Sicherstellen der Vertraulichkeit ist ein solches Setting erschwerend.

In Zukunft werden die technischen Möglichkeiten immer mehr Auswahl zulassen. Allerdings sollten wir uns vor einer Illusion hüten: Solange in Unternehmungen der elektronische «Ausrüstungsstand» in verschiedenen Ländern nicht gleich hoch ist, können die modernsten Tools oder Features nicht jederzeit überall eingesetzt werden. Das älteste technische Glied in der Kette bestimmt die Kommunikationsform.

Das alles führt dazu, dass wir uns auch fragen müssen:
▪ Braucht es andere oder zusätzliche Regeln?
▪ Braucht es spezielle Erklärungen (z.B. für kulturelles Verständnis, andere Höflichkeits- und Kommunikationsformen)?

ESSENZ Durch die Internationalisierung / Globalisierung und die enorme Entwicklung der elektronischen Kommunikationsmittel gibt es immer mehr virtuelle Sitzungsformen. Dabei beeinflusst ob und wie man wen sehen kann und in welchem Umfeld sich die Teilnehmer während der Sitzung befinden, die Qualität derselben. Zudem sind auch kulturelle Unterschiede in virtuellen Sitzungen noch schwieriger zu überwinden. Um dem (etwas) entgegenzuwirken, braucht es sinnvollerweise zusätzliche Regeln und ev. spezielle Erklärungen.

Die «Stehung»

Die Telefonkonferenz, Busniness-Class Variante

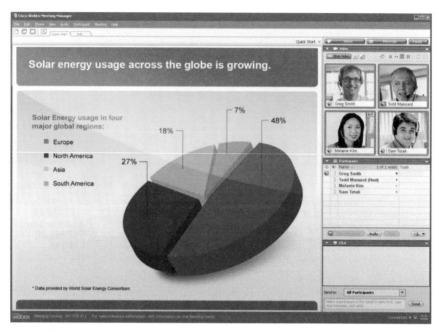

Das Live Meeting/ WebEx

Das Live Meeting/ WebEx

Die Video-Konferenz

Die Telefonkonferenz, Economy-Variante

Die «Stehung»

Mehr und mehr sind statt Sitzungen auch kürzere Meetings, die stehend abgehalten werden, zu beobachten. Management-Teams finden sich für kurze Besprechungen zusammen, besprechen ihre Themen an einem Bistro- oder Stehtisch und gehen meist nach kürzerer Zeit wieder auseinander.

Diese Kurzbesprechungen haben unter bestimmten Bedingungen klare Vorteile. Wenn alle Arbeitsplätze in der Nähe sind, können nach Bedarf Themen so rasch bearbeitet werden. Über eine bestimmte Dauer können solche Stehungen in der Regel auch nicht gehen. Die Stehform hat zudem meistens eine sehr disziplinierende Wirkung auf die Rededauer der Teilnehmer.

Für Teams, die sich öfters sehen, dürften Stehungen sehr wirkungsvoll und eine effiziente Form einer kurzen Arbeitszusammenkunft sein. Obschon grundsätzlich für jede organisierte Form der Zusammenarbeit die gleichen Vorbereitungen wichtig sind, dürfte für Kurzzusammenkünfte in Form einer «Stehung» der Aufwand um einiges tiefer gehalten werden.

Die Grundfragen nach dem Ziel des oder der wenigen Traktanden sollte auf alle Fälle vor der Zusammenkunft bedacht sein und den Teilnehmern vorab oder beim Start der «Stehung» bekanntgegeben werden.

Auf einen Punkt möchten wir noch aufmerksam machen: Das Festhalten der Beschlüsse oder Aufträge. Viele Teams verzichten bei solchen wenig formellen Meetings auf ein Protokoll. Wir würden trotzdem für eine vereinfachte Art eines Beschlussprotokolles plädieren. Ein Teilnehmer protokolliert die Beschlüsse oder Aufträge direkt in den Laptop oder schreibt sie auf ein Blatt Papier. Beim handschriftlichen Protokoll fotokopiert er am Ende der «Stehung» seine Notizen und verteilt diese den Teilnehmern, bevor sie auseinander gehen oder sendet das Kurzprotokoll per E-Mail. Es können auch Notizblätter fotografiert und direkt so per MMS oder E-Mail versandt werden. Gedächtnis ist gut, Schriftlichkeit ist besser!

Kürzere Besprechungen an Stehtischen werden immer beliebter und können sehr effektiv sein. Auch hier empfehlen wir unbedingt, die Form mit klarem Start und Schluss sowie Traktanden, Zielsetzungen und Protokollführung zu wahren. Zielsetzungen können auch am Anfang der Sitzung bekannt gegeben oder definiert werden. (Beschluss)Protokolle können handschriftlich erfolgen.

ESSENZ

Die Telefonkonferenz

Altbekannt und heute im Vergleich zu früher viel einfacher zu organisieren und technisch einzurichten ist die Telefonkonferenz. Auch
sie ist nicht eigentlich eine Konferenz im üblichen Sinne, sondern ein
rasches «Zusammenkommen» für einen Gedankenaustausch. Sie ist
eine sehr nützliche Form des Gedankenaustausches von mehreren
Personen, ohne dass diese sich physisch treffen müssen – also eine
dezentralisierte Sitzung. Es ist naheliegend, dass eine Telefonkonferenz eher mit einer kleinen Zahl von Teilnehmern und mit einer
beschränkten Zahl von Themen durchgeführt wird. Ein grosser Vorteil
der Telefonkonferenz ist es heute, dass mit dem Einzug der Handy-
Technologie praktisch jedermann von überall her an einem solchen
Austausch teilnehmen kann (auch vom Meeresstrand und unter den
Palmen).

Damit Telefonkonferenzen aber erfolgreich sind, bedarf es bestimmter Voraussetzungen, die teilweise von «normalen» Sitzungen abweichen. Aus unserer Sicht
sind dies folgende:

1. Vorbereitung Für Telefonkonferenzen (insbesondere über verschiedene Zeitzonen hinweg) bedarf
die Vorbereitung noch weiterer zusätzlicher Elemente.

Die Einladung und Traktandenliste soll nebst dem Namen und Ort sinnvollerweise
auch die Telefonnummer und E-Mailadressen der Teilnehmer enthalten. Dies erlaubt es allen Teilnehmern, allenfalls nach der Sitzung bilateral mit anderen Teilnehmern zur Besprechung von Detailfragen oder zum Austausch von ergänzenden
Informationen Kontakt aufzunehmen.

Als vorteilhaft hat sich auch erwiesen, wenn bestimmte wichtige Fragen bereits beim entsprechenden Traktandum in der Traktandenliste aufgeführt werden. Dies erlaubt es dem Leiter, Informationen schneller abzurufen oder die Diskussion zu einzelnen Themen zielgerichteter zu leiten.

Werden bei Telefonkonferenzen an einzelnen Standorten mehrere Personen angesprochen oder benötigt, dann kann das Bestimmen eines Koordinators vor Ort (lokaler Koordinator) sehr nützlich sein. Diese Person kann beispielsweise sicherstellen, dass die notwendigen Personen im gleichen Raum sind, einzelne Fragen wie an einer normalen Sitzung (vorher oder während oder nach der Sitzung) untereinander besprechen können, der Input in die eigentliche Telefonkonferenz aber nur durch eine Person, den Koordinator oder Sprecher, erfolgt. So können viele Leute dezentral am Informationsaustausch oder an der Meinungsbildung teilnehmen, ohne dass das Medium überfordert wird. Diese Form der Gruppen-Telefonkonferenz (natürlich über Lautsprecher in die entsprechenden Räume) erlaubt sowohl eine Vor- als auch eine Nachbearbeitung der Informationen und Beschlüsse. Sie eignet sich auch, um gewisse Informationsinhalte rasch an viele Leute weltweit zu verteilen und diese diskutieren zu lassen.

Ein Wort noch zur Visualisierung. Diese ist bei Telefonkonferenzen praktisch ausgeschlossen. Es gilt aber zu überlegen, ob bestimmte Darstellungen (Graphiken, Ablaufpläne etc.) der Diskussion dienlich sein können. Diese müssen mit der Einladung/ Traktandenliste vorab den Teilnehmern zugestellt werden.

Bestimmte Verhaltensregeln sollten im Vorfeld oder gleich zu Beginn der *2. Regeln* Telefonkonferenz gesetzt, erläutert oder vereinbart werden. Es sind dies:

■ Pünktlichkeit
Das gilt auch für normale Sitzungen, doch ist ein verspätetes Einloggen bei Telefonkonferenzen ein wesentlich grösserer Störfaktor als bei einer face-to-face Sitzung.

■ Aufmerksamkeit
Auch dieser Aspekt beeinflusst den Verlauf einer Telefonkonferenz wesentlich stärker. Zudem kann die Aufmerksamkeit vom Sitzungsleiter nicht kontrolliert und während der Telefonkonferenz eingefordert werden.

■ Sich beim Namen nennen

Bei jedem Votum sollte vorab der Name kurz genannt werden: «Meier. Meine Ansicht zu diesem Punkt ist ...». Dies erleichtert den anderen Teilnehmern (Zuhörern!) die Orientierung, da – bei unterschiedlichem Bekanntheitsgrad – die Stimme als Identifikation nicht genügt.

■ Wie man spricht

Die Aussagen sollten möglichst kurz gehalten werden. Bei Fragen – sofern diese nicht offen für alle Teilnehmenden gestellt werden – sollte der Adressat explizit genannt werden: «Meier. Ich habe eine Frage an Frau Müller. Was verstehen Sie unter ...».

■ Ausklinken/ Abmelden

Wenn ein Teilnehmer die Telefonkonferenz frühzeitig verlassen muss, dann sollte er sich auf alle Fälle mit Namen abmelden. Von Vorteil ist natürlich für die Führung und Disziplin, wenn dieses vorzeitige Ausklinken vorab allen Teilnehmenden bekanntgegeben wurde.

■ Protokollführung

Auch an einer Telefonkonferenz sollte der Protokollführer genannt und die Form und Zustellung des Protokolls erläutert werden.

3. Phasen Die Phasen bei einer Telefonkonferenz sind grundsätzlich die gleichen wie bei normalen Sitzungen. Da Telefonkonferenzen meist eher kurz sind, entfallen in der Regel Pausen.

Dafür ist der Einstieg etwas anders zu gestalten. Zuerst ist sicherzustellen, dass alle eingeloggt sind, um diese geographisch verstreut und vielleicht multinational zusammengesetzte Konferenzgemeinschaft kurz auf die bevorstehende Telefonkonferenz einzustimmen. Eine freundliche Begrüssung zur Herstellung der emotionalen Bereitschaft ist beim anonymen Medium Telefon besonders wichtig. Sind sich die Teilnehmer noch unbekannt, dann ist eine kleine persönliche Vorstellungsrunde mit Name/ Ort/ Tätigkeit/ Ortszeit und vielleicht Wetter am Ort des Konferenzteilnehmers oder sonst etwas Spezielles zur Person kein Zeitverlust. Diese Runde erhöht die Arbeitsbereitschaft.

Die Durchführung der Telefonkonferenz richtet sich wie bei einer normalen Sitzung nach der Traktandenliste. Zu beachten gilt, dass während der Telefonkonferenz der Einsatz von Visualisierungsmitteln praktisch ausgeschlossen ist. Wurden visuelle Hilfsmittel nicht vorab zur Verfügung gestellt, dann ist ihr Einsatz meist nicht möglich.

Der Abschluss einer Telefonkonferenz ist analog zu normalen Sitzungen ein wichtiger Punkt. Der Sitzungsleiter fragt vielleicht die Runde, ob noch Fragen beantwortet werden müssten. Dann schliesst er formell ab, dankt den Teilnehmenden und verabschiedet sich.

Da der Protokollführer wie bei normalen Sitzungen bestimmt ist, läuft das Protokollieren selber und der Protokollversand wie bei einer normalen Sitzung ab. Lediglich bei der Wahl des Protokollführers gibt es unseres Erachtens keinen Spielraum. Da die Teilnahme an einer Telefonkonferenz die Aufmerksamkeit voll beansprucht, sollte das Protokoll immer von einer an der Diskussion nicht beteiligten Person verfasst werden. Mit Vorteil sollte diese Person im gleichen Raum wie der Sitzungsleiter sitzen.

4. Protokoll

Die Telefonkonferenz eignet sich für ein rasches Zusammen- und Weiterkommen zu einem Thema mit nicht zu vielen Teilnehmern. Eine gute Vorbereitung und disziplinierte Durchführung haben hier eine noch grössere Bedeutung (Pünktlichkeit, Begrüssung und Verabschiedung, Protokollführung durch Dritte, Namensnennung vor Voten, etc.). Falls an einem Ort mehrere Teilnehmer versammelt sind, können sich diese über einen Gruppensprecher organisieren, was der Verständlichkeit und Klarheit dient.

ESSENZ

Das Live Meeting

Unter dem Namen «Live Meeting» oder «WebEx» wird Software angeboten, welche Sitzungen vom eigenen Arbeitsplatz aus/ am eigenen Computer sitzend ermöglicht. Bei einer solchen Sitzung wird die sprechende Person auf dem Bildschirm gezeigt. Eigentlich ist es eine Telefonkonferenz mit Bild, was schon ein grosser Vorteil ist. Gesicht und Mimik vermitteln auch Nähe und Vertrautheit und ermöglichen es dem Sprechenden – je nach System – auch noch Dokumente und Grafiken zu zeigen. Bezüglich Sitzungsführung sind die Anforderungen höher: Der Sitzungsleiter sieht die Teilnehmenden nicht zwingend, er sieht auch nicht, was sie tun, wenn sie nicht sprechen.

Diese Besprechungsform ist die logische Weiterentwicklung der Telefonkonferenz. Auch hier können an einzelnen Standorten mehrere Leute in einem Raum versammelt und koordiniert werden. Statt dass nur Lautsprecher/Mikrofon zum Einsatz kommen, werden in diesem Falle noch Gesichter/Visualisierungen per Beamerprojektion gezeigt. Ein «Live Meeting» kann auf diese Art sehr schnell und effizient zu einer globalen Konferenz ausgebaut werden.

Die nötigen Voraussetzungen (Vorbereitung, Regeln, Phasen, Protokoll) sind grundsätzlich die gleichen wie bei der Telefonkonferenz. Erleichternd kommt hinzu, dass Präsentationen gezeigt werden können und auch während des «Live Meetings» Bilder/ Graphiken etc. fallweise eingespiesen werden können. Diese Erleichterung stellt aber an die Vorbereitungsarbeit eine erhöhte Anforderung: Wann sollen im Ablauf welche Visualisierungen verwendet werden? Funktioniert die Technik?

Das Tool «Live Meeting» oder «WebEx» mit dem PC eröffnet noch weitere Möglichkeiten. So können während der Sitzung auch einzelne Teilnehmer (ohne Einsicht durch die anderen) miteinander auf dem gleichen Bildschirm wo die Bilder/ Person gezeigt werden «chatten». Der Vorteil ist offensichtlich: Man kann Infos schnell und zeitgleich bilateral austauschen oder Fragen stellen. Man kann «Allianzen» ausloten oder bilden, man kann «entscheidende Fragen» durch die «richtigen Leute» stellen lassen. Sitzungsleiter oder Teilnehmer können sich so zusätzlich Unterstützung von Spezialisten oder Stäben sichern (sofern diese auch eingeloggt sind). Mit allen Vorteilen sind natürlich auch Nachteile verbunden: Das «chatten» könnte rein privater Natur sein und das Multitasking bei themenorientiertem Austausch vermindert die Aufmerksamkeit und Präsenz.

Solche Besprechungsformen werden mit der steigenden Anzahl virtueller Teams und der Entwicklung der Technik klar zunehmen. Sitzungsleiter werden sich bei jeder neuen technischen Form die Frage stellen müssen, was bei der Vorbereitung oder Führung solcher Sitzungen mehr oder weniger Bedeutung erhält und was zusätzlich zu berücksichtigen ist. Um die Effizienz sicherzustellen, dürften die Existenz, das Verbreiten und das Einhalten von unternehmenseigenen Regeln während solcher Sitzungen auf Distanz an Bedeutung gewinnen (Sitzungs-Kultur mit elektronischen Medien).

Das Live Meeting ist die Weiterentwicklung der Telefonkonferenz mit Bild des Sprechenden und weiteren Visualisierungsmöglichkeiten auf dem persönlichen Computerbildschirm. Höhere Anforderungen an Vorbereitung und Disziplin gelten wie bei der Telefonkonferenz. Dazu kommen weitere Möglichkeiten von Visualisierungen und paralleler «Chat-Kommunikation», die aber auch Gefahren von Ablenkung in sich bergen. Hier ist eine straffe und aktive Führung mit vermehrtem Nachfragen gefordert.

ESSENZ

Die Video-Konferenz

Im Teil 1, Kapitel 1 «Denn sie wissen nicht, was sie tun ...» zu Beginn dieses Buches haben wir festgehalten, dass eine Konferenz etwas anderes ist als eine Sitzung. Trotzdem sind die meisten Video-Konferenzen nichts anderes als Sitzungen von meistens 2 Personengruppen, welche physisch nicht alle am gleichen Ort sind.

Die modernsten Video-Konferenz-Techniken sind so weit entwickelt, dass die Teilnehmenden sozusagen vis-à-vis voneinander an einem länglichen ovalen Tisch sitzen und von jeder Position aus Blickkontakt mit der nicht im gleichen Raum anwesenden Person aufnehmen können. Es ist sozusagen eine Sitzung im Remote-Modus mit Hilfe elektronischer Systeme und kommt der traditionellen Sitzung in allen Belangen sehr nahe. Die Systeme werden laufend perfektioniert und werden auch billiger. Eine immer grössere Verbreitung ist die logische Folge. Für die Führung solcher Sitzungen gibt es nur einen zusätzlichen Hinweis, der für alle Besprechungen im Remote-Modus gilt: Die Wahl des Tages und insbesondere der Zeit. Bei global operierenden Unternehmungen wird der Takt oft ohne Rücksicht von der Agenda des Hauptsitzes vorgegeben. Es lohnt sich aber, die Zeitdifferenzen über die verschiedenen Zeitzonen zu beachten und den Zeitpunkt solcher Sitzungen für alle Teilnehmenden zu optimieren oder gar abwechselnd zu gestalten. Es klingt vielleicht altmodisch, aber etwas Respekt und gegenseitige Rücksichtnahme, damit nicht immer die gleichen morgens um 04.00 oder abends um 23.00 an der Sitzung teilnehmen müssen, hat der Zusammenarbeit und Motivation noch nie geschadet.

Die technischen Möglichkeiten dürfen aber nicht darüber hinweg täuschen, dass diese auch bei global tätigen Unternehmungen nicht überall verfügbar sind. Solche Installationen bedürfen nebst der Investition insbesondere auch der Wartung und für deren Wirtschaftlichkeit auch einer bestimmten Benutzungsfrequenz. Daher werden solche Installationen meist nur an Orten installiert sein, wo viele Leute (im gleichen Gebäude) arbeiten: Am Hauptsitz und in grossen Niederlassungen. So werden in vielen international tätigen Unternehmungen die technisch wenig anspruchsvollen (aber dafür in der Leitung um so komplexeren!) Formen benutzt: Die Telefonkonferenz oder das «Live Meeting».

Gute technische Einrichtungen für Videokonferenzen – also Sitzungen im «Remote-Modus» – werden immer raffinierter. Besondere Aufmerksamkeit gilt hier der Wahl der Tageszeit, damit nicht immer dieselben zu Unzeiten an solchen Meetings teilnehmen müssen.

ESSENZ

TEIL DREI

Die Praxis des Sitzungs-Coachings

Die Praxis des Sitzungs-Coachings
Einleitung

Bevor wir uns nun der konkreten Arbeit eines Sitzungs-Coachs zuwenden, müssen wir uns noch mit 3 Fragen auseinandersetzen:

a) Was versteht man unter Coaching?

b) Welches sind die Eigenarten des Sitzungs-Coachings?

c) Wer kann als Sitzungs-Coach eingesetzt werden?

Wir werden in diesem Teil des Buches für professionelle Coachs vielleicht einige
Aspekte ausführlicher behandeln, als es für diese Zielgruppe nötig wäre. Aber mit
der Optik, dass auch Linienchefs/ Kollegen oder HR/ MD-Spezialisten beim
Sitzungs-Coaching den Part des Coachs übernehmen werden, scheint es uns angebracht, sie auf Besonderheiten oder «Fallstricke» aufmerksam zu machen.

Der Begriff Coaching ist heute so verbreitet, dass es beinahe dem sprichwörtlichen **_Was versteht_**
«Sand an den Strand tragen» gleichkommt, wenn man eine zusätzliche Definition **_man unter_**
produziert. Da aber dennoch viele (brauchbare und weniger brauchbare) Definitionen **_Coaching?_**
existieren, wollen wir der Klarheit halber das Feld eingrenzen. Wir stützen uns auf
die Definition von Christopher Rauen (Handbuch Coaching, Göttingen 2002, S. 69):

«Zusammenfassend kann der Begriff Coaching anhand der folgenden Charakteristika
definiert werden:

- Coaching ist ein interaktiver, personenzentrierter Beratungs- und
  Betreuungsprozess, der berufliche und private Inhalte umfassen kann
  (individuelle Beratung auf der Prozessebene).

- Coaching findet auf der Basis einer tragfähigen und durch gegenseitige
  Akzeptanz und Vertrauen gekennzeichneten, freiwillig gewünschten
  Beratungsbeziehung statt.

■ Coaching zielt immer auf eine (auch präventive) Förderung von Selbstreflexion und -wahrnehmung, Bewusstsein und Verantwortung ab, um so
Hilfe zur Selbsthilfe zu geben.

■ Coaching arbeitet mit transparenten Interventionen und erlaubt keine
manipulativen Techniken, da ein derartiges Vorgehen der Förderung
von Bewusstsein prinzipiell entgegenstehen würde.

■ Coaching setzt ein ausgearbeitetes Coaching-Konzept voraus, welches
das Vorgehen des Coachs erklärt und festlegt, welche Interventionen und
Methoden der Coach verwendet, wie angestrebte Prozesse ablaufen können
und welche Wirkzusammenhänge zu berücksichtigen sind. Zudem sollte
das Konzept dem Gecoachten so weit transparent gemacht werden, dass
Manipulationen ausgeschlossen werden können.

■ Coaching findet in mehreren Sitzungen statt und ist zeitlich begrenzt.

■ Coaching richtet sich an eine bestimmte Person (Gruppen-Coaching:
für eine genau definierte Gruppe von Personen) mit Führungsverantwortung
und/ oder Managementaufgaben.

■ Coaching wird praktiziert durch Beraterinnen und Berater mit
psychologischen und betriebswirtschaftlichen Kenntnissen sowie
praktischer Erfahrung bezüglich der Anliegen des oder der Gecoachten
(um die Situation fundiert einschätzen und qualifiziert beraten zu können).

Ziel ist immer die (Wieder-)Herstellung und/ oder Verbesserung der Selbstregula-
tionsfähigkeiten des Gecoachten, d.h., der Coach soll sein Gegenüber derart beraten bzw. fördern, dass der Coach letztendlich nicht mehr benötigt wird.»

Damit beziehen wir auch Stellung, in welchem Geiste wir das Sitzungs-Coaching
betreiben möchten. Es sind aber doch einige Abweichungen zu dieser Definition des
Coachings anzumerken.

Zum ersten Punkt: Im Sitzungs-Coaching dürfte die Bearbeitung privater Inhalte
eher die Ausnahme darstellen.

Zum zweiten Punkt: Freiwilligkeit ist immer anzustreben, doch wird im Business-
Kontext ein Sitzungs-Coaching auch oft «verordnet». Das schadet nicht sonderlich,
wie wir im Kapitel über das methodisch-didaktische Vorgehen aufzeigen.

Zum letzten Punkt: Psychologische und betriebswirtschaftliche Kenntnisse sind beim Sitzungs-Coaching sicher nützlich, aber keine Voraussetzung (siehe die folgenden Ausführungen über die Eigenarten des Sitzungs-Coachings).

Das normale Coaching findet meistens «herausgelöst vom Alltag» des Klienten statt. Der Coach und sein Klient treffen sich oft ausserhalb der Unternehmung oder an einem ungestörten Ort innerhalb der Unternehmung. Eine persönliche Begleitung einer Führungskraft bei deren täglichen Arbeit ist schon eher die Ausnahme. Das Sitzungs-Coaching weist aber dahingehend einige Besonderheiten auf, auf die wir hier weiter eingehen möchten.

Welches sind die Eigenarten des Sitzungs-Coachings?

Das Sitzungs-Coaching ist meistens zweigeteilt.

Das Sitzungs-Coaching ist meistens zweigeteilt.

Der Coach beobachtet den Coachee an Sitzungen «in vivo». Diese «live»-Begleitung ist ein zentrales Element im Sitzungs-Coaching. Die Beobachtung dient der Informationsaufnahme für den Coach und dem «Üben unter Supervision» für den Coachee. Diese Art zu arbeiten ist dem Sport-Training sehr nahe verwandt.

Nach der Sitzung arbeitet der Coach mit dem Coachee hingegen unter vier Augen. Die Beobachtungen werden diskutiert, analysiert und daraus Schlüsse gezogen und Handlungsvorgaben für die nächste Sitzung abgeleitet. Dieser Teil des Sitzungs-Coaching ist mit dem normalen Führungs-Coaching vergleichbar.

Der Coach verfügt über selber beobachtete Informationen über das Verhalten des Coachee in der konkreten Arbeitssituation.

Ein wesentlicher Unterschied zum klassischen Coaching besteht darin, dass der Coach durch eigene Beobachtung über konkretes Wissen und eigene Erfahrung über das Verhalten des Coachee in einer «live» Situation verfügt. Das ist im Business-Coaching eher selten, da der Coach nur in Ausnahmefällen Zeuge von realtime (Führungs-) Verhalten seines Mandanten ist. Er muss sich in der Regel schwergewichtig auf die Schilderungen seines Klienten abstützen.

Der Coach muss beim Sitzungs-Coaching über Wissen und Erfahrung bezüglich Sitzungsführung auf der Stufe des Klienten verfügen.

Der Sitzungs-Coach muss sich auf der Stufe des Klienten auskennen

Zweitens muss der Coach beim Sitzungs-Coaching auf alle Fälle über Fachwissen und Erfahrung bezüglich Sitzungsführung auf der Stufe des Klienten verfügen. Auf verschiedenen hierarchischen Stufen und in unterschiedlichem Kontext gelten z.T. andere Verhaltensregeln, die Leute verhalten sich demzufolge anders und Sitzungen laufen unterschiedlich ab.

Beim Sitzungs-Coaching beinhaltet die Tätigkeit des Coachs einen grösseren Anteil an «Input», «Instruktion» und «Korrektur»

Drittens muss in der Diskussion über die vergangene Sitzung der Coach meistens vermehrt anleitend Stellung beziehen – etwas, was von vielen Coachs eher abgelehnt wird. Sitzungs-Coaching ist da etwas anders gelagert, es ist dem «Sport-Coaching» ähnlicher. Der Coach beobachtet und gibt seine Anregungen zur Vorgehens- oder Verhaltensänderung bekannt. Er kann sinnvollerweise Vorgehensvorschläge auch schon vor der Sitzung machen. Die nachfolgende Graphik zeigt die ganze Bandbreite möglicher Interventionen eines Coachs. Im Sitzungs-Coaching wird die Tätigkeit des Coachs tendenziell einen grösseren Anteil an «Input», «Instruktion» und «Korrektur» beinhalten:

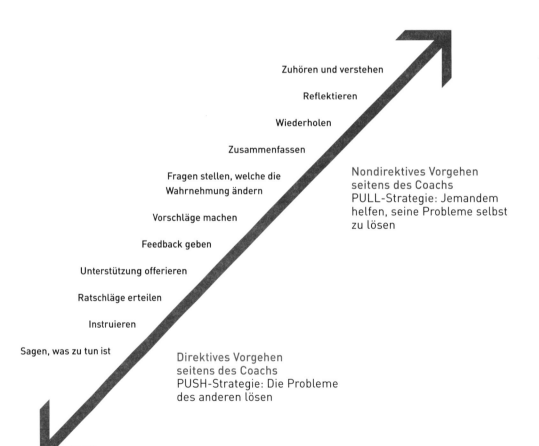

Zuhören und verstehen

Reflektieren

Wiederholen

Zusammenfassen

Fragen stellen, welche die
Wahrnehmung ändern

Vorschläge machen

Feedback geben

Unterstützung offerieren

Ratschläge erteilen

Instruieren

Sagen, was zu tun ist

Nondirektives Vorgehen
seitens des Coachs
PULL-Strategie: Jemandem
helfen, seine Probleme selbst
zu lösen

Direktives Vorgehen
seitens des Coachs
PUSH-Strategie: Die Probleme
des anderen lösen

Abbildung:Direktives versus Nondirektives Vorgehen in Anlehnung an: Pricewaterhouse Coopers: Coaching Tool Kit, P.7, Sept. 2005

Der Coach interveniert beim Sitzungs-Coaching während einer Sitzung in der Regel nicht

Ein wesentlicher Unterschied zum Sport-Coaching bleibt dennoch: Nur in absoluten Ausnahmefällen wird bei einem Sitzungs-Coaching der Coach während der Sitzung direkt intervenieren. Eine situativ eingreifende Vorgehensweise (wie beim Sport-Coaching) ist im Falle eines Sitzungs-Coaching für ein ganzes Team vorstellbar und möglich.

Die Coaching-Beziehung beim Sitzungs-Coaching ist offen und für die anderen Teilnehmenden transparent.

Ein weiters Merkmal des Sitzungs-Coaching ist, dass die Coaching-Beziehung auf alle Fälle offen und für die anderen Teilnehmer transparent ist. Bei vielen normalen Business-Coachings ist dies oft nicht der Fall. Da der Coach als «Fremdling» an der Sitzung teilnimmt, sich aber nicht beteiligt und nur Notizen macht, muss er vorgestellt und der Grund seiner Anwesenheit erklärt werden. Jedes andere Vorgehen als das Offenlegen der Aufgabe des Coachs wirkt äusserst kontraproduktiv.

Grundsätzlich kann der Sitzungs-Coach von der Unternehmung her betrachtet eine interne oder eine externe Person sein. Als externe Person kann ein ausgebildeter Coach, Berater oder ein Management-Trainer fungieren. Als interner Sitzungs-Coach sind mehrere Möglichkeiten offen: Eigener Chef, Mentor, Kollegen, HR/MD- oder Ausbildungsspezialisten. Es ist auch ein Anliegen dieses Buches, den Kreis möglicher interner Sitzungs-Coachs zu vergrössern, damit schon früh in der Laufbahn einer Führungskraft mit einer guten Grundausbildung in Sitzungsleitung begonnen werden kann.

Wer kann als Sitzungs-Coach eingesetzt werden?

Im Sitzungs-Coaching – extern durch einen erfahrenen Coach oder Trainer, intern durch einen erfahrenen HR/MD- oder Ausbildungsspezialisten mit Coachausbildung – sind die Anforderungen gleich wie im «traditionellen» Coaching. Unseres Erachtens kommt vielleicht einschränkend dazu, dass ein Sitzungs-Coach über konkretes Wissen und praktische Erfahrungen mit Sitzungen auf der hierarchischen Stufe des Klienten verfügen muss. Denn auf «höheren» Etagen haben Etikette, Wahl der Ausdrucksweise, Rituale oder taktisches Vorgehen einen nicht zu unterschätzenden Stellenwert. Wer diese nicht aus eigener Erfahrung kennt, kann nur ungenügend Unterstützung geben. Damit ist auch schon angedeutet, dass sich der Kreis der möglichen internen Sitzungs-Coachs mit der Hierarchiestufe des Coachees stark verkleinert und bei höheren Führungskräften fast ausnahmslos externe Coachs in Frage kommen.

Die unproblematischsten sind sicher interne HR/MD- oder Ausbildungsspezialisten. Ihr Einsatz kann nämlich auch als Umsetzungsbegleitung für interne Führungs-Ausbildungsprogramme gesehen und auch so deklariert werden.

Der Einsatz von Gleichgestellten ist eine Form von «action learning» oder «kollegialer Supervision»

Der Einsatz von Gleichgestellten oder Kollegen des Sitzungsleiters kann auch so deklariert werden. Eine jüngere Führungskraft lernt als Sitzungscoach bei einem Kollegen durch Beobachten wahrscheinlich gleich viel wie der Beobachtete. Es wäre so eine Form von «action learning» oder «kollegialer Supervision». Die Voraussetzung ist natürlich, dass sowohl der Sitzungsleiter als auch der gleichge-stellte Sitzungs-Coach von einem gemeinsamen Gedankenfundament ausgehen und dass der Sitzungs-Coach in der grundlegenden Vorgehensweise minimal ausgebildet ist – dieses Buch ist auch als Basis dafür gedacht.

Heikler wird es, wenn der Chef des Sitzungsleiters die Rolle des Sitzungscoachs einnimmt. Es liegt die Vermutung nahe, dass allein seine Präsenz das Verhalten aller Teilnehmer mehr als bei einer anderen Person beeinflussen könnte – der Sitzungsleiter fühlt sich nicht frei, die Teilnehmer auch nicht. Wir betrachten dies nicht als Idealfall, aber unter bestimmten Umständen kann dies sehr wohl funkti-onieren und hilfreich sein. Der Chef agiert dann sozusagen in der Rolle eines «Spieler-Trainers». Auf alle Fälle legt ein Chef, der Sitzungs-Coaching bei seinen Mitarbeitenden macht, die Latte für seine eigenen Sitzungen – als Benchmark für die anderen – ziemlich hoch!

ESSENZ Wie im klassischen Coaching soll auch das Sitzungs-Coaching auf transparente Weise die Selbstregulationsfähigkeit fördern. Allerdings ist diese Form des Coachings auch der Arbeit des Sporttrainers ähnlich, der live beobachtet und auch anleitend/beratend Stellung beziehen kann. Dies in der Regel zu zweit und erst im Anschluss an die Sitzung.

Als Sitzungs-Coach können externe Berater/Coachs oder intern geeignete Personen wie HR/MD- oder Ausbildungsspezialisten, gleichgestellte Kollegen oder mit gewisser Vorsicht auch Vorgesetzte eingesetzt werden.

Je höher die Sitzung hierarchisch festgelegt ist, desto wichtiger sind Fachwissen und Erfahrung in Sitzungsführung der entsprechenden Führungsstufe.

Pädagogische Grundhaltung und methodisch-didaktisches Vorgehen

Wie im vorangegangenen Kapitel erläutert, hat ein Sitzungscoaching gewisse Ähnlichkeiten mit einem Sport-Training. Das Thema Ausbildung spielt in beiden Fällen eine grosse Rolle. Es lohnt sich deshalb, sich der (eigenen) pädagogischen Grundhaltung bewusst zu werden und einige Aspekte der Didaktik und Methodik zu berücksichtigen.

Die pädagogische Grundhaltung kann vereinfacht auf zwei Haltungen reduziert werden:

Die einen Coachs/ Lehrer/ Führungskräfte sind bestrebt, der anderen (auszubildenden/ zu unterstützenden) Person raschmöglichst zu **Erfolgserlebnissen** zu verhelfen. Sie sind überzeugt, dass **der Mensch am Erfolg schneller lernt** und dass gute Didaktik und methodisches Vorgehen das Machen von Fehlern auf das unvermeidbare Minimum reduzieren kann. Dies führt natürlich dazu, dass auf (Vor-)instruktion, Vorbereitung mit Informationen mehr Wert gelegt wird. Die unterstützende Person will nicht als ein «alleswissender» und «allessehender» Crack dastehen, sondern als wohlwollender Förderer im Hintergrund. Es gibt natürlich auch Leute, die es hier zu gut meinen: Leute mit dem «Helfer-Syndrom», die es partout als ihre Aufgabe ansehen, jeglichen Frust oder Misserfolg für den Coachee zu vermeiden. Sie überbehüten ihre Coachees und verhelfen ihnen dadurch auch nicht zu effizientem Lernen, weil sie den Anteil an Selbstverantwortung oder Selbstinitiative zu sehr einschränken.

Fehler zum voraus minimieren

Die anderen Coachs/ Lehrer/ Führungskräfte wollen dem Coachee ebenfalls helfen, doch sind sie überzeugt, dass **effektives Lernen schneller durch Erfahrungen mit Misserfolg geschieht**, gemäss der Devise «Alle Menschen sind klug, einige vorher, die meisten nachher!». Sie lassen den Auszubildenden also durchaus ins kalte

Durch Fehler lernen

Wasser springen oder Fehler machen und stehen ihm dann «rettend» zur Seite. Es ist natürlich auch die Grundeinstellung: «Ohne Frust oder ohne Schmerz keine Einsicht und kein Lernen», die hier mitschwingt. Diese Grundeinstellung hat viel Wahres an sich und jeder hat sie schon erlebt. Einige Exponenten dieser Grundeinstellung gewinnen natürlich auch selber Freude, Bestätigung oder ein Gefühl der Kompetenz dadurch, dass sie den Coachee bei mangelhafter Sitzungsführung beobachten und ihm nachher mit ihren Informationen und Korrekturen aus dem «Füllhorn ihres Wissens» und ihrer Erfahrung auf den «richtigen Pfad» helfen können.

Wir haben diese zwei Denkhaltungen bewusst etwas überzeichnet dargestellt. In der Praxis wird es immer eine Mischung beider Vorgehensweisen sein. Die Denkhaltung des Coachs ist aber in diesem Kontext dennoch wichtig, weil sie der Situation und den Erwartungen eines erwachsenen Lernenden entsprechen sollte.

Malcolm Knowles hat in seinem Standardwerk «The adult learner, a neglected species» (Houston: Gulf Publishing Company, 1990, 1. Auflage 1973) weltweit die ganze Forschung bezüglich des Lernens und Entwickelns analysiert und über Jahrzehnte verfolgt. Er kam zum Schluss, dass die meisten Forschungen sich auf Kinder, Jugendliche oder junge Erwachsene konzentrierten. Der voll erwachsene Mensch als lernende Person war (und ist heute noch immer) relativ wenig erforscht und in der Literatur kaum berücksichtigt. Die Resultate der Forschung von Knowles sind aber für das Sitzungs-Coaching von zentraler Bedeutung. Die erwachsene Person hat als Lernende nämlich ganz klare, von Kindern und Jugendlichen abweichende Bedürfnisse.

Die erwachsene Person ...
- muss bereit sein, etwas zu lernen (freier Wille, Überzeugung, Notwendigkeit).
- will wissen, warum sie etwas lernen muss (Einsicht).
- will wie eine erwachsene Person behandelt werden.
- will ihre Erfahrung während des Lernprozesses mit einbringen können.
- will reale Probleme lösen.

Freiwilligkeit Die Freiwilligkeit als erstes Erfordernis der Erwachsenenbildung gilt im Coaching generell und ist auch im Sitzungs-Coaching der Idealzustand, doch trifft man diesen in der Realität selten ohne Einschränkungen an. Meistens wird einer Führungskraft von seinem Vorgesetzten oder von einem Management Development-Spezialisten ein Sitzungs-Coaching empfohlen, weil Probleme oder Mängel für andere sichtbar und auch erlebbar werden. Die absolute Freiwilligkeit spielt auch deshalb nicht eine so grosse Rolle, weil die Führungskraft, welche Probleme in der Sitzungsführung hat, sich dessen meistens auch bewusst ist und dies als Belastung empfindet. Eine fehlende «Freiwilligkeit» würde in diesem Fall durch die allenfalls «Einsicht der Notwendigkeit» mehr als genügend kompensiert.

Im Gegensatz zu vielen Management-Ausbildungen oder Management-Development Initiativen ist auch der zweite Punkt bei Knowles – das Wissen warum – für das Sitzungs-Coaching kein Problem. Die Ursachen oder Probleme die zum Sitzungs-Coaching führen, sind dem Coachingnehmer meist bewusst. Dieses Erfodernis stellt lediglich einen methodisch-didaktischen Anspruch an den Coach. Beim Vorbesprechen der anzustrebenden Handlungen oder Verhaltensweisen für eine nächste Sitzung muss der Coach genügend Raum für Begründung, Erläuterung der Zusammenhänge und Hinterfragen einräumen. Ein extremer «Push-Approach» im Sinne von «Tun Sie das!» (ohne weitere Begründung) funktioniert erfahrungsgemäss mit Erwachsenen auf die Dauer nicht sehr gut. Dieses Erfordernis, genügend Raum und Zeit für Erklärungen und Diskussionen einzuräumen, hat meistens noch auf einen weiteren Aspekt des Vorgehens Einfluss: Es kann nicht alles auf einmal angeordnet, korrigiert oder geändert werden. Methodisch-didaktisch muss der Coach bei jeder Intervention nach einer Sitzung zuerst seine Erkenntnisse sichten und dann ein Schwergewicht bilden. Er darf auf keinen Fall alles, was er beobachtet hat oder weiss, dem Coachee als wohlgemeinten Ratschlag für die nächste Sitzung mitgeben.

Einsicht

Es kann nicht alles auf einmal geändert werden

Das dritte Bedürfnis – als erwachsener Mensch behandelt zu werden – ist in reinen Ausbildungssituationen fallweise ein Thema. In Ausbildungsveranstaltungen (Seminarien etc) wird der Teilnehmer nicht immer als mündiger Erwachsener behandelt, sondern oft durch Trainer oder Seminarleiter ohne Transparenz oder Einverständnis fremdgesteuert. Das kann zur entsprechenden Opfer- oder Konsumhaltung führen. Beim Coaching dürfte dies nicht vorkommen und kein Problem darstellen.

Als erwachsener Mensch behandelt werden

Der vierte Punkt – die eigene Erfahrung im Lernprozess einbringen – hat insofern ähnliche Konsequenzen wie Punkt zwei, als er den Dialog mit dem Coachee und damit Zeit erfordert. Das Erfragen und Verknüpfen der bisherigen Erfahrungen des Coachees ist für professionelle Coachs Standard. Er hat beim Sitzungs-Coaching aber mehr Hebelwirkung, weil der Coach nicht nur das Verhalten in der Vergangenheit mit einbeziehen kann, sondern mit dem Klienten über Verhalten spricht, das der Coach selber mit eigenen Augen gesehen hat. Dies ermöglicht es dem Coach auch, den Klienten auf Verhaltensweisen aufmerksam zu machen, die diesem unter Umständen gar nicht bewusst sind – eine Fundgrube für Einsichten im Sinne des berühmten Bühlerschen «Aha-Erlebnisses» und rasche Verhaltensmodifikationen. Genau diese Möglichkeit der real-time-Beobachtung birgt – wenn auch bei erfahrenen professionellen Coachs in geringerem Masse – die Gefahr des zu «schulmeisterlichen» Auftretens bei Präsentation der beobachteten (Fehl-)Ver-

Eigene Erfahrungen einbringen

Beim Besprechen von beobachteten Fehlverhalten muss taktvoll vorgegangen werden

haltensweisen in sich. Der Klient kann sich beim Aufdecken einer ihm unbewussten Verhaltensweise «ertappt» und somit etwas «unterlegen» oder «minderwertig» fühlen. Das Spiegeln solcher Verhaltensweisen bedarf oft eines etwas behutsameren oder taktvolleren Vorgehens als des «straight-forward» Feedback – ein möglicher Fallstrick für Linienvorgesetzte beim Begleiten von Sitzungen.

Reale Probleme lösen Mit Sitzungs-Coaching ist das fünfte Bedürfnis – reale Probleme lösen – voll abgedeckt: Wir sind im «Live-Modus». Diese Anforderung an die Erwachsenenbildung ist eine der Ursachen, warum Business-Coaching in der Regel sehr wirksam ist und warum sehr viele Management-Trainings oder Executive-Programme relativ wirkungslos bleiben und daher die zeitliche und finanzielle Investition oft nicht rechtfertigen.

ESSENZ Vereinfachend gibt es zwei pädagogische Grundhaltungen. «Der Mensch lernt schneller mit Erfolgserlebnissen» (was beide Autoren bei ihrer Arbeit zu verwirklichen suchen) oder «man lernt schneller durch die Erfahrungen von Misserfolgen». In jedem Fall muss man sich den Bedürfnissen von lernenden Erwachsenen bewusst sein, die da sind: Lernen wollen, wissen warum, respektiert werden, eigene Erfahrungen einbringen können und beim Lernen reale Probleme lösen.

Der Prozessablauf

Bevor wir uns der praktischen Anwendung des Sitzungs-Coachings zuwenden, wollen wir einmal den ganzen Prozessablauf im Überblick betrachten. Anschliessend an diese Kurzbeschreibung der einzelnen Schritte werden wir auf alle noch detailliert eingehen.

Der Sitzungs-Coaching-Prozess beginnt mit einer **Anfrage**. Diese Anfrage kann vom interessierten Coachee selber oder von einer mit ihm im Geschäft verbundenen Person kommen (eigener Chef, HR- oder MD-Verantwortliche). Die Anfragen werden in der Regel telefonisch, per E-Mail oder innerbetrieblich im Direktkontakt zustande kommen. Diese Anfrage ist normalerweise noch kein eigentlicher Auftrag. Auch wenn in der Praxis bei einem telefonischen oder persönlichen Kontakt bereits auch einige Hintergrundinformationen ausgetauscht werden, ist der Erstkontakt noch im Stadium einer Interessensbekundung, die noch einer näheren Abklärung bedarf. Resultat dieser Anfrage wird meistens die Vereinbarung eines Besprechungstermins sein, an welchem die Anfrage präzisiert und konkretisiert wird.

An dieser ersten Sitzung zur Auftragserklärung, welche im Coaching-Business «Contracting» genannt wird, werden Ausgangslage, Auftraggeber, Ziele etc. besprochen und geklärt. Das Resultat des Contractings ist in der Regel eine mündliche oder schriftliche Vereinbarung zur Zusammenarbeit für ein Sitzungs-Coaching. *Ausgangslage,* An dieser Sitzung zur Auftragsklärung sind die Ziele für das Sitzungs-Coaching *Auftraggeber,* sehr oft noch nicht bis ins letzte Detail präzisiert und müssen in der ersten *Ziele erklären* Coaching-Sitzung definitiv festgelegt werden. Das Contracting ist nicht immer so einfach, wie es auf den ersten Blick erscheinen mag. Ein gutes Contracting ist aber das eigentliche Fundament für einen erfolgreichen Sitzungs-Coaching Prozess.

Sind sich die Beteiligten einig, dann beginnt die Phase der **Vorbereitung** für den Coach wie auch für den Coachee. Diese kann je nach didaktischem Vorgehen seitens des Sitzungs-Coachs für den Coachee recht unterschiedlich ausfallen – vom nichts

Zusätzliches auf die erste Sitzung hin tun bis zur detaillierten Vorbereitungsarbeit. Es gibt auch hier kein richtig oder falsch, sondern verschiedene Ansätze mit unterschiedlichen Auswirkungen.

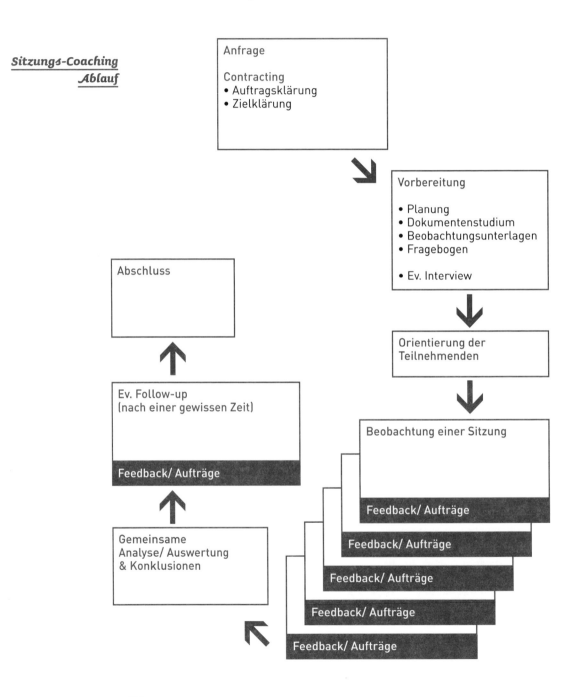

Schliesslich beginnt die «Live-Phase» in welcher der Sitzungscoach den Coachee in der Regel mehrmals bei seiner Arbeit an Sitzungen beobachtet. Diese Sitzungsbeobachtung beinhaltet auch einige spezielle Aufgaben für den Coach wie zum Beispiel das chronologisch nachvollziehbare Festhalten wichtiger Beobachtungen.

Direkt anschliessend an die Sitzungsbeobachtung oder mit zeitlicher Verzögerung folgt das Feedback an den Coachee. Das Feedback besteht aus einer vorgelagerten Selbstreflexion mit anschliessender Diskussion über ausgewählte Feststellungen des Coachs. Output dieses Feedbacks sind konkrete Erkenntnisse des Coachee verbunden mit Handlungsanweisungen oder Handlungsalternativen. In dieser Feedback-Besprechung werden auch konkrete Änderungs- oder Verbesserungsschritte für die nächste Sitzungsleitung festgelegt.

Das Feedback besteht aus einer vorgelagerten Selbstreflexion

Diese Sitzungsbeobachtung mit anschliessendem Feedback wird im vereinbarten Rahmen oder bis zur Zielerreichung wiederholt.

Wurden die Sitzungs-Coaching Ziele erreicht, dann wird der Prozess mit einer gemeinsamen Analyse des Vergangenen und des Erreichten in der Regel abgeschlossen. Es kann sich – je nach Problemstellung zu Beginn des Prozesses – lohnen, nach einem längeren Zeitabschnitt (z.B. einem halben Jahr) eine «Follow-up»-Sitzungsbeobachtung durchzuführen, um so die Nachhaltigkeit der Änderungen sicherzustellen.

Mit diesem Ablauf haben wir gute Erfahrungen gemacht. Er kann selbstverständlich beliebig ergänzt oder verändert werden. Wir denken jedoch, dass eine einfache Struktur – insbesondere beim Einsatz nicht-professioneller Sitzungs-Coachs – von Vorteil ist. Die klare Struktur erlaubt es auch einem Interessierten, den Prozess rasch zu verstehen.

Wie bei jeder Arbeit ist auch beim Sitzungs-Coaching eine sorgfältige Auftrags- und Zielklärung ein wichtiger Baustein des Erfolgs. Die Vorbereitung kann sehr unterschiedlich gestaltet werden, dann folgen die Sitzungsbeobachtungen mit den Feedbacks und den Lernzielen für die nächste Sitzung. Nach einem allfälligen späteren Follow-up folgt schliesslich ein Abschluss mit Auswertung und Konsequenzen.

ESSENZ

04

Contracting

Unter Contracting versteht man im Bereiche des Coachings die Besprechung und Festlegung des Auftragsverhältnisses (wer arbeitet mit wem für wen), der Ausgangslage (wie ist es heute), der zu erreichenden Ziele (was soll verändert oder verbessert werden), des methodischen Vorgehens (wie wird vorgegangen, in welcher Reihenfolge oder wie häufig wird was getan), der Berichterstattung (wie und in welcher Form werden Zwischen- oder Endresultate erhoben oder mitgeteilt) sowie der verfügbaren personellen, zeitlichen und finanziellen Ressourcen (was kann wie zur Zielerreichung eingesetzt werden). Für professionelle externe Berater, Trainer oder Coachs ist das Contracting der erste Schritt zur Zusammenarbeit und gehört demnach zum normalen Vorgehen.

Wir erwähnen ihn hier deshalb etwas ausführlicher, weil beim Sitzungs-Coaching oft nicht professionelle Berater oder Coachs eingesetzt werden. Linienleute sind oft «Macher» und wollen rasch Resultate erzielen oder sehen. Uns ist aufgefallen, *Probleme, Ziele und* dass die Ausgangslage öfters etwas rudimentär vorliegt, die verschiedenen Akteure *Vorgehen müssen* (z.B. der Chef des Coachees und der Coachee selbst) die Problemstellung nicht *geklärt sein* identisch sehen und über die zu erreichenden Ziele entweder nur vage Ideen, unklare oder überrissene Erwartungen oder divergierende Vorstellungen anzutreffen sind.

Das Contracting ist ein systematischer Prozess der Informationsgewinnung und Erwartungsklärung. Er braucht – da man mit Check-Listen operieren kann – gar nicht so viel Zeit. Er erspart aber im Verlauf des Unterstützungsprozesses unliebsame Überraschungen und Enttäuschungen wegen unerfüllten Erwartungen.

Es sind mehrere Contracting-Situationen möglich.

In diesem Falle sind wir an der wichtigsten Quelle und der Coachee handelt in Eigenregie und ist im «Drivers Seat». Der Contracting-Prozess kann problemlos mit der Check-Liste durchgeführt und nach den Bedürfnissen des Auftraggebers gestaltet werden.

Der Coaching-Nehmer ist Auftraggeber

Grundsätzlich auch eine sehr gute Ausgangslage. Wenn der Chef selber sich Mühe und Zeit nimmt, für einen seiner Mitarbeitenden eine Entwicklungsmassnahme zu unterstützen, dann können wir meistens von einer positiven Grundeinstellung profitieren. Beim Contracting-Gespräch mit dem Chef des Coachees sind zwei Dinge zu beachten: Erstens lassen Sie sich nicht «auf die Schnelle» informieren. Viele Chefs sind unter Zeitdruck und formulieren (in bester Absicht) etwas wage Ziele wie zum Beispiel: «Er sollte lernen, die Sitzungen etwas straffer zu führen». Hier muss der Sitzungs-Coach trotz Zeitdruck etwas hartnäckig «am Ball» bleiben, und die Erwartungen des Vorgesetzten solange abfragen, bis sie wirklich klar sind («woran würden Sie feststellen, dass Herr x die Sitzung straffer führt?»). Andere Vorgesetzte nehmen sich Zeit und reden unter Umständen viel. Es lohnt sich, alle kleinen oder grossen Erwartungen oder Wünsche abzurufen, aufzuschreiben und zu wiederholen. Am Ende dieses Prozesses kann eine Fokussierungsfrage zur Schwergewichtsbildung beitragen: «Angenommen wir schaffen mit dem Sitzungs-Coaching nicht alle ihre Ziele. Welches Ziel muss erreicht werden, damit für Sie das Sitzungs-Coaching ein Erfolg ist?»

Der Chef des Coachees ist Auftraggeber

Ist der Chef des Coachees der Auftraggeber, dann lohnt es sich auch der Frage nachzugehen, wie er im Prozess eingebunden bleibt, damit er die (eventuell nur kleinen) Verbesserungsschritte auch selbst sehen und positiv würdigen kann. Für den Erfolg eines (Sitzungs-)Coachings ist es wichtig, dass der eigene Chef am Fortschritt teilnehmen kann, es gehört zum «Management of Expectations». Es können hierfür keine generellen Massnahmen empfohlen werden, da sich je nach Situation andere Lösungen anbieten. Wir empfehlen einfach die Diskussion und Beantwortung der Frage: **«Wie bleibt der Chef beim Sitzungs-Coaching am Veränderungsprozess beteiligt?»**

Der zweite Punkt, den es zu beachten gilt ist das «Setting» des Contracting-Gespräches mit dem Chef: Wird der Coach vom Chef alleine informiert oder sitzt der Coachee am gleichen Tisch? Auch hier gibt es keine allgemeingültigen Schlussfolgerungen, doch ergeben sich gegebenenfalls Rückschlüsse auf die Führungskultur in diesem Bereich oder über die Beziehung des Chefs zum Coachee. Sitzt der Coachee nicht mit dabei, dann ist eine zweite (um das Formelle gekürzte) Contracting-Runde mit dem Coachee Pflicht. Ist der Coachee beim Contracting mit

Ein gemeinsames Contracting mit dem Coach ist Pflicht

dem Chef anwesend, empfiehlt es sich ebenfalls, eine zweite Runde mit dem Coachee alleine zu machen. In beiden Fällen ist die Gewinnung überraschender Zusatzinformationen eher die Regel als die Ausnahme! Zudem müssen wir uns stets vor Augen halten, dass der Sitzungs-Coach eine tragfähige Beziehung zum Coachee aufbauen muss. Das Abholen der Erwartungen, Wünsche oder Befürchtungen des Coachees ist ein Muss.

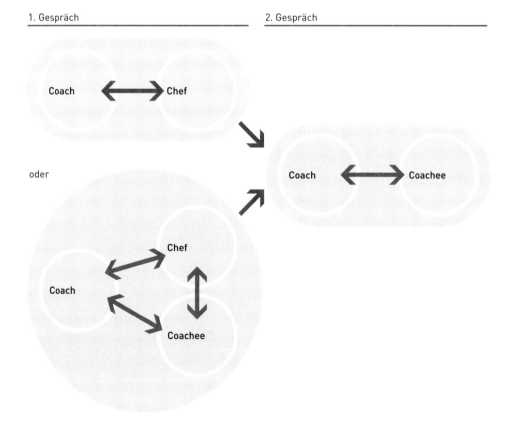

Hier ist die Situation etwas komplexer, aber sowohl für interne als auch für externe Berater oder Coachs ein häufig anzutreffender Fall. Für interne Berater, Trainer oder Coachs ist die Situation weniger problematisch als für externe, da sie über Kenntnisse der internen Beziehungen, des Führungsklimas oder der Unternehmenskultur verfügen. Sie müssen in der Regel nicht «zwischen den Zeilen» lesen können. Dieser Fall ist deshalb recht häufig, weil HR- oder MD-Verantwortliche sehr oft den Selektions- und Vorinformationsprozess der Coachs für die Linienleute aus Effizienzgründen wahrnehmen (Coaching-Pools etc.).

Die Konsequenzen sind aber für interne und externe Sitzungs-Coachs gleichermassen klar: Es gibt mit Sicherheit einen zwei- oder mehrstufigen Contracting-Prozess. Als erstes wird mit den HR- oder MD-Spezialisten das Contracting soweit als möglich durchgeführt. Sitzt der Coachee gleichzeitig am Tisch (was aus Effizienzgründen oft nicht der Fall ist), dann ergibt sich auch hier wie bei der Situation mit dem Vorgesetzten zwingend ein zweites Contracting-Gespräch mit dem Coachee allein.

Human Resources oder Management Development ist Auftraggeber

1. Gespräch   2. Gespräch

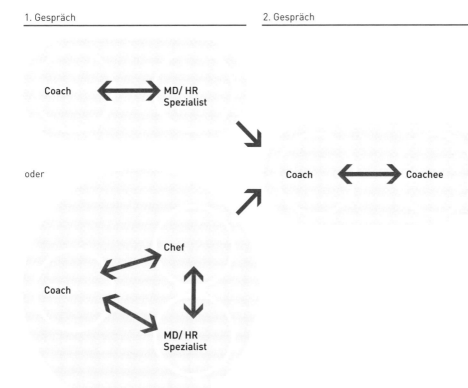

Die naheliegende Frage nach dem Einbezug des «Vierten im Bunde» – des Chefs des Coachees – stellt sich hier natürlich. Grundsätzlich ist ein solcher Einbezug, in welcher Form auch immer, stets anzustreben. Es gibt aber wie bei allen Regeln auch hier Ausnahmen. Wenn beispielsweise das Sitzungs-Coaching Bestandteil einer Führungsausbildung oder eines Management-Development Prozesses ist, dann kann sich der Einbezug des Chefs auf ein Telefongespräch beschränken oder ganz erübrigen. Ähnlich ist die Situation, wenn der Coachee aus eigenem Antrieb mit Hilfe von HR- oder MD-Spezialisten das Sitzungs-Coaching angestrebt hat. Der Einbezug oder der Zeitpunkt des Einbezugs des Chefs kann auch mit dem Coachee besprochen und geplant werden. Es ist auch eine gute Möglichkeit, mit dem Sitzungs-Coaching zu starten und im Verlauf des Prozesses ein Gespräch mit dem Vorgesetzten anzustreben. Der Coach verfügt dann bereits über «real-life» Informationen und versteht den Chef eventuell besser. Bei diesen Gesprächen sollte gemäss «geltenden Ethik-Doktrin» im Coaching der Coachee immer anwesend sein. Wir sind uns nicht sicher, ob es nicht auch hier Ausnahmen gibt. So konnten wir schon öfters erleben, dass in einem Gespräch alleine mit dem Chef wesentlich mehr relevante Informationen gewonnen werden können. Viele Chefs bleiben in Anwesenheit ihres Untergebenen oft etwas schönfärbend im Allgemeinen – die *Jedes Gespräch mit* echten Punkte ihres Ärgers oder ihrer Befürchtungen kommen dabei nicht zur *dem Chef muss in* Sprache. Selbstverständlich gilt aber eine Regel: Dieses Gespräch mit dem Chef *Absprache mit dem* muss in Absprache und mit Wissen des Coachees stattfinden, das ist die Grund-*Coachee erfolgen* bedingung für das Vertrauensverhältnis in der Zusammenarbeit. Führt ein Coach das Gespräch mit dem Chef alleine, dann besteht die Möglichkeit, dass er Informationen über den Coachee erhält, die diesem selber in dieser Klarheit oder Tragweite vielleicht nicht bekannt sind. Der Coach verfügt zwar dann einerseits über mehr und detailliertere relevante Informationen, steht aber andererseits vor der nicht ganz leichten Aufgabe zu entscheiden, wann er wieviel und in welcher Form an den Coachee weitergibt.

Ungeachtet der speziellen Situation gibt es aber eine Grundregel fürs Contracting: War der Chef des Coachee in irgendeiner Form Initiant oder Auslöser des Sitzungs-Coachings, dann muss er im Contracting-Prozess eingebunden werden. Der Sitzungs-Coach muss ihn direkt sprechen und «im Originalton» hören können.

Wie bei der Ausgangslage mit dem Chef als Auftraggeber stellt sich auch hier die Frage, ob und wenn ja, wie die HR- oder MD-Spezialisten als Auftraggeber am Ver-änderungsprozess beteiligt bleiben sollen. Interne Stellen sind in Unternehmungen auch verpflichtet, Resultate auszuweisen. Beim Sitzungs-Coaching ist dies nicht anders als bei anderen Entwicklungsmassnahmen. Die Frage des «Reportings» gehört somit – wenn sie von den HR- oder MD-Spezialisten nicht selber angespro-chen wird – ins Contracting-Gespräch.

Der Vollständigkeit halber sei für professionelle Coachs erwähnt, dass das Contracting schon mit dem ersten Gesprächspartner in zwei Phasen verlaufen kann. In vielen Unternehmungen ist es Usus, dem Coachee 2 mögliche oder geeignete Coachs zu «offerieren». Das heisst für den Coach nichts anderes, als dass die erste Sitzung weniger eine Contracting-Sitzung als vielmehr eine Art Bewerbungsgespräch darstellt!

Die nachfolgend aufgeführte Check-Liste für das Contracting ist als Hilfsmittel **_Check-Liste_** gedacht. Sie ist keinesfalls abschliessend und kann von jedem Sitzungs-Coach **_für Contracting_** seinen Bedürfnissen entsprechend abgeändert, erweitert oder in der Reihenfolge umsortiert werden. Wir empfehlen lediglich das (transparente) Vorgehen mit einer Check-Liste, weil auf dieser Liste keine für den Sitzungs-Coaching Prozess wesentliche Aspekte schon am Start vergessen werden (die Contracting-Check-Liste kann unter **www.executive-coach.ch** heruntergeladen werden). Unaufgedeckte oder ungeklärte Erwartungen führen oft zu Frustration und gefährden den Erfolg. Wir sind selbstverständlich Befürworter des Feedback-Prinzips, denn Veränderungen oder Verbesserungen (auch im Sitzungs-Coaching) basieren darauf. Wir sind aber auch überzeugte Vertreter des «Feed-Forward-Prinzips». Aus Unkenntnis entstandene falsche oder überzogene Erwartungen können vor dem Start korrigiert werden und entfalten so später nicht ihre negative Wirkung, die mit viel Aufwand «korrigiert» werden muss (nota bene auch ein zentrales und weit verbreitetes Problem bei der Führung von Mitarbeitern. Viele Chefs formulieren ihre Erwartungen zu Beginn nicht klar genug und müssen dann korrigierend eingreifen. Wer von Anfang an seine Erwartungen klar formuliert, hat grössere Chance, diese erfüllt zu sehen). Das systematische Vorgehen beim Contracting soll die bestmögliche Voraussetzung für den Erfolg eines Sitzungs-Coaching sicherstellen.

SITZUNGS-COACHING:
CONTRACTING

1. • Wer ist der Auftraggeber? • Wenn es nicht der Coachee selber oder dessen direkter Vorgesetzter ist, welche Funktion/ Aufgabe nimmt der Auftraggeber wahr?	
2. • Welches sind die Gründe für Ihre Anfrage?	
3. • Um welche Art von Sitzungen handelt es sich? • Welche Ziele sollen mit diesen Sitzungen erreicht werden? • Rhythmus/ Häufigkeit der Sitzungen? • Anzahl Teilnehmer? • Ort der Sitzungen? • Dauer der Sitzungen?	
4. • Welches sind die konkreten Resultate der Sitzungen? (Output) • Sind Protokolle oder andere Dokumente erhältlich?	
5. • Wie werden die Sitzungen vorbereitet? • Sind Traktandenlisten/ Einladungen erhältlich?	
6. • Wie beurteilen Sie die Sitzungen bisher? • Nennen Sie positive und/ oder negative Aspekte. • Beschreiben Sie die allgemeine Sitzungs-atmosphäre, das Klima. • Wie sind die Teilnehmer mit den Sitzungen aus Ihrer Sicht zufrieden?	
7. • Was haben Sie/ wurde schon unternommen, um die Sitzungen zu verbessern? • Was waren die Resultate dieser Bemühungen?	
8. • Welche Ziele möchten Sie/ sollten mit dem Sitzungs-Coaching erreichen/ erreicht werden?	

9. • Wie stellen Sie sich die Sitzungs-Coaching Unterstützung vor? • Auf welche Fragen/ offenen Punkte möchten Sie noch eine Antwort? • Welches sind Ihre Erwartungen an den Coach?	
10. • Ist der Chef des Coachee informiert? • Kann/ sollte er miteinbezogen werden? • Wenn nicht, warum? • Wie könnte er miteinbezogen werden?	
11. • Wie und durch wen wird das Team oder werden die TN der Sitzung informiert?	
12. • Wie und von wem werden die (Zwischen-) Resultate festgestellt/ «gemessen»? • Die Sitzungs-Coaching-Ziele sind erreicht, wenn …	
13. • Wie und von wem werden (Zwischen-) Resultate rapportiert? • Wie, an wen und in welcher Form? • Warum?	
14. • Weiteres Vorgehen (Offerte/ Zeitplan/ wer bezahlt was/ wie wird verrechnet/ etc.)	

Die Schaffung von Klarheit der Erwartungen aller Beteiligten und die Einigung auf die verschiedenen Rollen und auf gerechtfertigte Ziele sind elementar für den Erfolg des Sitzungs-Coaching und verhindern Frustrationen und Enttäuschungen (siehe Check-Liste als Hilfsmittel).

ESSENZ

Vorbereitung auf das erste Sitzungs-Coaching

Jeder Coach wird sich auf seine Art auf die erste Sitzung, die sein Coachee leitet und an der er dabei ist, vorbereiten.

Wir empfehlen dabei folgende Informationsquellen gezielt zu nutzen:

■ Informationen aus dem Contracting

Aus dem Contracting (ein oder mehrere Gespräche) hat der Coach in der Regel bereits viele Informationen. Nebst der Direktbegegnung mit dem Coachee, seinen Aussagen und der vereinbarten Zielsetzung verfügt er meistens auch noch über Hinweise von anderen Personen. Dies ermöglicht auch die Formulierng von Hypothesen über mögliche Ursache der (noch nicht genügenden) Verhaltensweise des Coachees. Hypothesen sind hier nötig und sinnvoll. Mit ihnen sollte aber mit gebührender Vorsicht umgegangen werden, damit keine vorgefasste Meinung beim Coach entstehen (getreu der Aussage, wonach man mit Hypothesen flirten, aber sie nie heiraten sollte). Wir empfehlen die explizite (d.h. bewusst und schriftlich festgehaltene) Formulierung von Arbeitshypothesen (z.B. «Ich nehme an, dass das Problem x des Coachees die Ursache y hat»). Arbeitshypothesen dienen zum Beispiel der Schwergewichtsbildung bei der Beobachtung oder dem Einbezug bestimmter Hilfsmittel (z.B. Fragebogen).

■ Informationen aus dem Dokumentenstudium (Einladungen, Traktandenlisten, Protokolle, Pendenzenliste)

Dokumente vergangener oder zukünftiger Sitzungen sind sehr oft eine Fundgrube für rasche Verbesserungen. Sie sagen viel über die Qualität der Vor- und Nachbearbeitung von Sitzungen aus. Bekanntlich ist ein Orientierungslauf mit schlechten oder lückenhaften Landkarten eher beschwerlich. Das gleiche lässt sich für viele Sitzungen sagen. Eine gut strukturierte, klare und verständliche Traktandenliste oder Vorbereitungsunterlagen erlauben eine straffere und bessere Führung von Sitzungen.

Woher kommt der Begriff Coaching?

In Ungarn gibt es eine Stadt Namens Kocs. Es wird überliefert, dass dort die besten Kutschenschreiner gearbeitet haben sollen. Der Begriff sprang im Laufe der Zeit von der Stadt auf die Kutschen selbst (Coach bedeutet im Englischen immer noch Reisebus, Eisenbahnwagen oder Kutsche) und anschliessend auch auf den Lenker des Gefährts – den Kutscher auf dem Bock – über.
Im Französischen heisst Kutsche «Coche» und der Kutscher «Cocher».

■ Informationen aus zusätzlichen Gesprächen (z.B. Interview mit anderen Sitzungsteilnehmern).

Je nach Ausgangslage und Führungskultur können vor, während oder nach der Sitzung andere Sitzungsteilnehmer (allfällige Opfer des Sitzungsleiters) befragt und somit in den Veränderungsprozess mit einbezogen werden. Der Miteinbezug der anderen Sitzungsteilnehmer kann Veränderungen stark beschleunigen. In der Vorbereitung kann der Coach sein Augenmerk auch auf diesen Aspekt legen um festzustellen, ob die anderen Teilnehmer eher aktiv kooperieren oder in einer passiven «Konsumentenhaltung» an der Sitzung teilnehmen.

Spezielle Beachtung sollte noch der Unternehmenskultur geschenkt werden. Die Art und Weise wie Leute miteinander kommunizieren oder auch miteinander umgehen, wird natürlich auch stark von der herrschenden Unternehmenskultur beeinflusst. So wird sich der Sitzungsstil in einer Industrieunternehmung stark vom Stil eines Handwerkerbetriebes, eines Telecom-Unternehmens oder einer Firma im Konsumgüterbereich unterscheiden.

Output der Vorbereitung seitens des Coachs sollten sein:
■ Klarheit über sein methodisches Vorgehen für die erste Sitzung
■ Wahl seiner Beobachtungsschwerpunkte
■ Gestaltung seiner Beobachtungsunterlagen

Methodisches Grundsätzlich sind zwei Vorgehensweisen möglich:
Vorgehen Der Coach will die erste Sitzung möglichst «unverfälscht» erleben. Er gibt dem Coachee keine Vorbereitungsaufträge und beobachtet einfach, was geschieht. Diese Methode hat unbestritten ihre Vorteile. Der Coachee ist nicht zusätzlich belastet oder «gehemmt», weil er nicht versucht, bereits etwas umzusetzen. Der Coach erhält einen möglichst «unverfälschten» Eindruck des Leistungsstandes bezüglich Sitzungsleitung seines Coachees und kann gezielt auf die zweite Sitzung hin Verbesserungen einleiten.

Der wesentliche Vorteil dieses ersten Ansatzes liegt im raschen Einsteigen in den Prozess, in der Möglichkeit eine «unverfälschte» Sitzung zu beobachten und im geringeren Zeitaufwand für Coach und Coachee vor der ersten Sitzung.
Die Nachteile dieses Ansatzes sind wenig Eigenverantwortung und Eigenleistung zu Beginn des Prozesses und eventuell ein Verstreichenlassen von sehr guten Lernmöglichkeiten zu Beginn, was zu einer Verlängerung des Prozesses führen kann.

Der zweite Ansatz besteht darin, dass der Coachee beauftragt wird, vorgängig z.B. die Teile 1 und 2 dieses Buches zu lesen und seine Sitzungsvorbereitungen für die erste Sitzung auf Grund seiner Erkenntnisse zu gestalten. Die erste beobachtete Sitzung wird demnach nicht mehr «unverfälscht» sein, da der Coachee bereits Neuerungen in seine Sitzungsführung vornimmt.

Die Vorteile des zweiten Ansatzes liegen darin, dass der Coachee von Beginn weg mehr Eigenverantwortung übernimmt und eine nicht unerhebliche Eigenleistung erbringen muss. Der Coachee sitzt von Anfang mit im «Drivers Seat», er ist proaktiv und steuert den Prozess mit.

Die Nachteile des zweiten Ansatzes liegen einmal in der Gefahr einer «Überfrachtung» oder «Überforderung» des Coachees. Vor lauter neuer Information verliert er vielleicht den Überblick. Zum zweiten erfordert dieses Vorgehen eine längere Vorbereitungszeit, eine vorgängige Selbstreflexion des Coachees (was ist mir bei der Lektüre aufgefallen oder klar geworden?) und eine vorbereitende Klärungs- und Sichtungssitzung mit dem Coach vor der ersten Sitzung unter Beobachtung. Drittens schliesslich ist das Phänomen der «Erstverschlimmerung» zu erwähnen. Wenn jemand etwas zum ersten Mal macht kann es sein, dass er sogar schlechter abschneidet, als wenn er nichts verändert hätte. Dieses Phänomen der «Erstverschlimmerung» kann demotivierend wirken.

Während wir eher Befürworter einer Vorgehensweise sind, bei welcher der Coachee seine Eigenverantwortung wahrnimmt und Eigenleistung erbringt (vgl. auch die Erkenntnisse von Knowles über die Erwachsenenbildung), so sind wir uns der Gefahr des «Overload» sehr bewusst. Wir vertreten daher den Standpunkt, dass der Coach aufgrund seiner Vorbereitungsarbeit dem Coachee eine reduzierte, aber *Bereits für die* gezielte Vorbereitungsaufgabe stellt. Je nach Problemstellung kann der Coach als *erste Beobachtungs-* Vorablektüre einige ausgewählte Kapitel dieses Buchs in Auftrag geben und diese *sitzung eine* Vorbereitungsarbeit mit dem Coachee vor der ersten Sitzung face-to-face oder am *Aufgabe stellen* Telefon reflektieren. Wir sind aber basierend auf unserer Erfahrung der Überzeugung, dass die Vorbereitung des Coachs oder des Coachees nicht für den ganzen Prozess planbar ist, sondern lediglich für die nächste (in diesem Fall die erste) Sitzung erfolgen kann. Alle weiteren Schritte ergeben sich aus den Beobachtungen an den Sitzungen.

Zumindest empfehlen wir, vorgängig alle gewonnene Information sorgfältig auszuwerten, sich über das methodische Vorgehen sowie die Beobachtungsschwerpunkte im Klaren zu sein und die Beobachtungsunterlagen situationsgerecht aufzubereiten. Dann gilt es zu beurteilen, ob vor der ersten Sitzungsbeobachtung bereits Aufträge an den Coachee erteilt und besprochen werden oder ob zunächst ohne vorhergehende Massnahmen eine unverfälschte Sitzung im bisherigen Stil beobachtet wird.

ESSENZ

06

Beobachten einer Sitzung

Jeder, der schon einmal an einem Assessment- oder Development-Center als Beobachter zum Einsatz kam weiss, dass das Beobachten von Menschen in Arbeitssituationen keine einfache Angelegenheit ist. Die Beobachtung von Sitzungen lediglich mit einem Block und einem Schreibstift ausgerüstet ist durchaus möglich, doch ist die Gefahr sehr gross, dass vieles unbeachtet bleibt und das Beobachtungsresultat sehr zufällig ausfällt. Uns war es deshalb ein Bedürfnis, diese Beobachtungsaufgabe sowohl für den (weniger spezifisch ausgebildeten) Linien-Sitzungs-Coach als auch für Profis so wirksam als möglich zu gestalten.

Wir haben deshalb vorstrukturierte Beobachtungsunterlagen geschaffen, die sich natürlich am Inhalt dieses Buches orientieren und die zusätzlich noch Platz für Verhaltensbeobachtung und Verhaltensbewertung vorsehen.
Mit diesen detaillierten Unterlagen, die selbstverständlich der Problemstellung oder den Bedürfnissen des Coachs entsprechend verändert und ergänzt werden können, wollen wir drei Aspekte sicherstellen:

Erstens die
■ Einführung/ Schulung/ Sensibilisierung der Sitzungs-Coachs auf das, was sie beobachten müssen.

Mit Beobach- Die Beobachtungsunterlagen erlauben, die Sitzung im Ablauf zu beobachten und
tungsunterlagen zu beurteilen. Die zusätzlichen Aspekte mit vielen Fragen ermöglichen es dem
völlig vertraut sein Coach, zwischendurch Notizen zu einzelnen Verhaltensweisen oder speziellen Situationen zu machen. Jeder Sitzungs-Coach muss mit seinen Beobachtungsunterlagen völlig vertraut sein, damit er weiss, wo er was notieren kann.

Der zweite Aspekt ist die
- ◼ Beobachtung mit anschliessender Beurteilung des Gesehenen oder Gehörten.

In der klassischen Lehre zur Arbeit in Assessments gilt der Grundsatz der strikten Trennung von Beobachtung und Bewertung. Diese Systematik oder Disziplin ist sehr sinnvoll und wirksam, sie ist aber schon für speziell ausgebildete Fachleute ziemlich schwierig anzuwenden. Da im Sitzungs-Coaching auch viele nicht speziell dafür ausgebildete Linienvorgesetzte oder gleichgestellte Kollegen zum Einsatz kommen, wollen wir sie mit unserem Beobachtungsbogen bei der Arbeit unterstützen. In der Praxis (und auch dank der Funktionsweise unseres Gehirns) finden das Beobachten und das Beurteilen laufend Hand in Hand gleichzeitig statt und fliessen, ohne dass wir es bemerken, ineinander über. Es lohnt sich daher, diese Prozesse gedanklich so weit als möglich zu trennen: «Das habe ich gesehen/ gehört» und «Dies finde ich gut, mittelmässig oder ungenügend, weil ...». Mit der Gestaltung unserer Beobachtungsunterlagen wollen wir die Sitzungs-Coachs daran erinnern, möglichst viele Beobachtungen «wertfrei» (also nicht be-wertend) zu notieren und erst in einem zweiten Schritt nach Abschluss der Sitzung ein qualitatives Urteil zu formulieren.

Beobachten und Beurteilen klar trennen

Der dritte Aspekt, den die Beobachtungsunterlagen ermöglichen, ist die
- ◼ Kontinuität in der Beobachtungsqualität und Beobachtungskonsequenz.

Die ausgefüllten Beoachtungsblätter dienen dem Coach für die Vorbereitung späterer Sitzungen oder bei der Durchführung von Zwischengesprächen als Protokoll. Da immer die gleichen Beobachtungsstrukturen gegeben sind und die gleichen Elemente beobachtet werden, können auch Veränderungen und Fortschritte besser verfolgt und in Worte gefasst werden.

Alle im Anschluss abgebildeten Beobachtungs- oder Reflexions-Formulare können im praktischen Einsatzformat als **Word-Dokument** unter www.executive-coach.ch heruntergeladen und den individuellen Wünschen der Coachs oder Unternehmungen angepasst werden. Es könnte nun der Eindruck entstehen, dass ein Sitzungs-Coach simultan in allen verschiedenen Formularen Einträge und Notizen machen muss. Dem ist nicht so, denn eine Sitzungsbeobachtung verläuft in 3 zeitlich getrennten Phasen. Diese 3 Phasen einer Sitzungsbeobachtung sind:

Phase 1:   Analyse und Bewertung der Sitzungsvorbereitungen
Phase 2:   Eigentliche Sitzungsbeobachtung
Phase 3:   Analyse und Beurteilung besonderer Aspekte sowie der ganzen
                Sitzung, Reflexion

Analyse und Bewertung der Sitzungsvorbereitung

Im Normalfall kann der Sitzungs-Coach die Sitzungs-Vorbereitungsarbeiten des Coachees auf Grund der Unterlagen (Einladung, Traktandenliste etc.) bereits vor der Sitzung analysieren und beurteilen. Lediglich die Wahl des Raumes oder die Bereitstellung von Hilfsmitteln oder Verpflegung können meistens erst an der Sitzung oder im Sitzungszimmer erlebt und beurteilt werden.

Beobachten, feststellen und Fragen dazu stellen

Der Frage- und Beurteilungsbogen für die Sitzungsvorbereitung ist nachfolgend abgebildet. Er ist selbsterklärend und weist (wie auch der Bogen für die Sitzungsbeobachtung) auf die wichtigsten Elemente im Sitzungs-Coaching hin. Selten ist etwas «richtig» oder «falsch». Aus der Sicht des Coachs kann etwas unzweckmässig, unvollständig oder falsch erscheinen. Sehr oft wissen wir als Coachs – insbesondere, wenn wir nur die Akten sehen – nicht, ob es gute Gründe für das Vorliegende gibt. Wir empfehlen daher Sitzungs-Coachs primär festzustellen, was ist (was sie sehen oder bemerken). Mit diesen Feststellungen und den entsprechenden Fragen dazu soll der Coach zusammen mit dem Coachee nach der Sitzung ergründen, warum etwas so ist. Deshalb steht bei allen Kommentarflächen auf dem Beobachtungsbogen oben lediglich «Feststellungen/ Kommentare/ Fragen».

ANALYSE DER VORBEREITUNG
1. TRAKTANDENLISTE

Ziele   Hat jedes Traktandum ein klares, überprüfbares Ziel?
❏ Ja   ❏ Teilweise   ❏ Nein

Feststellungen/ Kommentare/ Fragen:

Zeit   Hat jedes Traktandum eine Zeitvorgabe/ hat die Gesamtsitzung eine festgelegte Gesamtzeit?
❏ Ja   ❏ Teilweise   ❏ Nein

Feststellungen/ Kommentare/ Fragen:

Struktur   Sind Kontrolltraktanden zu Beginn angesetzt?
❏ Ja   ❏ Teilweise   ❏ Nein

Feststellungen/ Kommentare/ Fragen:

| Struktur | Ist die Reihenfolge der Traktanden nach deren Bedeutung sinnvoll? |
| | ❏ Ja ❏ Teilweise ❏ Nein |

Feststellungen/ Kommentare/ Fragen:

| Struktur | Ist ein Feedback-/ Reviewtraktandum am Ende der Sitzung vorgesehen? |
| | ❏ Ja ❏ Teilweise ❏ Nein |

Feststellungen/ Kommentare/ Fragen:

| Struktur | Sind Pausen vorgesehen? |
| | ❏ Ja ❏ Teilweise ❏ Nein |

Feststellungen/ Kommentare/ Fragen:

ANALYSE DER VORBEREITUNG
2. VORBEREITUNGSUNTERLAGEN

Unterlagen   Sind die Vorbereitungsunterlagen verständlich, sinnvoll, im
Umfang vertretbar, rechtzeitig zugestellt?
❏ Ja   ❏ Teilweise   ❏ Nein

Feststellungen/ Kommentare/ Fragen:

ANALYSE DER VORBEREITUNG
3. EINLADUNG

Einladung   Ist die Einladung vollständig und klar (Teilnehmer/
Ort + Zeit/ Kontaktperson) ? Wurde sie rechtzeitig zugestellt?
❏ Ja   ❏ Teilweise   ❏ Nein

Feststellungen/ Kommentare/ Fragen:

ANALYSE DER VORBEREITUNG
4. PROTOKOLL DER LETZTEN SITZUNG UND PENDENZENLISTE

Protokoll   Ist das Protokoll klar, verständlich, präzis, kurz?
               Sind gefasste Entschlüsse und vergebene Aufträge in
               Verantwortlichkeiten klar geregelt und terminiert?
               ❏ Ja   ❏ Teilweise   ❏ Nein

Feststellungen/ Kommentare/ Fragen:

Pendenzen   Besteht eine Pendenzenliste? Ist sie zweckmässig? Sind
               Verantwortlichkeiten, Termine, Status klar?
               ❏ Ja   ❏ Teilweise   ❏ Nein

Feststellungen/ Kommentare/ Fragen:

ANALYSE DER VORBEREITUNG
5. RAUM UND LOGISTIK

Möblierung   Entspricht die Möblierung (Tische/ Stühle) den
Sitzungs-Bedürfnissen?
(Anzahl Personen, Distanzen zwischen den Personen)
❏ Ja   ❏ Teilweise   ❏ Nein

Feststellungen/ Kommentare/ Fragen:

Raum   Ist der Sitzungsraum geeignet?
(Licht/ Luft/ Klima/ Störungen)
❏ Ja   ❏ Teilweise   ❏ Nein

Feststellungen/ Kommentare/ Fragen:

Ausrüstung/	Sind die für die Sitzung nötigen und hilfreichen Hilfsmittel
Hilfsmittel	vorhanden und funktionstüchtig (Beamer/ Leinwand/
	Flip-Chart/ Pinwand/ Overhead-Projektor etc.)?

❏ Ja   ❏ Teilweise   ❏ Nein

Feststellungen/ Kommentare/ Fragen:

| Getränke/ | Sind Getränke/ Verpflegung vorhanden? |
| Verpflegung | ❏ Ja   ❏ Teilweise   ❏ Nein |

Feststellungen/ Kommentare/ Fragen:

| Getränke/ | Ist die vorgesehene Verpflegung |
| Verpflegung | gesund, leistungsfördernd, praktisch? |

❏ Ja   ❏ Teilweise   ❏ Nein

Feststellungen/ Kommentare/ Fragen:

Die Beobachtung einer Sitzung ist an und für sich nichts Spektakuläres. Wir emp- *Beobachtung*
fehlen dem Coach, einen Platz am Rande des Raumes zu wählen, wo er einen *der eigentlichen*
möglichst guten Überblick über die Runde hat. Dem Coachee sollte er nicht frontal *Sitzung*
gegenübersitzen aber ihn gut sehen können. Aus unserer Sicht ist es zweckmässi-
ger, wenn er nicht mit den anderen Teilnehmern am gleichen Tisch sitzt, seine
Notiznahme könnte störend wirken.

Ganz wichtig ist, dass seine Anwesenheit erklärt wird. Die geeignetste Lösung *Die Anwesenheit*
scheint uns, wenn sein Dabeisein bereits in der vorangehenden Sitzung angekündigt *des Coaches*
wurde und er dann bei der ersten beobachteten Sitzung formell nochmals begrüsst *ankündigen und*
und eingeführt wird. Dies mag wie eine Nebensächlichkeit erscheinen, doch ist eine *erklären*
elegante Einführung ein wichtiger Faktor für die Vermeidung einer störenden
Situation und für das Schaffen einer entspannten Atmosphäre.

Der Sitzungs-Coach ist ein stiller Beobachter und macht sich seine Notizen. Dazu
haben wir einen Beobachtungsbogen konzipiert, der zweigeteilt ist. Der erste Teil
dient primär der Aufnahme von Feststellungen während des Sitzungsablaufes. Wir
empfehlen von der zweiten Liste («Behandlung der Traktanden») pro vorgesehenem *Generelle Beobach-*
Traktandum ein solches Blatt verfügbar zu halten. Die entsprechende Nummerierung *tungen und*
der Traktanden kann von Hand während der Sitzung eingefügt werden. Der zweite *Feststellungen pro*
Teil des Beobachtungsbogens dient zwei verschiedenen Dingen: Erstens der *Traktandum*
Aufnahme von Feststellungen auf der eher atmosphärischen Ebene (Diskussions-
kultur/ Aufmerksamkeit/ Körperhaltungen), spezieller oder auffälligen Verhaltensweisen des Coachees (Umgang mit Störungen/ Fragetechnik etc.) oder von
dynamischen Aspekten des Verhaltens im Team (Spannungen/ Allianzen/ «Spiele»/
Ausgrenzungen etc.). Zweitens dient dieser Teil auch für die **Reflexion** und die
Beurteilung verschiedener Aspekte (wir haben eine Skala von 1–10 gewählt,
1 = sehr schwach, 10 = sehr gut). Wir kommen im nächsten Kapitel über Reflexion
nochmals auf die Handhabung zurück.
Der Beobachtungsbogen kann unter www.executive-coach.ch als Word-Dokument
heruntergeladen werden.

Selbstverständlich können weitere Aspekte nach Massgabe der Zielsetzung der
Sitzung selber, des Sitzungs-Coachings oder nach Wünschen des Coachs in diesen *Genau wissen,*
Beobachtungsbogen eingebracht werden. Wichtig ist dabei, dass der Coach genau *was beobachtet*
weiss, welche Aspekte er beobachten will und wo er sie im Bogen findet. Ein lau- *werden soll*
fendes geräuschvolles Blättern im Beobachtungsbogen sollte vermieden werden.
Nachfolgend ist der Beobachtungsbogen aufgeführt:

SITZUNGSBEOBACHTUNG
1. START DER SITZUNG

Pünktlichkeit   Wurde die Sitzung pünktlich begonnen?
❏ Ja   ❏ Nein

Feststellungen/ Kommentare/ Fragen:

Atmosphäre   Ist die Atmosphäre unter den Teilnehmern angenehm?
❏ Ja   ❏ Teilweise   ❏ Nein

Feststellungen/ Kommentare/ Fragen:

Begrüssung   Ist die Begrüssung der Teilnehmenden zur Sitzung passend
und freundlich? Werden ausserordentliche Teilnehmer
entsprechend vorgestellt?
❏ Ja   ❏ Teilweise   ❏ Nein

Feststellungen/ Kommentare/ Fragen:

Einleitung	Ist die Einleitung zielführend, zweckmässig und ordnend? (Hauptziel/ Überblick/ Dauer/ Vorgehensweise/ Pausen/ Verpflegung/ Spezialchargen)
	❏ Ja ❏ Teilweise ❏ Nein

Feststellungen/ Kommentare/ Fragen:

SITZUNGSBEOBACHTUNG
2. BEHANDLUNG VON TRAKTANDEN

Einführung	Ist die Einführung in die Behandlung des Traktandums zielführend und zweckmässig?
	❏ Ja ❏ Teilweise ❏ Traktandum Nr.:

Feststellungen/ Kommentare/ Fragen:

| Materielle Behandlung | Ist die materielle Behandlung des Traktandums zielführend verlaufen? Wurde das Ziel, ein Resultat, erreicht? Wurden Hilfsmittel sinnvoll eingesetzt? ❏ Ja ❏ Teilweise ❏ Nein |

Feststellungen/ Kommentare/ Fragen:

| Resultate | Wurde das Resultat klar und verständlich festgehalten (Protokoll, Termine etc.)? ❏ Ja ❏ Teilweise ❏ Nein |

Feststellungen/ Kommentare/ Fragen:

| Zeit | Wurde die Zeit eingehalten? ❏ Ja ❏ Teilweise ❏ Nein |

Feststellungen/ Kommentare/ Fragen:

SITZUNGSBEOBACHTUNG
3. ABSCHLUSS DER SITZUNG

Rückblick/
Resultate

Beinhaltet der Abschluss einen Rückblick auf
Ziele und Resultate?

❏ Ja   ❏ Teilweise   ❏ Nein

Feststellungen/ Kommentare/ Fragen:

Feedback-
runde

Wurde die Sitzung in irgendeiner Form reflektiert?

❏ Ja   ❏ Teilweise   ❏ Nein

Feststellungen/ Kommentare/ Fragen:

Dank

Beinhaltet der Abschluss einen Dank an die Teilnehmenden,
an Inhaber von speziellen Chargen?

❏ Ja   ❏ Teilweise   ❏ Nein

Feststellungen/ Kommentare/ Fragen:

SITZUNGSBEOBACHTUNG
4. ZUSÄTZLICHE ASPEKTE

Präsenz und Führungsverhalten des Sitzungsleiters

Beurteilung

❏ 1 ❏ 2 ❏ 3 ❏ 4 ❏ 5 ❏ 6 ❏ 7 ❏ 8 ❏ 9 ❏ 10

Feststellungen/ Beobachtungen/ Kommentare/ Fragen/ Begründung

Steuerung auf der Prozessebene

Beurteilung

❏ 1 ❏ 2 ❏ 3 ❏ 4 ❏ 5 ❏ 6 ❏ 7 ❏ 8 ❏ 9 ❏ 10

Feststellungen/ Beobachtungen/ Kommentare/ Fragen/ Begründung

Frage-Technik

Beurteilung

❏ 1 ❏ 2 ❏ 3 ❏ 4 ❏ 5 ❏ 6 ❏ 7 ❏ 8 ❏ 9 ❏ 10

Feststellungen/ Beobachtungen/ Kommentare/ Fragen/ Begründung

Einbezug aller Teilnehmenden

Beurteilung

❏ 1   ❏ 2   ❏ 3   ❏ 4   ❏ 5   ❏ 6   ❏ 7   ❏ 8   ❏ 9   ❏ 10

Feststellungen/ Beobachtungen/ Kommentare/ Fragen/ Begründung

Umgang mit Störungen

Beurteilung

❏ 1   ❏ 2   ❏ 3   ❏ 4   ❏ 5   ❏ 6   ❏ 7   ❏ 8   ❏ 9   ❏ 10

Feststellungen/ Beobachtungen/ Kommentare/ Fragen/ Begründung

Präsentationen

Form/ Aufbau/ Verständlichkeit/ Länge/ Hilfsmittel/ Beantwortung von Fragen

Beurteilung

❏ 1   ❏ 2   ❏ 3   ❏ 4   ❏ 5   ❏ 6   ❏ 7   ❏ 8   ❏ 9   ❏ 10

Feststellungen/ Beobachtungen/ Kommentare/ Fragen/ Begründung

Organisation, Regeln und Wohlbefinden
Sitzordnung/ Platzwahl Sitzungsleiter/ Verpflegungen/ Pausen/
Time-Management/ Disziplin/ Einhaltung der Spielregeln/ Störungen (wie
telefonieren und lesen oder schreiben elektronischer Nachrichten etc.)/
Anwendung der Chargen-Mandate/ Sauerstoff im Raum

Beurteilung
❏ 1 ❏ 2 ❏ 3 ❏ 4 ❏ 5 ❏ 6 ❏ 7 ❏ 8 ❏ 9 ❏ 10

Feststellungen/ Beobachtungen/ Kommentare/ Fragen/ Begründung

Diskussionskultur und Präsenz
Diskussionskultur/ konstruktive Streitkultur/ Zuhören / Aufmerksamkeit/
Redezeit des Leiters/ Körpersprachen der Anwesenden wie Offenheit, Stille,
Verschlossenheit, Proteste, Desinteresse etc./ Präsenz der Teilnehmenden

Beurteilung
❏ 1 ❏ 2 ❏ 3 ❏ 4 ❏ 5 ❏ 6 ❏ 7 ❏ 8 ❏ 9 ❏ 10

Feststellungen/ Beobachtungen/ Kommentare/ Fragen/ Begründung

256

Teamdynamik

Dynamik im Team: Spannungen/ Allianzen/«Spiele» / Ausgrenzungen etc.

Beurteilung

❏ 1   ❏ 2   ❏ 3   ❏ 4   ❏ 5   ❏ 6   ❏ 7   ❏ 8   ❏ 9   ❏ 10

Feststellungen/ Beobachtungen/ Kommentare/ Fragen/ Begründung

Auch hier bieten wir als Hilfsmittel Check-Listen an, die nach Belieben angepasst werden können. Sie helfen, strukturiert vorzugehen und keine Aspekte zu vergessen. Sie sind in die 3 Teile «Sitzungsvorbereitung», «Beobachtung der eigentlichen Sitzung» und «Sitzungsbeobachtung zusätzliche Aspekte» gegliedert. Am besten sitzt der Sitzungs-Coach dem Sitzungsleiter nicht direkt gegenüber und falls möglich an einem separaten Tisch. Er soll die Sitzung durch seine Anwesenheit und die Notizen, die er sich macht, nicht stören.

ESSENZ

Reflexion, Auswertung und Feedback nach einer Sitzung

Am Ende einer Sitzung, wenn alle anderen Teilnehmer den Sitzungs-raum verlassen haben, beginnt die Phase der Verarbeitung und des Feedbacks. Sinnvollerweise sollte das Feedback-Gespräch direkt nach der Sitzung stattfinden (z.B. eine halbe oder ganze Stunde nach Ende der Sitzung). Da sowohl Coachee als auch insbesondere der Coach nach der Sitzung Reflexionszeit brauchen, ist diese Reflexions-und auch die Feedbackzeit in der gemeinsamen Planung vorzusehen.

Sitzungsbeobachtung
Feedback/ Aufträge

Die Gemeinsame Auswertung vorbereiten und strukturieren Wir würden entschieden davon abraten, in ein spontanes und relativ unstrukturier-tes Gespräch einzusteigen. Vielmehr sollten sowohl der Coachee (Sitzungsleiter) als auch der Coach sich zuerst die Zeit für eine strukturierte Analyse und Reflexion nehmen, bevor sie gemeinsam die Sitzung auswerten. Die nachfolgende Abbildung gibt einen Überblick über diese Phase der Reflexion, Auswertung und des Feedbacks:

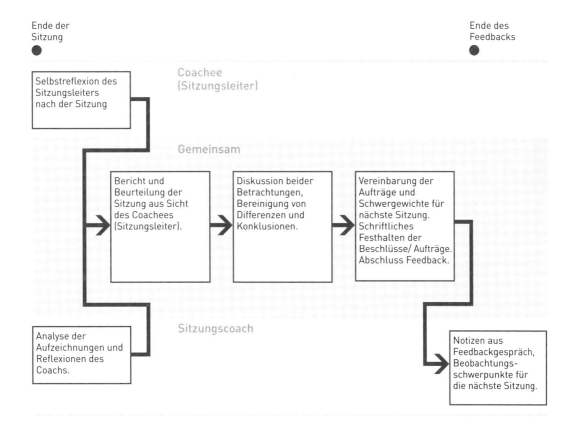

Ende der
Sitzung
●

Ende des
Feedbacks
●

Coachee
(Sitzungsleiter)

Selbstreflexion des
Sitzungsleiters
nach der Sitzung

Gemeinsam

Bericht und
Beurteilung der
Sitzung aus Sicht
des Coachees
(Sitzungsleiter).

Diskussion beider
Betrachtungen,
Bereinigung von
Differenzen und
Konklusionen.

Vereinbarung der
Aufträge und
Schwergewichte für
nächste Sitzung.
Schriftliches
Festhalten der
Beschlüsse/ Aufträge.
Abschluss Feedback.

Sitzungscoach

Analyse der
Aufzeichnungen und
Reflexionen des
Coachs.

Notizen aus
Feedbackgespräch,
Beobachtungs-
schwerpunkte für
die nächste Sitzung.

Natürlich steht es jedem Coach frei, einen anderen Ablauf zu wählen. Wir haben
aber mit diesem Vorgehen gute Erfahrungen gemacht

Als Erstes machen Coachee und Coach jeder für sich eine Rückschau über die
Sitzung.

Die Eindrücke sind noch frisch. Eine strukturierte Selbstreflexion hilft dem Coachee,
sich der gelungenen oder der weniger gelungenen Phasen der Sitzung bewusst zu
werden. Diese Verarbeitung des Erlebten fördert die Einsicht und dadurch das
Lernen. Wir haben dafür ein Muster für die Selbstreflexion des Coachees konzipiert,
das nachfolgend abgebildet ist. Unseres Erachtens wäre es sehr dienlich, wenn
dieser Bogen je nach Aufträgen oder Schwergewicht für jede folgende Sitzung mit
zusätzlichen Aspekten ergänzt würde. Der Coachee braucht in der Regel ungefähr
10 Minuten bis eine Viertelstunde für die Selbstreflexion.

*Reflexion
des Coachee*

SELBSTREFLEXION SITZUNGSLEITER
NACH EINER SITZUNG

Vorbereitung	Wie haben sich die Vorbereitungsarbeiten bewährt? Was war hilfreich? Was wäre noch zu ändern oder zu verbessern?

Raum/ Hilfsmittel	Wie geeignet war der Raum? Waren die Hilfsmittel geeignet? Wurden die Hilfsmittel zweckmässig eingesetzt?

Einstieg/ Start	Wie war der Einstieg/ Start? Waren alle pünktlich anwesend?

Traktanden	Welche Traktanden verliefen gut? Warum? Welche Traktanden verliefen schwierig? Warum?

Feedback-runde	Wie war die Feedback-Runde? Wurden sinnvolle Erkenntnisse daraus gewonnen?

Abschluss	Wie war der Sitzungs-Abschluss? Blieben alle bis zum Schluss?

Stimmung	Wie war die Präsenz, das Engagement, die Stimmung unter den Teilnehmenden?

Kooperation/ Disziplin	Wie war die Zusammenarbeit? Wie war die Sitzungsdisziplin? Wie wurden die Regeln eingehalten?

| Time-Management | Wie war das Zeitmanagement? Hatte ich die Zeit im Griff? |

| Team-Dynamiken | Welche dynamischen Prozesse im Team sind mir aufgefallen? |

Sitzungsleitung Wie war die Sitzungsleitung overall?

❑ 1 ❑ 2 ❑ 3 ❑ 4 ❑ 5 ❑ 6 ❑ 7 ❑ 8 ❑ 9 ❑ 10

Was müsste konkret getan werden, um auf der Gesamtskala einen Punkt höher zu kommen?

Bemerkungen

Beim Coach braucht die Reflexion sicher mehr Zeit. Je nach den räumlichen und *Reflexion des* zeitlichen Verhältnissen scheint es uns sinnvoll, wenn das Feedback-Gespräch eine *Coaches* halbe Stunde oder eine Stunde nach der Sitzung eingeplant wird. Der Coach sichtet seine Beobachtungsnotizen und stellt sich die Frage, was er dem Coachee im Feedback mitteilen will. Dabei ist auf Folgendes zu achten:

■ Positives hervorheben

Es ist für die Lernmotivation wichtig, dass der Coachee auch erfährt, was er richtig oder gut gemacht hat und in nächsten Sitzungen wiederholen kann. Dies fördert auch sein Selbstvertrauen. Wir wollen auf Stärken aufbauen!

■ Konzentration auf Wesentliches

Die Gefahr eines «Korrektur-Overloads» ist nicht zu unterschätzen. Die Kunst der Verdichtung besteht darin, dass der Coach nicht alle seine Feststellungen unterbreitet, sondern sich auf die Aspekte konzentriert, die im Hinblick auf die Zielsetzung des Coachings oder der Sitzung besonders wichtig sind. Die Suche nach den «quick wins» – wo ist ein rascher Fortschritt möglich – mag dabei auch richtungweisend sein. Kleine Erfolge erhöhen den Appetit auf mehr Erfolg!

REFLEXION DES COACHS
NACH EINER SITZUNG

Nach der Sichtung seiner Beobachtungsnotizen «verdichtet» der Coach seine Erkenntnisse für das Feedbackgespräch.

Wichtigste Beobachtungen
Welches waren die wichtigsten positiven und negativen Beobachtungen im Hinblick auf die Zielsetzung für das ganze Sitzungs-Coaching oder für diese einzelne Sitzung?

Positiv:

Zu verbessern:

Feststellungen, die nicht direkt mit der Zielsetzung zusammenhängen
Welches waren die positiven und negativen Feststellungen/ Beobachtungen, welche nicht direkt mit der Zielsetzung zusammenhängen, aber für eine gute Sitzungsführung wichtig sind?

Positiv:

Negativ:

Feststellungen für Feedback-Gespräch
Welches sind die Feststellungen/ Beobachtungen, die mit dem Coachee im
unmittelbar nachfolgenden Feedback-Gespräch besprochen werden müssen?

Positive Feststellungen:

Zu verbessernde Aspekte:

Feststellungen für spätere Gespräche
Welches sind die Feststellungen/ Beobachtungen, die mit dem Coachee
in einem späteren Gespräch besprochen werden können?

Positive Feststellungen:

Zu verbessernde Aspekte:

Aufträge für die nächste Sitzung
Welche Aufträge werden dem Coachee für die nächste Sitzung erteilt
(Vorbereitung, Lektüre etc.)?

Notizen aus dem Feedback-Gespräch
Wie hat der Coachee in seiner Selbstreflexion die Sitzung beurteilt?
Welches waren seine Erkenntnisse?
Wie hat der Coachee auf das Feedback des Coachs reagiert?
Was wurde zusätzlich zu den oben erwähnten Aufträgen noch vereinbart?

Fokussierung an der nächsten Sitzung
Auf welche Beobachtungspunkte soll an der nächsten Sitzung
fokussiert werden?
Was soll gezielt kontrolliert werden?

Der Coachee erläutert seine Erkenntnisse. In dieser Phase ist es unseres Erachtens wichtig, dass der Coach aufmerksam zuhört, sich Notizen macht, aber noch nicht Stellung bezieht, auch wenn er in seiner Beurteilung von der des Coachees abweicht. Ein zu frühes «Einsteigen» in konkrete Details oder divergierende Beurteilungen könnte einerseits die Motivation des Coachees negativ beeinflussen und andererseits zu einem «Festfahren» des Feedback-Prozesses führen. Der Coach notiert aber selbstverständlich abweichende Sichtweisen. Durch diese Berichterstattung erhält der Coach auch einen Eindruck über die Fähigkeit des Coachees, seine eigene Leistung zu beurteilen. Nach Abschluss der Berichterstattung des Coachees dankt der Coach diesem für seine Berichterstattung und sagt ihm auch, dass er zuerst seine Beobachtungen erläutert, bevor sie dann gemeinsam einzelne Punkte vertieft diskutieren.

Feedback 1: Bericht und Beurteilung der Sitzung aus Sicht des Coachees

Der Coach erläutert anschliessend seinerseits seine Feststellungen und Erkenntnisse. Diese können mit denjenigen des Coachees übereinstimmen oder auch davon abweichen. Es ist auch sehr wahrscheinlich, dass Coachee und Coach nicht die gleichen Punkte erwähnen. Nach Abschluss der Berichterstattung seitens des Coachs leitet dieser in die detaillierte Diskussion oder Synthese beider Auffassungen über.

Feedback 2: Bericht und Beurteilung der Sitzung aus Sicht des Coachs

Ziel der Detaildiskussion ist es natürlich, einen Konsens oder eine gemeinsame Sicht der Dinge zu erlangen. Methodisch kann der Coach mehrere Wege beschreiten. Er kann die Sitzung phasenweise durchbesprechen (Vorbereitung, Einleitung, Behandlung der Traktanden, Abschluss) oder ganz bestimmte Phasen im Fokus der Diskussion haben. Die Reflexionsvorbereitung des Coachs sollte schon vorgängig die Beschränkung auf das Wesentliche sicherstellen. Wir müssen uns stets vor Augen halten, dass der Coachee nicht alles gleichzeitig aufnehmen, geschweige denn verändern kann! Sind die Divergenzen bereinigt und die Feststellungen von beiden akzeptiert, dann können Schlussfolgerungen gezogen und Aufträge für die nächste Sitzung gemeinsam formuliert und festgehalten werden. Im Sinne einer völlig transparenten und partnerschaftlichen Zusammenarbeit und auch zur Unterstützung des Veränderungsprozesses würde es aus unserer Sicht durchaus Sinn machen, wenn der Coach (vorausgesetzt man kann seine Schrift entziffern) dem Coachee eine Fotokopie seiner Sitzungsnotizen übergeben würde. Wenn man eine Feststellung oder Kritik schwarz auf weiss nachlesen kann, hat dies nochmals eine andere Wirkung als nur eine mündliche Erläuterung!

Diskussion und Bereinigung von Divergenzen

Bewährt hat sich auch ein Fotoprotokoll z.B. von Konklusionen, Aufträgen, nächsten Schritten und des weiteren Vorgehens, die gemeinsam am Flip-Chart erarbeitet wurden. Dieses Fotoprotokoll kann unverzüglich im Anschluss an das Gespräch ausgedruckt werden.

Coach und Coachee sollten am Schluss des Feedback-Gespräches nächste Schritte planen. Je nach Häufigkeit der Sitzungen können hier grundsätzlich zwei Vorgehensweisen gewählt werden:

■ Der Coachee «übt» an 1–2 Sitzungen die besprochenen Punkte ohne die Beobachtung durch den Coach. Diese Vorgehensweise hat den Vorteil, dass der Coachee eigenverantwortlich handelt und auch wie ein Erwachsener behandelt wird. Er hat die Möglichkeit, wiederum Fehler zu machen und diese selber zu korrigieren. Er sollte aber beauftragt werden, nach der Sitzung schriftlich festzuhalten, was er erlebt hat, was ihm gelang oder noch nicht so gut über die Bühne ging. Diese Beobachtungen sind mit dem Coach vor der nächsten Sitzung auszutauschen (per Mail, Telefon oder persönlich).

Oder

■ Der Coachee wendet bereits in der folgenden Sitzung die besprochenen Verbesserungen oder Änderungen wieder unter der Beobachtung des Coachs an. Die zweite Vorgehensweise ist intensiver oder enger geführt. Das heisst aber nicht, dass sie unbedingt wirksamer sein muss.
Je nach Problemstellung mag die eine oder andere Vorgehensweise vorzuziehen sein. Es scheint uns aber wichtig, dass die Beobachtungsschwerpunkte und die Rubriken im Reflexionsbogen für jede Sitzung angepasst werden.

Eine weitere Möglichkeit besteht darin, dass die ersten 2–3 Sitzungen «eng» geführt und nachher die Intervalle der Beobachtungen vergrössert werden. Die Wahl der Vorgehensweise soll unter Berücksichtigung der konkreten Problemstellung und des konkreten Kontextes erfolgen.

Nach Abschluss des Feedback-Gesprächs sollte der Coach unbedingt zwei Dinge festhalten:

■ Reaktion des Coachees auf das konkrete Feedback
■ Beschlüsse und Aufträge für die nächste Sitzung

Der Raum für diese Beobachtungen oder Notizen ist auf den letzten Seiten des Reflexionsformulars für den Coach vorgesehen.

Die Reaktionen des Coachees sind insofern von Bedeutung als sie auch Hinweise auf persönliche Verhaltensweisen, «Barrieren», «blinde Flecken» oder auf Wissenslücken geben können. Diese Hinweise kann der Coach in die Aufgabenstellung für die folgenden Sitzungen miteinbeziehen.

268

Ein Feedback-Gespräch sollte unmittelbar nach der Sitzung mit genügend reservierter Zeit stattfinden. Nach einer gewissen Vorbereitungszeit (½ – 1 Std.) zwischen der Sitzung und dem Feedback-Gespräch soll zunächst die Selbstreflexion des Coachees und dann die Reflexion des Coachs erfolgen, um schliesslich die Auswertung der Sitzung zu diskutieren. Letztlich sollen gemeinsam Schlussfolgerungen, Aufträge, Lernschwerpunkte und Schritte für das weitere Vorgehen festgehalten werden.

ESSENZ

Abschluss des Sitzungs-Coaching

Ein Sitzungs-Coaching alleine wird selten den perfekten Sitzungsleiter hervorbringen. Es stellt sich deshalb die Frage, wer wann das Ende eines Coaching-Prozesses bestimmt.

Da der Coach den Prozess führt liegt es an ihm, dem Coachee, wenn es ihm opportun erscheint, die Frage nach dem Ende des Coachings zu stellen. Die Verantwortung liegt aber unseres Erachtens letztendlich beim Kunden, also beim Coachee. Bei externen Coachs bedeutet dies natürlich das Ende der «billable hours», einen Moment, den manche Coachs gerne etwas herauszögern. Da aber das Endziel eines jeden Coachings der überflüssige Coach sein muss, (vgl. die Definition zu Beginn des dritten Teils dieses Buches), wird der verantwortungsvolle Coach genau auf *Am Ende muss* diesen Punkt hinarbeiten. Es gibt natürlich auch Coachs, die ihre Coachees gerne *jeder Coach* in Abhängigkeit halten wollen. Interne Coachees sind hier eher «gefährdet», weil *überflüssig sein* der finanzielle Druck der laufenden Kosten weitgehend fehlt.

Kommen beide zum Schluss, dass die Begleitung durch einen Coach zwar sicher schön wäre, aber nicht mehr zwingend nötig ist, dann wird der Prozess abgeschlossen, indem gemeinsam Rückblick auf das Erreichte unter Berücksichtigung der anfänglichen Zielsetzung gehalten wird.

Als letzter Punkt ist zu regeln, wer wen in welcher Form über Resultate und Abschluss des Coaching-Prozesses informiert (z.B. Chef, Auftraggeber, HR oder MD).

ESSENZ Grundsätzlich liegt es unseres Erachtens in der Verantwortung des Kunden, das Sitzungs-Coaching zu beenden. Ein guter Coach wird immer darauf hinarbeiten, Ergebnisse zu erreichen, die ihn überflüssig machen – also ein erfolgreiches Ende des Coachingprozesses anstreben.

Die Gestaltung der Unternehmenskultur durch Sitzungen

Unternehmenskultur ist heute für viele Führungskräfte entweder eine entscheidende Erfolgskomponente, die es zu pflegen und weiterzuentwickeln gilt, oder aber ein Reizwort, eine Modeerscheinung, um die ein grosses Brimborium mit viel Aufwand und wenig Wirkung gemacht wird. Unternehmenskultur und Unternehmenswerte werden oft in den firmeneigenen Hochglanzbroschüren gefeiert – der Alltag aber sieht leider oft anders aus.

Vielen Führungskräften ist auch nicht ganz klar, worin eine Unternehmenskultur besteht. Was ist Unternehmenskultur?

Unternehmenskultur ist gelebter Alltag.

Unternehmenskultur ist gelebter Alltag. Sie zeigt sich konkret als Gesamtheit aller Ziele, Werte, der geschriebenen und ungeschriebenen Verhaltensregeln eines Unternehmens. Diese normative Ebene beeinflusst die Leistungsträger direkt und indirekt und damit auch die Kernkompetenzen eines Unternehmens.

Menschen schauen sich von der Führungsetage ab, was gilt.

Menschen machen das, was konkret eingefordert oder belohnt wird. Sie orientieren sich an den eingeforderten Verhaltensregeln und genau so stark an den ungeschriebenen Gesetzen. Sie schauen sich primär von der Führungsetage ab, was gilt. Diese tiefverwurzelte menschliche Eigenschaft kann man bei Kindern und Jugendlichen genauso beobachten wie bei Erwachsenen.

Nicht umsonst steht in fast allen Büchern über Erziehung oder Führung, dass das vorgelebte Verhalten, das «Vorbild», die stärkste Wirkung entfaltet.

Eine Unternehmenskultur kann sich nur langsam verändern Die Kultur hat auch tief reichende Wurzeln in der organisatorischen Vergangenheit. Sie ist darum relativ stabil und verändert sich nur langsam. Der Kern einer Unternehmenskultur bleibt auch dann noch einige Zeit erhalten, wenn die obersten Führungskräfte wechseln. Wenn Manager Kultur gestalten wollen, müssen sie deshalb die Chancen und Stärken sowie die Risiken und Schwächen der Vergangenheit in ihre Überlegungen miteinbeziehen, denn Mitarbeitende sind geprägt von ihren Erlebnissen und Erinnerungen. Nicht selten herrscht auf unteren Etagen die Einstellung: Wir warten erst mal ab, ob der Neue an der Spitze es wirklich ernst meint.

Unternehmenskultur beeinflusst das Leistungsprofil und die Aussendarstellung eines Unternehmens ganz unmittelbar. Das Personal passt sich nämlich durch aufmerksame Beobachtung rasch an das Image und auch an das Verhalten der effektiven oder vermeintlichen Schlüsselpersonen an.

Image muss durch Verhalten bewiesen werden Nur eine stimmige Unternehmenskultur macht aus einer Summe von verschiedensten Einzelinteressen der Unternehmensbereiche eine ausgerichtete Organisation. Dazu bedient sich die Kultur unverwechselbarer Merkmale im Verhalten von Menschen und in der Aussendarstellung, dem Image. Das Image kauft der Markt aber nur ab, wenn es durch Verhalten immer wieder bewiesen wird. Wer in einem Unternehmen dazu gehört, zeigt das typische Verhalten, vielleicht sogar mit entsprechender Berufskleidung und Habitus.

Der Begriff Unternehmenskultur mag konzeptuell klingen, doch wenn sie konkret beschrieben werden soll, dann zeigt sich schnell, dass Unternehmenskultur der unsichtbare Kitt ist, welcher Identifikation mit dem Unternehmen und Sinn für die Mitarbeiter stiftet.

Die Veränderung einer Unternehmenskultur muss immer eine Selbstveränderung der Organisation sein.

Unternehmenskultur lässt sich allerdings zum Leidwesen vieler Manager oder Beratungsfirmen nicht einfach implementieren sondern nur weiterentwickeln und fördern. Denn jede angestrebte Veränderung hat ihren Ausgangspunkt im Status Quo. Die Veränderung der Unternehmenskultur muss deshalb immer eine Selbstveränderung der Organisation sein und kann nicht von aussen (z.B. durch Branding) nach innen passieren. Eine Serie von eingekauften Kulturworkshops wird von einem Unternehmen fast nie nachhaltig absorbiert. Kultur kann man nicht kaufen.

Lasst Taten sprechen und nicht Worte! Schiller, Wallenstein

Kulturelle Selbstveränderung muss demnach von oben wirklich mit allen Konsequenzen gewollt sein und entsteht in der täglichen Interaktion, da sich nur so Glaubwürdigkeit entwickelt: Worte und Taten zählen. Taten zählen immer mehr als Worte! Worte zählen nur dann, wenn ihnen Taten folgen («Tatbeweis») – nicht nur einmal, sonder kontinuierlich und erwartbar. Das Management wird von den Mitarbeitern also laufend getestet: Meinen sie, was sie sagen? Wenn Worte und Verhalten auseinanderklaffen, ist der Kitt schnell brüchig, die Hochglanzbroschüren wertlos und ein politisch motiviertes oder opportunistisches Verhalten nistet sich ein.

Man glaubt einem Auge mehr als zwei Ohren. Chinesisches Sprichwort

Das Leitbild eines Unternehmens und die Personalpolitik beinhalten die Werte, mit denen die gewünschte Unternehmenskultur beschrieben wird. Solche Dokumente sind immer zukunftsgerichtet und zeigen Sinnzusammenhänge auf, rücken das Ganze ins Zentrum, sind auch für das Individuum motivierend, wenn Praxisbeispiele gefunden werden können.
Am einfachsten lässt sich die Kultur beeinflussen, wenn sich das Verhalten von Schlüsselpersonen an regelmässig stattfindenden Ereignissen beobachtbar verän- *Sitzungen prägen* dert. Solche ritualisierten Ereignisse sind in praktisch allen Organisationen unter *die Kultur* anderem Sitzungen. An Sitzungen zeigen Führungskräfte **gelebte Führung**. Wenn *massgeblich* ein Vorgesetzter seine Meetings anders gestaltet, so ist rasch klar, wo der neue Fokus liegt. Es heisst dann beispielsweise: Bei XY kommt man nicht zu spät, Leute die nichts beitragen, haben in diesen Meetings nichts zu suchen etc.

Meetings illustrieren deshalb auf anschauliche und alltägliche Weise das reale Verhalten, das zählt. Hier wird schnell erkennbar, ob Leitwerte gelebt werden oder nicht.

Führungskräfte erkennen noch zu wenig, dass ihre Sitzungsleitung entweder die gewünschte Unternehmenskultur unterstützt oder unterminiert. Es wird aus Unachtsamkeit zugelassen, dass eine Vielzahl von Bereichs- oder Abteilungs- (Führungs- oder Sitzungs-) Kulturen florieren, welche die Gesamtkultur der Unternehmung nicht fördern oder ihr sogar zuwiderlaufen.

Sitzungen sind ein starker Multiplikator zur Entwicklung der Unternehmenskultur.

Viele Top-Führungskräfte leiten selber hocheffiziente Sitzungen. Was ihnen und ihren Kollegen aber entgeht ist die Tatsache, dass das Management-Informations-System (MIS) keinerlei Informationen darüber enthält, wie Sitzungen auf allen anderen Stufen ablaufen. Wird dort zielgerichtet geführt oder Zeit verbraten? Werden Resultate angestrebt oder Erklärungen für Nichterreichen gesammelt? Werden die richtigen Leute involviert oder hält ein Chef Hof? Sind das Gros der Sitzungen ein Beispiel gelebter Unternehmenskultur oder das pure Gegenteil?

Die Qualität der Sitzungen lässt sich von oben einfach steuern.

Wie denn? Durch Information, durch Vorgaben, durch Ausbildung und durch Kontrollen (nachfassen). Hat sich eine Unternehmensleitung zum Ziel gesetzt, Kultur auch mittels Sitzungen zu entwickeln, kann sie wie folgt vorgehen:

1. Information aller Führungskräfte über die Absicht der Geschäftsleitung und den ausgewählten Fokus auf Sitzungen.

2. Kurzinstruktion zum Soll-Ablauf von Sitzungen.

3. Verbindliche Vorgabe (Template) für den gesamten Sitzungsprozess:
   a) Struktur der Einladung und Traktandenliste
   b) Protokoll
   c) Pendenzenliste

4. Verbindliche Ablage aller Sitzungseinladungen und Protokolle der Führungsebene auf einem Qualitätsserver.

5. Sporadische (aber geplante und koordinierte) Sitzungsbeobachtung der obersten Führungsebene in Sitzungen aller Bereiche mit anschliessendem Feedback.

Things that get attention, get done!
The ultimate Management principle.

Bei Sitzungen erlebt man reale Führungsarbeit Wenn schliesslich sporadisch höhere Führungskräfte mit einer Sitzungseinladung in der Hand an einzelnen Sitzungen teilnehmen, dann sehen sie viel mehr, als wenn sie (zwar in bester Absicht) Seminare besuchen. Bei Seminarbesuchen können sie lediglich erfassen, ob das Seminar gut läuft und die Teilnehmer zufrieden sind, ob die Unterlagen gut aussehen und ob ihnen das Thema sinnvoll erscheint. Was danach konkret in der Praxis geschieht, was umgesetzt wird, sehen sie nicht. Ganz anders bei Sitzungen: Sie erleben ihre Führungskräfte bei der realen Führungsarbeit – eine Fundgrube für Erkenntnisse aller Art.

Die Entwicklung der Unternehmenskultur ist eine reale Entwicklung oder Beeinflussung des Verhaltens aller Mitarbeitenden. Die schnellste Multiplikation erreicht man über die Führungskräfte und Sitzungen können dafür ein sehr probates Mittel sein.

Auf einen wichtigen Aspekt möchten wir noch hinweisen: «It starts at the top, or it doesn't». Die Beeinflussung der Unternehmenskultur ist nicht delegierbar! Die obersten Führungskräfte sind mit ihrem eigenen täglichen Verhalten in der Pflicht – wie auch alle anderen Führungskräfte. «So tun als ob» geht nicht, die Ausrede «Wir sind zeitlich im Druck» zieht nicht. Mitarbeitende haben ein untrügliches Gespür dafür was echt und was unecht ist, was gilt und was nicht.

It starts at the top, or it doesn't

Mit der nachfolgenden Check-Liste können Führungskräfte gedanklich das Feld der Unternehmenskultur in Zusammenhang mit Sitzungen besser erfassen.

Unternehmenskultur

Thema Unternehmens-kultur	Mögliche Beobachtungs-fragen	Zielantworten gemäss Leitbild/ Strategie	Effektive Beobachtungen	Zielabweichungen/ Erkenntnisse	Konsequenzen Massnahmen
Stärken kennen	Welches sind unsere 3 wichtigs-ten Kernkom-petenzen?	A B C	A D G	Die Hauptstärken der Firma sind den meisten zu wenig klar bewusst	Fokus über Vorge-setzte schärfen An MA-Schulung 2011 themati-sieren
Positionierung	Was unter-scheidet uns am meisten von der Konkurrenz?				In Sitzungen mit Kunden zeigen wir diese Unterschiede, indem wir ...
Aussen-präsentation	Welches sind die 2 wichtigsten Aussagen, die Aussenstehenden bewusst sein sollen?				Bei jedem persönlichen Aussenkontakt schliessen wir das Gespräch wie folgt ab: ...
Werte/ Tugenden	Welches sind unsere wichtigs-ten Werte?				In Sitzungen gilt bei uns ...
Führungs-verhalten	Verhaltensweisen? Was sollen die Vorgesetzten be-sonders vorleben?				In Sitzungen sollen die Sitzungsleiter ...
Firmen-indentifikation	Gibt es offene oder stille Proteste? Gibt es Impulse, Vorschläge oder konstruktive Kritik, die über den Stellen-beschrieb hinaus-gehen?				
Lernende Organisation	Gibt es immer wieder Verbes-serungsvor-schläge? Werden diese ernst genommen und weiterver-folgt?				Am Ende jeder Quartals-Sitzung findet bei uns eine Evaluationsrunde statt

09

Unternehmenskultur ist die Gesamtheit aller geschriebenen und ungeschriebenen Verhaltensregeln, die gelebt werden. Sie kann nicht eingekauft oder produziert werden. Angestrebte Verhaltensweisen lassen sich fördern und weiter entwickeln. Eine gewünschte Unternehmenskultur kann nur erreicht werden, wenn sie im Alltag von den Führungskräften glaubhaft vorgelebt wird. Dann kann sie eine starke Wirkung erzielen und einen grossen Beitrag zum Erfolg einer Firma leisten. Sitzungen sind gelebte Unternehmenskultur in hoch konzentrierter Form. Mit entsprechendem Fokus auf die Sitzungsführung lässt sich die Unternehmenskultur gut erkennen und wirkungsvoll beeinflussen. Dazu helfen entsprechende Informationen, Ausbildungen, Anleitungen, Check-Listen und natürlich Sitzungs-Coaching.

ESSENZ

Die Ausbildung in Sitzungsführung

In wenigen Unternehmen gibt es im Rahmen der Führungsausbildung eine formalisierte Ausbildung in Sitzungsführung. Dies hat mehrere Gründe. Zum einen ist das Thema – wie auch für die wissenschaftliche Forschung – zu wenig «sexy». Ein Thema wie «Führung mit Zielen» oder «Das Mitarbeitergespräch» tönt schon nach viel mehr. Zweitens gibt es auch kaum umfassende Lehrmittel, welche über ein kleines «Tipps & Tricks – Büchlein» hinausgehen.

Die Wirkungen einer Sitzungskultur werden massiv unterschätzt

Wie will man eine Ausbildung konzipieren, wenn das formale oder geistige Fundament fehlt? Drittens wird noch von zu wenigen Führungskräften erkannt, welche Wirkung eine Sitzungskultur oder Sitzungsunkultur auf das Führungsverständnis des Hauses hat. In den meisten Unternehmungen geht man davon aus, dass jede Führungskraft die Führung von Sitzungen beherrscht – man hört ja kaum etwas Negatives. Und last but not least ist es viertens eher schwierig, eine theoretische Ausbildung in Sitzungsführung (zum Beispiel in einem Seminar) praktisch umzusetzen.

Hochwirksame Ausbildung mit wenig Aufwand

Wir wollen in diesem Kapitel eine Konzeptidee skizzieren, wie mit wenig Aufwand eine hochwirksame Grundausbildung in Sitzungsführung konzipiert werden kann. Da in der heutigen Zeit die Arbeits- und Ausbildungszeit der Führungskräfte aller Stufen ein sehr kostbares Gut darstellt, müssen wir mit minimalem Aufwand eine (überprüfbare) maximale Wirkung erreichen.

Konzeptidee einer innerbetrieblichen Ausbildung in Sitzungsführung

Die Grundidee dieser Konzeptskizze besteht darin, dass Führungskräfte mit Hilfe eines Lehrmittels (beispielsweise dieses Buches!!) und einer Startinstruktion durch einen Trainer ihre eigenen realen Sitzungen vorbereiten, unter Beobachtung von Kollegen anschliessend im Alltag leiten (Lernen durch Tun und Feedback), selber von Kollegen geführte Sitzungen begleiten (Lernen durch Beobachten) und schliesslich zum Abschluss wieder mit den Teilnehmern und dem Trainer dieser Ausbildung auswerten (Lernen durch Reflexion). Wir gehen davon aus, dass ein innerbetriebliches Seminar zum Beispiel mit dem Titel «Grundlagen der Sitzungsführung» für 12–18 Teilnehmer ausgeschrieben wird und schlagen folgende Schritte vor:

Mit der Einladung zum Seminar erhalten die Teilnehmer das betriebliche Lehrmittel (z.B. unser Buch «MEETING for SUCCESS»). Zusammen mit dem Lehrmittel erhalten sie zwei Vorbereitungsaufträge: Erstens sollen sie den ganzen zweiten Teil («Die Praxis der Sitzungsführung») lesen. Zweitens werden die Teilnehmer aufgefordert, für eine reale Sitzung, die im Verlauf der folgenden Wochen stattfinden wird, die Einladung und Traktandenliste zu entwerfen. Diese Entwürfe sind in Papierform in genügender Anzahl für alle Teilnehmer ans Seminar mitzubringen. Diese Entwürfe werden am Seminar präsentiert und besprochen. Mit diesen Vorbereitungsaufträgen erreichen wir folgendes: Alle Teilnehmer bringen die gleichen theoretischen Grundlagen mit und starten mit gleichem Wissensstand ins Seminar. Der konkrete Output dieser Vorbereitung ist das Erstellen der Dokumente, welche die Teilnehmer anschliessend in der Praxis auch einsetzen können (Vorarbeit für die Realität). Das Wissen über die Verwendung dieser Vorarbeit (Präsentation, Feedback durch Kollegen und anschliessend Einsatz in der Praxis) motiviert. Der Fokus liegt auf realem Tun.

1. Vorbereitung

Jeder Kursteilnehmer präsentiert die Vorbereitungen für seine nächste reale Sitzung

Im Seminar werden mit Hilfe eines Trainers oder Coachs folgende Schritte durchlaufen:

2. Seminar erster Teil (½ Tag)

- Erörtern der Zielsetzung, der Inhalte und des Ablaufes des ersten Halbtages und des weiteren Vorgehens nach diesem ersten Kick-off.
- Kurzinput des Seminarleiters bezüglich des Aufbaus einer Einladung und Traktandenliste, Erörtern oder Festlegen, wie es in der Organisation sein soll.
- Kurzpräsentation der Dokumente der Teilnehmer mit anschliessendem Feedback. Festhalten der Erkenntnisse und Verbesserungsvorschläge.
- Kurzinput des Seminarleiters über den kollegialen Sitzungs-Coaching-Prozess mit Abgabe und Besprechung der Beobachtungsformulare.
- Bilden von Dreierteams und zeitliche Planung der gegenseitigen Sitzungsbeobachtungen in diesen Kleinteams nach dem Kick-off.
- Vororientierung der Teilnehmer über den Inhalt und Ablauf des zweiten Teils des Seminars (½ Tag).

Die 3er Gruppen organisieren sich am Seminar selber. Jedes Mitglied dieser Gruppen leitet seine eigene Sitzung zum betrieblich geplanten Zeitpunkt und seine beiden anderen Kollegen sitzen als Beobachter in dieser Sitzung. Es ist rationeller, wenn pro Sitzung ein Hauptbeobachter bestimmt wird und der andere mit seinen

3. Führen und Beobachten von realer Sitzung

Feststellungen ergänzt. Am Ende jeder so durchgeführten Sitzung ist vom Leiter und den zwei Beobachtern Zeit für das Feedback vorzusehen. Nach dem Feedback halten Sitzungsleiter und Beobachter ihre individuellen Erkenntnisse oder Fragen in einem persönlichen Lernprotokoll fest. Dieses persönliche Lernprotokoll dient jedem der Beteiligten zur Gestaltung oder Verbesserung der eigenen Sitzungsleitung. Gleichzeitig dient das Lernprotokoll auch als Grundlage für den Erfahrungsaustausch im Schlussteil des Seminars.

Das Lernprotokoll dient jedem zur Verbesserung seiner Sitzungsleitung

Selbstverständlich müssen die «regulären» Sitzungsteilnehmer vor der Sitzung vom Sitzungsleiter über Ziel und Zweck der Einsitznahme der Beobachter informiert werden.

4. Seminar – zweiter Teil (½ Tag)

Nach zwei bis drei Monaten (diese Zeitspanne kann je nach Sitzungsrhythmus des Unternehmens oder der Teilnehmer kürzer oder länger ausfallen) treffen sich alle Seminarteilnehmer zum zweiten und letzten Teil. In diesem zweiten Halbtag moderiert der Seminarleiter den Erfahrungsaustausch zwischen allen Teilnehmenden und erarbeitet mit diesen konkrete Erkenntnisse, Schlussfolgerungen und individuelle Massnahmen.

Mit einem so gestalteten Ausbildungskonzept erreichen wir folgende Resultate:

- Eine reale Lernform («Action Learning») Learning by doing mit einer einheitlichen formalen Wissensbasis.
- Jeder Teilnehmer hat unter Beobachtung seine Sitzung geleitet und Feedback erhalten.
- Jeder Teilnehmer hat selber zwei Sitzungen beobachtet und Feedback gegeben.
- Der zeitliche Aufwand beträgt zweimal ½ Tag Seminar und die Dauer von 3 Sitzungen mit Feedback.
- Es werden «Lernpartnerschaften» gebildet, die sich auch später noch gegenseitig unterstützen können.

Folgende Elemente können noch eingebaut werden:

- Zur Erweiterung der Informationsbasis kann der Trainer oder Coach – je nach zeitlicher Verfügbarkeit – selber in einigen Sitzungen als stiller Beobachter Einsitz nehmen und so auch praxisrelevante Echtzeitinformation für den Erfahrungsaustausch im Schlussteil des Seminars aufnehmen.
- Falls sich die Unternehmensleitung auf eine strukturierte Traktandenliste einigen kann (vgl. Kapitel 9 «Die Gestaltung der Unternehmenskultur durch Sitzungen»), wird die Ausbildung vereinfacht und erheblich beschleunigt.
- Die «regulären» Sitzungsteilnehmer könnten auf eine ganz einfache Art in den Verbesserungsprozess der Sitzungsführung ihrer Chefs mit einbezogen werden und den Lernprozess beschleunigen. Der Sitzungsleiter

			Ja	Nein
Ziele	1.	Für das Meeting ist eine klare Traktandenliste mit Zeitplan vorgelegt worden.		
	2.	Die Ziele der einzelnen Traktanden der Sitzung waren für alle TN klar.		
	3.	Die ausgesuchten Themen sind geeignet, mittels einer Sitzung, bearbeitet zu werden.		
Teilnehmer	4.	Die Zusammensetzung der anwesenden TN kann/ hat zur Zielerreichung bei(ge)tragen.		
	5.	Alle TN waren auf die Diskussion der Themen persönlich vorbereitet.		
	6.	Alle TN waren auch mental voll präsent.		
Führung	7.	Das Meeting wurde klar geleitet oder moderiert.		
	8.	Es wurde pünktlich begonnen.		
	9.	Die Dauer des Meetings lag im geplanten Rahmen.		
	10.	Für jedes Traktandum/ Thema wurde angemessene Zeit eingesetzt.		
	11.	Man kam im Laufe des Meetings nicht von den zentralen Themen ab.		
	12.	Das Meeting wurde nicht durch Unterbrechungen oder Privatgespräche gestört.		
Qualität der Zusammenarbeit	13.	Die TN ermutigten sich gegenseitig, mitzudenken und zielführende Beiträge zu generieren.		
	14.	Unter den TN war genügend Know-how vorhanden, die Themen gewinnbringend zu diskutieren.		
	15.	Das Meeting wurde von niemandem dominiert, so dass eine konstruktive Meinungsbildung stattfand.		
	16.	Die TN hörten einander aufmerksam zu (auch bei unterschiedlichen Standpunkten).		
	17.	Die Diversität der TN (Funktion, Erfahrung, Persönlichkeit) wurde zur (Entscheidungs)qualität genutzt.		
	18.	In Meinungsverschiedenheiten/ Konflikten wurde respektierend umgegangen.		
Output	19.	Notwendige (dringende) Entscheide wurde auch getroffen.		
	20.	Weiteres Vorgehen wurde in der angemessenen Detaillierung geplant (klar, wie es weiter geht, Termine, Verantwortungen, etc.).		
	21.	Die Ergebnisse des Meetings wurden in sinnvoller und effizienter Form dokumentiert.		
	22.	Es wurde hilfreich visualisiert.		
	23.	Die vereinbarten Ziele wurden nach Einschätzung der meisten TN erreicht.		
	24.	Es gab einen sinnvollen Pausenrhythmus.		
	25.	Zweckmässige Hilfsmittel waren genügend vorhanden und wurden sinnvoll genutzt.		
		Bemerkungen		

Check-Liste zur Einschätzung der Effektivität von Sitzungen/ Meetings

oder Hauptbeobachter verteilt am Schluss der Sitzung allen Sitzungsteil-
nehmenden die auf Seite 281 aufgeführte Check-Liste zur Einschätzung der
Effektivität von Sitzungen und bittet sie, diese umgehend auszufüllen und
ihm wieder abzugeben (am besten spontan und ohne Namensangabe).
Diese Formulare dienen dem Sitzungsleiter als zusätzliches Feedback
«von der Basis» und ergänzen die Feststellungen der Beobachter.
Insbesondere ist der Einbezug der Sitzungsteilnehmer aber auch eine
Verpflichtung für zukünftige Sitzungen.

Übersicht Ablauf	1	2	3	4

Am Arbeitsplatz/
im Arbeitsumfeld

Nach Erhalt der Einladung
individuelle Vorbereitung

Zeitraum: ca. 2 Wochen

Leiten/ Begleiten/ Beobachten von
realen Sitzungen in 3er Teams

Pro Teilnehmer 3 Sitzungen im
Zeitraum von ca. 3 Monaten

In Lokalitäten der
Ausbildung

Seminar 1. Teil
Einführung u.
Organisation

½ Tag

Seminar 2. Teil
Erkenntnisse u.
Massnahmen

½ Tag

ESSENZ Im Rahmen von Führungsausbildungen gibt es kaum formalisierte, umfassende
Ausbildungsmodule zur Sitzungsführung. Dafür gibt es drei Hauptgründe: Sehr
wenig Forschung, kein fundiertes Lehrmittel und massive Unterschätzung der
Wirkung von Sitzungen auf die Unternehmenskultur. Es wird vielerorts unausgesprochen davon ausgegangen, dass jede Führungskraft die Führung von Sitzungen
beherrscht .

Mit sehr wenig Aufwand kann das hier vorgelegte Ausbildungskonzept durchgeführt und damit in kurzer Zeit grosse positive Wirkung erzielt werden. Nach
gezieltem Selbststudium (Teil 2 dieses Buches) und einer kurzen Einführung und
Instruktion durch den verantwortlichen Ausbildner, wird in 3er-Lernteams das
erlernte Wissen direkt in realen Sitzungen angewendet. Nach gegenseitigem Beobachten wird jeweils ein Feedbackgespräch geführt. Danach werden die Verbesserungsvorschläge direkt in den nächsten realen Sitzungen umgesetzt.

10

Suchen Sie Unterstützung in (Sitzungs-)Coaching?

DANK

Herzlich danken wir:

☺ Unseren Netzwerkpartnern Elisabeth Rohmert und Josef Hauri für
ihre inhaltliche Unterstützung.

☺ Sasa Holenstein, Guido Holenstein und Anne Wieser, die es hervorragend
verstanden haben, unsere Wünsche gestalterisch und sprachlich umzusetzen.

☺ Daniel Eggenschwiler, der einen ersten Entwurf des Buches sorgfältig
studiert und uns viele wertvolle Rückmeldungen gegeben hat.

☺ Unseren Kunden und Freunden, die uns in Gesprächen sehr viele Ideen
und Anregungen zum Buch geliefert haben.

Eugen W. Schmid, Dr. oec. HSG

1945 geboren in Zürich, war unter anderem als Managing Director Human Resources bei der Credit Suisse Group tätig, bevor er sich 1999 als Berater und Coach selbstständig machte. In seiner Funktion als Executive-Coach begleitet er heute Führungskräfte als Sparring-Partner in Veränderungssituationen. Neben seiner hauptberuflichen Tätigkeit wirkte er während 9 Jahren als ehemaliger Assistent der Professoren Ulrich und Siegwart als Lehrbeauftragter für BWL an der Universität St. Gallen. Eugen W. Schmid ist Mitglied der International Coach Federation, des European Mentoring & Coaching Council sowie certified independent Executive Coach des LORE International Institute, a Korn/ Ferry Company, USA.

Stefan Fritz

1960 geboren in Zürich, hat sich mit seiner Firma «FRITZ AG Strategie- und Führungsberatung» auf die Überprüfung und Umsetzung von Strategien von Familienunternehmen und öffentlichen Verwaltungen sowie die Begleitung von Führungskräften spezialisiert. Manchmal unterstützt er Firmen temporär im Sinne eines «Spieler-Trainers» und als Mitinvestor. Als Landschaftsarchitekt FH führte Stefan Fritz zuvor seine eigene Firma für Garten- und Sportplatzbau mit ca. 200 Mitarbeitenden. Weitergebildet hat er sich unter anderem am «Schweizerischen Institut für Unternehmerschulung» in Zürich, am «Institut für Klein- und Mittelunternehmen» und am «Center for Family Business» beide Universität St. Gallen, sowie bei «Trigon Entwicklungsberatung» in Graz.

MEETING for SUCCESS
copyright © 2010 Verlag executive-coach.ch
1. Auflage 2010
ISBN 978-3-033-02408-3
Gestaltung/ Grafik: holenstein & holenstein gmbh, Zürich
Schrift: DIN und *Sauna*
Druck: fgb freiburger graphische betriebe, Freiburg i.Br.
Papier: Munken Polar, FSC
Auflage: 5000 Exemplare

Bildnachweis
Alle Bilder © Bildagentur Prisma
ausser
Foto Skyroom, S. 4: Bühler AG/ Foto Stehung, S. 199: gettyimages
Foto Live Meeting/ WebEx, S. 200: Cisco/ Foto Videokonferenz S. 201: Cisco

Bild-Legenden
S. 54: Sculpture by August Rodin. In: Famous Burrell Collection museum in Glasgow Scotland.
S. 62: Robinson Crusoe, after the shipwreck, washed onto the rocks by the waves. Chromolithograph from «The Life and Strange Surprising Adventures of Robinson Crusoe» by Daniel Defoe, London, 1891. The book was first published in 1719. Illustration by John D.
S. 236: Gotthardpost Gemälde von Rudolf Koller, 1873. Kunsthaus Zürich.

Habe ich ohne wichtigen Grund eine Sitzung besucht? –

Habe ich ohne wichtigen Grund zu einer Sitzung eingeladen? –

Habe ich ohne wichtigen Grund durch eine Wortmeldung eine
Sitzung verlängert und somit mich und andere von der Familie
ferngehalten? –

Lieber Gott, hilf mir, mein grosses Maul zu halten, bis ich
weiss, worüber ich rede.

Anstelle eines Schlusswortes: Eine von Ruhrbischof Hengsbach
formulierte Gewissensforschung.

MEETING for SUCCESS